外国人日本研究者の古典日本語の学習支援

シリーズ　言語学と言語教育

第27巻　接触場面における三者会話の研究……………………………………大場美和子 著
第28巻　現代日本語のとりたて助詞と習得……………………………………中西久実子 著
第29巻　学習者の自律をめざす協働学習―中学校英語授業における実践と分析
　　　　　　　　　　　　　　　　　　　　　　　　　　　　　　　　　津田ひろみ 著
第30巻　日本語教育の新しい地平を開く―牧野成一教授退官記念論集
　　　　　　　　　　　　　筒井通雄,鎌田修,ウェスリー・M・ヤコブセン 編
第31巻　国際英語としての「日本英語」のコーパス研究―日本の英語教育の目標
　　　　　　　　　　　　　　　　　　　　　　　　　　　　　　　　　藤原康弘 著
第32巻　比喩の理解……………………………………………………………東眞須美 著
第33巻　日本語並列表現の体系…………………………………………………中俣尚己 著
第34巻　日本の英語教育における文学教材の可能性…………………………髙橋和子 著
第35巻　日・英語談話スタイルの対照研究―英語コミュニケーション教育への応用
　　　　　　　　　津田早苗,村田泰美,大谷麻美,岩田祐子,重光由加,大塚容子 著
第36巻　日本語教育における「のだ」の研究…………………………………戴宝玉 著
第37巻　初級韓国語学習者の学習態度の変容に関する研究…………………齊藤良子 著
第38巻　文学教材を用いた英語授業の事例研究………………………………久世恭子 著
第39巻　日本語教育におけるメタ言語表現の研究……………………………李婷 著
第40巻　日本語教育の新しい地図―専門知識を書き換える
　　　　　　　　　　　　　　　　　　　　　青木直子,バーデルスキー・マシュー 編
第41巻　漫画に見られる話しことばの研究―日本語教育への可能性……福池秋水 著
第42巻　外国語としての日本語の実証的習得研究……………………………玉岡賀津雄 編
第43巻　日本語学習者による多義語コロケーションの習得…………………大神智春 著
第44巻　移住労働者の日本語習得は進むのか
　　　　　　―茨城県大洗町のインドネシア人コミュニティにおける調査から……吹原豊 著
第45巻　日本語学習から見た〈機能語〉の類の研究
　　　　　　―日本語能力試験1級'〈機能語〉の類'の分類に基づいて……松原幸子 著
第46巻　作文教育の日中対照研究………………………………………………前川孝子 著
第47巻　外国人日本研究者の古典日本語の学習支援…………………………山口真紀 著
第48巻　モノリンガルとバイリンガルが混在する地域における説得研究
　　　　　　―キルギス語とロシア語の文章に基づく言語使用の実際……西條結人 著

シリーズ 言語学と言語教育 47

外国人日本研究者の古典日本語の学習支援

山口真紀 著

ひつじ書房

目次

第1章 序論 ... 1
1. 国内の外国人日本研究者への古典日本語教育 ... 1
2. 研究目的 ... 3
3. 本書の構成 ... 3
4. 本書で用いる用語 ... 5

先行研究と教育に関する実態調査

第2章 学習者研究の必要性 ... 9
1. 国内における研究者への古典日本語教育 ... 9
2. 外国人学習者への古典日本語の教育法 ... 11
3. 古典言語の教育法 ... 13
4. 学習者研究の必要性と意義 ... 16

第3章 古典日本語学習支援の実態 ... 21
1. 日本国内で古典日本語資料を用いた研究を行う学習者の学習背景 ... 21
   - 1.1 古典日本語学習形態の調査 ... 21
   - 1.2 結果 ... 23
   - 1.3 考察 ... 26
2. 海外教育機関における古典日本語教育の実際 ... 26
   - 2.1 海外教育機関の教員への調査 ... 27
   - 2.2 入門期の古典日本語教育の方法 ... 31
   - 2.3 海外教育機関における教育の傾向とその背景 ... 50
3. 国内教育機関における古典日本語教育の実際 ... 54
   - 3.1 留学生への指導経験を持つ専門分野の教員への調査 ... 55
   - 3.2 留学生指導の実情と教員の認識 ... 57

3.3	専門分野の教員が留学生に求める知識	62
4.	国内外の古典日本語学習とその支援	63

II 学習者の古典日本語の学習

第4章 学習者が認識する古典日本語学習の困難点と問題対処プロセス　69

1.	はじめに	69
2.	研究目的・研究課題	70
3.	調査の概要	70
4.	学習者の困難点と問題対処プロセス	72
4.1	教師不在型学習者の困難点と問題対処プロセス	72
4.2	教育機関教育型学習者の困難点と問題対処プロセス	88
5.	学習者の問題対処行動から考える学習支援	100
5.1	古典日本語学習者が抱える困難点と問題対処行動	101
5.2	【学習に対するポジティブな気持ち】を作りだす支援	102
5.3	現代語と古典語のつながりを重視した指導法による学習支援	102

第5章 学習者の古典日本語学習に対するビリーフと学習行動選択　107

1.	はじめに	107
2.	学習者ビリーフに関する先行研究	108
3.	調査の概要	108
4.	古典日本語学習に関する学習者のビリーフ	110
5.	学習者ビリーフとそれに基づく学習支援	121
5.1	学習者が感じた「違和感」の背景	121
5.2	学習者が考える学習のゴール	122
5.3	古典日本語学習に対するビリーフ	123
5.4	彼らのビリーフと学習のゴールに基づく学習支援	124

第6章 学習者の古典日本語文認知過程　127

1.	はじめに	127

2.	先行研究と本研究の関連	*128*
2.1	第二言語学習者の認知過程を踏まえた教育の必要性	*128*
2.2	読解におけるボトムアップ処理	*128*
3.	調査	*129*
4.	学習者の古典日本語文認知過程	*134*
4.1	理解・推測の情報源となる既有知識と解釈過程	*134*
4.2	協力者の読解活動に対する認識	*140*
5.	古典日本語文認知過程に基づく学習支援	*149*
5.1	古典日本語文理解における語句の意味推測の傾向	*149*
5.2	外国人研究者の視点から見たわかりやすい文章	*150*
5.3	現代日本語を積極的に活用した支援	*151*

III 学習者の古典日本語の理解

第7章 古典日本語の習得と現代語参照法による理解 *157*

1.	調査結果の総合的考察	*157*
1.1	現代語参照法	*157*
1.2	第三言語の習得における第二言語の影響	*158*
1.3	古典日本語習得過程にかかわる学習者要因と学習環境要因	*158*
1.4	学習者の社会的アイデンティティー	*160*
2.	言語間の違いと情報内容・情報構造の違い	*162*
2.1	言語の学習・教育とは何か	*164*
2.2	第二言語教育と翻訳	*166*
3.	仮説	*167*

第8章 学習者の心的辞書とコード化に用いる言語の違いによって生じる理解の違い *169*

1.	学習者の心的辞書における古典日本語形容詞と現代語形容詞の関係	*169*
1.1	古典日本語形容詞学習に関する先行研究と本研究の位置づけ	*169*
1.2	形容詞訳出調査	*170*
1.3	古典日本語形容詞の学習語彙	*178*

	1.4	学習者の古典日本語語彙の理解と現代語語彙の知識	*185*
2.		**コード化の違いによって生じる文章理解の違い**	*186*
	2.1	先行研究と本研究の位置づけ	*186*
	2.2	作絵の調査	*189*
	2.3	翻訳ストラテジー調査	*198*
	2.4	コード化の違いが文章理解に与える影響	*211*

IV 教育実践

第9章 国内教育機関における古典日本語授業の実践 　*223*

1.		**はじめに**	*223*
2.		**実践の背景**	*223*
	2.1	さまざまな専門分野と扱う資料の多様性	*224*
	2.2	時間的、環境的な制約	*225*
3.		**実践の目的**	*225*
	3.1	実践において留意する点	*226*
	3.2	古典日本語の文法体系についての本実践の立場	*226*
4.		**実践の内容**	*227*
	4.1	各回の授業の内容	*227*
	4.2	各回を通じて指導した点	*235*
	4.3	コミュニカティブな授業にする工夫	*235*
	4.4	暗記文	*236*
5.		**学生の評価**	*239*
	5.1	アンケート結果	*240*
	5.2	学生が求める授業内容と教材	*243*
6.		**実践についての総合的考察と今後の課題**	*244*

第10章 まとめ 　*249*

1.		**外国人日本研究者の古典日本語の習得**	*249*
	1.1	第9章までの総括	*249*
	1.2	学習者の古典日本語の学習・習得	*250*

1.3	学習者が求める理解	*250*
1.4	社会的アイデンティティー形成と外国語学習	*252*
2.	教育への示唆	*253*
2.1	古典日本語の教育法	*253*
2.2	国内における古典日本語授業の可能性	*254*
2.3	他の古典言語学習・教育への応用	*255*
3.	本研究の意義	*257*
4.	課題と展望	*258*

参照文献	*261*
初出一覧	*269*
おわりに	*271*
索引	*277*

第 1 章 序論

1. 国内の外国人日本研究者への古典日本語教育

　国際交流基金の調査（2013）によると、日本語学習の動機として「文学・歴史に興味があるから」は16項目中第4位（61%）であり、文学・歴史に対する学習者の関心は高い。このような興味・関心を、研究につなげ、日本に留学してきた外国人学習者がいる。主に大学生、大学院生、研究員など、若手の日本研究者たちである。そして、その中には現代日本語以前の古い日本語、「古典日本語」で書かれた文献を研究資料として扱う者がいる。具体的な専門分野としては、文学や歴史学、宗教学等がまず想起されるが、この他にも、政治学、法学、建築学等の分野でも、古典日本語資料が扱われることがあり、潜在的なニーズとして存在している[1]。このような学習者が国内にどのぐらいいるのかについて、現時点では公表されたデータはない。日本語学校や留学生別科のような予備教育機関の在籍生や工学系留学生と比べると数は少なく、また、様々な専門分野の個々の研究室に点在しているため、その存在は外から見えにくい。このため、彼らの学習の実態や教育のあり方についての議論が大きく取り上げられる機会は少なかった。しかし、東京大学人文社会系大学院の留学生について調べた坂内（2004）では、その半数以上が古典日本語資料を扱っており、支援の必要があることが報告されている。古典日本語の読

解を必要とする外国人日本研究者は一定数存在していると推測される。

　筆者は、学生時代にボランティア、チューターとしてこのような学習者の学習補助を行い、また近年は教師として国内の教育機関において古文や漢文のクラスを担当し、彼らの支援に携わってきた。そこで目にした学習の実態は、想像以上に困難を伴うものであった。古典日本語未習者のみならず、既習者からも、学習に関する困難の声を聞いた。その背景にはこの後述べていくように、様々な要因が複雑に絡まって存在しているのであるが、若手外国人研究者を取り巻く環境の改善は、喫緊の課題であると思われた。また、日本語学習者であり研究者でもある彼らに、何をどう教えるかについて教師として悩むことも多く、授業は困難の連続であった。外国人研究者への古典日本語の教育法について深く考える必要性を感じた。

　日本語母語話者にとって、古典日本語の教育と言ってまず思いつくのは、国語教育における「古典」かもしれない。しかし、実は外国人学習者に対する古典日本語の教育は、日本学の一環として欧米で長い伝統があり、古典日本語を直接母語（または、コミュニティーの共通語である英語）に翻訳して内容を理解する方法（以下、母語翻訳法）が主流である[2]。これは、いわゆる文法訳読法の範疇に入る教育法[3]で、原文を品詞に分解（品詞分解）し、その品詞に対応する訳語を母語から探し、文章の翻訳を行うものである。しかし、筆者が経験した実際の現場では、学習者たちは母語（または英語）ではなく、現代日本語を参照しながら古典日本語を独自に学習していた。この方法は、古典日本語の理解に学習者の母語を介在させないという点で、母語翻訳法と大きく異なる。アプローチが異なるこの2つの方法はどのような形で学習者の中に存在しているのだろうか。古典日本語の教育については、「自分の母語に翻訳しなければ、その意味を真に理解できない」、「外国人が古典日本語を理解する際に、現代日本語に訳すことには意味がない」という考えが存在している[4]。しかし、それとは逆の発想に基づく方法、すなわち彼らにとっての第二言語である現代日本語を介在させるという方法、がとられていることからすると、おそらくこの方法にも、古典日本語の学習プロセスにおいて何らかのメリットがあるはずである。日本語非母語話者である彼らの目に、古典日本語はどのように映り、理解されているのであろうか。この点が明らかになれば、教

育法について一定の指針が得られ、現場の授業の改善にも役立つ可能性がある。そして、古典日本語の教育・学習についての研究がより進展していくことは、学習者を取り巻く環境改善につながることが期待できる。

2. 研究目的

　本研究の目的は、国内の外国人日本研究者の、古典日本語の学習と理解の実態を明らかにし、教育実践につなげることである。国内の古典日本語教育に関する先行研究は少なく、教育法についても研究は不十分で(佐藤2014)、彼らが、実際に古典日本語をどのように学び、古典日本語をどのように理解しているのかは明らかにされていない。そこでまず、日本国内を中心に、学習者の学習経験、教育法などの実態を明らかにしたうえで、彼らの古典日本語習得の実態を明らかにし、それらの分析を新たな教育法の開発にどのように利用していくことができるかについて考えていきたい。

3. 本書の構成

　本書は、図1-1に示すように、本章を含め全10章で構成される。第Ⅰ部では、先行研究と教育に関する実態調査について述べる。第2章では、国内の外国人学習者に対する古典日本語教育についての先行研究を概観し、教育法とその背景についてまとめた上で、学習者を研究する必要性とその意義を示す。第3章では、先行研究からは伝えられていない国内の学習者の多様な学習背景を明らかにするために行った3つの調査(外国人学習者へのインタビュー調査、海外教育機関の教員へのアンケート調査、国内教育機関の教員への質問紙調査)について述べ、支援の実態をまとめる。続く第Ⅱ部では、学習者の古典日本語の学習について述べる。第4章では、学習者の学習経験についてのインタビューをM-GTAにより分析し、学習上の困難点と問題対処のプロセスの実態を明らかにする。続く第5章では、古典日本語学習に対する学習者ビリーフ(学習者信念)を学習行動選択との関係から明らかにする。第6章では、学習者の古典日本語文認知過程を発話思考法により調査し、個別の語句の意味推測に用

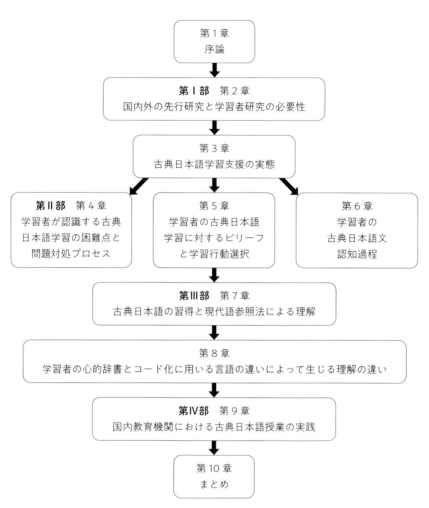

図1-1 本書の構成

いられる既有知識の実態を明らかにする。第Ⅲ部では、学習者の古典日本語の理解について述べる。第7章では、第3章から第6章で明らかになった結果について、古典日本語の習得の視点から考察を行い、現代語を参照する読み方による理解についての仮説を提示する。第8章では、仮説の検証として、古典日本語文章の英訳、現代語訳を用いて、学習者の心的辞書、及び古典日本語文章の状況モデルを分析し、コード化に用いる言語の違いによって生じ

る理解の違いを明らかにする。第Ⅳ部では、教育実践について述べる。第9章では、第Ⅰ部、第Ⅱ部の研究成果を踏まえて行った教育実践について報告し、学生のアンケート調査を通してこの実践に対する評価を行う。第10章では、本研究の総括として、学習者が現代語参照法を行うことで得ている理解の実態と学習者の社会的アイデンティティーとの関係性について考察を行い、その上で、研究の結論と意義、教育への示唆、そして今後の課題と展望について述べる。

4. 本書で用いる用語

以下に、本書で使用する用語について説明する。

■古典日本語（Classical Japanese）
「現代日本語以前の古い日本語」を示す言葉として、古語、文語、古典語、Bungo、Classical Japanese 等、一般にいくつかの用語が用いられている。本書では、東京大学教養学部国文・漢文学部会（2007）に倣い、「古典日本語」を使用する。本研究ではこの言葉を、現行の日本語教育のメインターゲットである「現代日本語」に対するものとして用い、現代には用いられない古い文法体系、表記に基づく日本語全般を含むものとする。具体的には、奈良時代のものから、昭和初期ごろまで用いられた日本語までを含む。またこれによって書かれた文章についても、古文、文語文、古典文等いくつかの用語が存在しているが、ここでは、古典日本語文を用いる。

■現代日本語（Modern Japanese）
「古典日本語」に対応する概念として「現代日本語」を用いる。「現代日本語」には、外国人学習者が学ぶ第二言語としての現代日本語と、日本語母語話者が国内の学校教育を通して学ぶ現代日本語（国語）があり、初期の学習過程においてそれぞれが基づく文法体系は異なる。本研究の対象となる学習者は、日本語環境で研究を行っている現代日本語上級者であり、現代語の運用はほぼ自動化されている。このため、日常生活で初期の文法項目が参照さ

れることはなく、現代語運用上は文法体系の違いで問題が生じることはない。これをふまえ、本研究では「現代日本語」という用語を、日本語母語話者と上級レベルの日本語学習者に共通したものとして扱う。ただし、古典日本語の入門期学習（文法、語彙）についての議論では、入門期学習の違いが問題になることがある。このような場合は、「日本語教育を通して得た現代日本語の知識」のように、特に明示することにする。

■学習者

　本研究が対象とするのは、国内で日本研究を行う若手外国人研究者、具体的には、大学生、大学院生、研究員などのうち、研究のために古典日本語学習を行う外国人学習者である。以下、特別に断りがない限り、「学習者」とする。

［注］

1──例えば、昭和初期の軍事政策にかかわる政府関係書類を参照する事例、法制史をテーマとし、過去の条文を参照する事例、日本の寺社建築を研究し、当時の行政記録を参照する事例などを目にしてきた。
2──第2章2.、第3章2.で詳述する。
3──文法訳読法は古典語教育や外国文学研究の分野で現在も広く行われている（リチャーズ、ロジャーズ2007）。
4──第3章で詳述する。

I

先行研究と教育に関する実態調査

第 2 章　学習者研究の必要性

1. 国内における研究者への古典日本語教育

　外国人学習者への古典日本語教育に関する国内の先行研究は、多くない[1]。中でも、本研究が射程とする外国人日本研究者を対象とした研究はさらに限られる。管見では、立松 (2000)、金山 (2010) 他のアメリカ・カナダ大学連合日本研究センター[2] の一連の報告、佐藤・串田・高橋・小野・楊 (2016) があり、入門授業の内容を知ることができる。また、研究者をターゲットにしていると思われる国内の教材も多くはなく、筆者の調査では、大学・大学院の学内教材として開発された小杉 (1983)、松岡 (2001)、足立 (2003) の他に、古典文法を解説した国際交流基金 (1980)、駒井・Rohlich (1991)、近代文語文を扱った庵 (2021)、基礎的な文語文法と重要古語の知識を身に付ける意図で開発された佐藤・虫明・角南・金山 (2021) の e-learning 教材などがある[3]。
　実は、このような研究者への教育の必要性は、大学院留学生をとりまく状況改善について述べた鈴木 (1995) や、東京大学人文社会科学系大学院に所属する留学生の実情を調査した坂内 (2004)、文部科学省の日本語日本文化研修生への指導について述べた勝俣 (2003) においても長らく指摘されていた。しかし、研究はあまり進められておらず、佐藤 (2014) が指摘するように古典日本語の教育を行う機関はわずかで、シラバスも構築されていない。この背景にある要因について、明示的に述べた研究はないが、おそらく日本語教育と

国語教育の学問的対立と分断が背景にあると考えられる。戦後の日本語教育という分野は、国語教育から分離・独立しようとして発展してきた歴史がある（細川 2012）。この立場から見れば、国語教育的な学校文法をベースとする古典文法の教授が日本語教育側で受け入れがたかったことは容易に想像できる。また、1980年代から90年前後にかけて、実際の運用に重きを置くコミュニカティブ・アプローチが日本語教育においても広まり、中心的な地位を確立しようとしていた（西口 2017）。この影響を受け、日本語教育の関心は実用的なコミュニケーションへと移り、「言語の形式・構造と場面・状況をむすびつけるスキルを身につけさせることがことばの教育であるという考え方が一般的（細川 2012）」になった。この、国語教育への批判の歴史と実用主義の影響を受けて、古典日本語は「日本語教育」の枠から徐々に遠ざけられていくことになったのではないだろうか。外国人学習者に「日本語」を教えるという点では、古典日本語も日本語教育の対象となってよいはずであるが、このような流れの中で、いつの間にか「日本語教育＝現代日本語」という構図が当たり前のものとなってしまったように思われる。国語教育の分野では、古典日本語の教育に関する研究が多くあるが、どれも日本語母語話者を対象としたものである。また、文学、歴史等の各専門分野では研究そのものが主目的とされ、それを支える基礎的な資料読解技術（高校レベルの文法や語彙等）が正面から教えられる機会は少ない[4]。細川 (2012) は、この点について、日本研究側には研究によって学習者の日本語を同時に育てていくという発想が極めて希薄であるとし、「そんなことは、前もってやっておいてほしいという雰囲気」の背後に「日本語を教えるという技術的なことは日本語教育に任せておけばよいという意識」があることを指摘している。これは、現代日本語についての指摘だが、同じことが古典日本語についても当てはまるだろう。このような、研究社会的な分断の影響を受け、外国人学習者を対象とした古典日本語教育は、その必要性が認識されつつも、国内では大きく取り上げられる機会が生まれにくくなっていたのではないだろうか。しかし、日本研究を行う外国人研究者が、日本で資料読解技術を学びたいという需要は当然存在し、そのような学習者への支援がチューターや居合わせた教員の手によって個別に途切れることなく水面下でなされてきたのは、先に見た通りである。筆者

が研究を開始した 2014 年当時と比べると、近年ではこの分野の研究や報告は増えてきている印象がある。しかし、教育法や教育体系の確立までの道のりはまだ遠い。日本で日本研究をするために来日した学習者が、日本では研究レベルの資料読解技術を体系的に学ぶ場が容易には得られないという驚くべき状況が、長きにわたり続いている。

2. 外国人学習者への古典日本語の教育法

　古典日本語をどのように教えるかについて、先行研究で教育法のあり方を検討したものは見当たらない。海外で教育を受けた学習者への聞き取り（山口・武井 2015）によれば、母語、またはコミュニティーの共通語（英語など）による文法の解説と、本文の母語への翻訳による内容理解をベースとした教育法（母語翻訳法）が伝統的にとられており[5]、古典日本語は現代日本語とは異なる「別の言語」[6]という認識が少なからずあるようである。一方、国内の授業報告の記述からは、「活用形」や「助動詞」といった個々の文法項目をどのように教えたかについて知ることができ、国語科の古典教育における学習項目が、外国人学習者にも教育すべき事項として想定されていることがうかがわれる[7]。教育の場が日本であること、学習者の日本語レベルが高いことなどを考え合わせると、授業では基本的に現代日本語が用いられていると推測される。翻訳という活動がどこまで行われているかは不明であるが、学習内容という点では、日本語母語話者への古典教育と、比較的近い形で教育が行われていると推測される[8]。このように見ると、外国人学習者への古典日本語教育の方法は、学習者の母語やコミュニティーの共通語による翻訳を中心に据える方法（母語翻訳法）が主流で、教材、方法面でも整備されており、これには一定の実績もある。一方、日本語母語話者向けの国語教育の方法に習っていると見られる方法（国語教育の内容を学習者の第二言語である現代日本語で教える）も国内では行われているようである。教師の媒介語選択の点で見ると、その国の教師がその国の言語を使って古典日本語を教えることは、ある意味当たり前のことに見えるかもしれない。しかし、両者を比較すると、前者は古典日本語の理解に母語知識を用い、後者は現代日本語知識を用いる点で、それぞれ

方向性が大きく異なるものである。

　外国人学習者を対象としたものではないが、古典日本語を教育する確立された方法としては、日本語母語話者対象の国語教育の方法がある。中でも、2010年代初頭まで活発に行われていた古典文法教育[9]は、外国人学習者向けに実施される母語翻訳法と共通点を持っている。どちらの方法も、古典日本語の文法規則を細かく分析（品詞分解）し、その知識を用いて古典日本語の文や文章（主に国語科で学ぶ文学作品）を学習者の母語に翻訳するという活動が学習の中心である[10]という点である。海外で古典日本語の教育法が確立していった経緯は、先行研究からはたどれないため詳細は不明だが、両者に見られる方法、教材の類似性[11]から考えると、このような日本語母語話者向けの古典文法教育の方法が、何らかの経緯で海外の教育現場に持ち込まれたことが推測される。また、国内で外国人学習者向けに実施される国語教育に類似した方法については、学習者に教育提供しなければならないという差し迫った状況下で、体系的に整った既存の方法として、国語教育の方法が借用された可能性がある。おそらく、この選択の背後には、「学習者の日本語レベルが高いから日本語母語話者のように教えることが可能だ」という教師の判断が存在していると考えられる。しかし、日本語母語話者への古典教育と、外国人学習者への古典日本語教育を同一に扱うことには限界があるだろう。日本語母語話者の中学生、高校生を対象とする国語の古典教育では、国語科という教科内で古典文学に親しむことが目指される一方、学習者を対象とする古典日本語教育では研究資料の読解が目指されている。また、学習者そのものに注目すると、中学生、高校生の場合は、母語として日本語を習得し、その上で国語教育を受けている日本語母語話者であるが、学習者の場合は、日本語を第二言語として学び、習得した外国人研究者である。このように、両者は、同じ古典日本語を学習対象としつつも、学習目的、及び学習者の背景が異なっている。外国人でかつ研究目的で資料読解を行う学習者向けの教育には日本語母語話者向けの国語教育とはまた違ったアプローチが存在すると考えられる。

3. 古典言語の教育法

　2. で述べた通り、古典日本語の教育法について検討した先行研究は管見では見当たらないが、古典言語の教育法として伝統的に広く行われてきたものは文法訳読法である（リチャーズ、ロジャーズ2007）。この方法は、19世紀末のヨーロッパの中等教育における外国語教育の主流の方法であったが、現代語の場合、その教育は19世紀から20世紀の変わり目において直接教授法が主流となった（クック2012）。リチャーズ、ロジャーズ（2007）は、文法訳読法を外国語教授法として今日支持する人がいない理由として、理論的基盤がないこと、この方法の正当性を裏付ける先行研究がないこと、そして、言語学、心理学、教育理論と結びつける研究がなされていないことを指摘している。しかしまた、この方法が、文学テキストの理解を目的とする外国語学習や、話す知識をほとんど必要としない状況下では、今日でも広く用いられていることも指摘している。古典日本語の教育法として海外で取られている母語翻訳法も、日本語母語話者向けの国語教育の方法も、文法規則を分析し、文を母語に訳すという活動が中心である点では、文法訳読法の流れにあると言える。ここでは、古典言語の教育法について先行研究を概観し、本研究の位置づけを述べる。

文法訳読法：The Grammar-Translation Method
　16世紀から19世紀までは古典ラテン語の学習と文法、レトリックの分析は言語学習のモデルとして存在していた（リチャーズ、ロジャーズ2007）。外国語教授法の一つとしての文法訳読法は、ラテン語、古典ギリシア語の教育手法を受け継いだものである。リチャーズ、ロジャーズ（2007: 18–19）は、文法訳読法の特徴を7つにまとめている。以下にその概要を示す。下線部は筆者。

1) 外国語学習の目的は、その言語で書かれた文学を読むこと、あるいは外国語を学ぶことで得られる精神的鍛練と知的発達にある。文法訳読では、まず目標言語の文法規則を細かく分析し、次にその知識を使って目標言語の文や文章を母語に、母語を目標言語に翻訳する。つまり、言語の学

習とは、目標言語の語形と構文を理解して使いこなせるようになること、そのために規則やその例文を暗記すること以外のなにものでもない。
2) 読むことと書くことが主要な対象になる。話すことと聴くことはほとんど、あるいはまったく対象にならない。
3) 語彙の選択は、使用テキストだけを基にして決める。語は対訳の語彙リスト、辞書の使用、及び暗記を通して学ぶ。典型的な文法訳読法のテキストでは、まず、文法規則が提示され、次に解説と例文がつけられる。その後に対訳の語彙リストが提示され、最後に訳文練習用の問題が用意されている。
4) 文を単位として教える。練習問題についても同じである。授業の大半は、目標言語の文を母語に翻訳し、母語を目標言語に翻訳する練習[12]で過ごされる。文に焦点を当てる[13]のがこの教授法の特色である。
5) 正確さが最重要視される。生徒には高いレベルの翻訳が求められる。
6) 文法は演繹的に教えられる。最初に文法規則の提示と学習。次にその規則を翻訳練習で応用する。文法訳読のテキストでは、シラバスはテキスト全体に文法ポイントを配列する形式になっている。
7) 生徒の母語は指導の手段として用いられる。新しい項目を説明する時や、目標言語と母語の違いを比較するときに、生徒の母語を活用する。

　欧米の教育機関で取り上げられる母語翻訳法の実態については、第3章で詳しく述べるが、上記と重なる特徴が見受けられる。クック（2012）は上記のような方法について、「文法訳読法は『教授法』と表現されることがあるが、典型的な文法訳読教材は何を学ぶかに終始することが多く、どのように学ぶかについてはほとんど何も述べていないということは注目されてしかるべきだ」（クック2012: 25 斎藤・北訳）と述べている。
　このような方法が現代語教育に持ち込まれた結果、学習言語を母語に翻訳することに学習活動が終始し、語彙や文法を正確に母語に変換できる能力を基準に学習者の第二言語能力が測られることなどについて、話し言葉を無視している点、間違った等価のとらえ方を奨励する点、文脈から文を切り離して提示する点が直接教授法を推進するグループの批判の対象となった（Howatt

and Widdowson 2004: 187–198)。また、翻訳を一語一語行うため処理スピードが遅くなること、母語に依存した理解をしてしまうことなども弊害として指摘されている（Stern 1992）。また、実際の教室における指導の面でも、授業進行が単調になり、学習者の学習に対する興味が失われがちになることが指摘されている（伊藤 1984）。以上のような経緯から、現在の現代語教育では、この方法を支持する者は少ない[14]。

近年の古典言語の教育法

　古典言語の教育法としては、依然として文法訳読法は広く用いられており、この状況から考えると、現代語教育では強い批判にさらされた文法訳読法も、古典言語の教育には採用されるに足る一定の理由があると推測される。例えば、古典言語は、現在は使われていない言語であるため、そのものを使って会話するといった積極的な産出が求められる環境はまず存在しない。この点が現代語教育とは大きく異なる点であり、当時の言語構造を知ることと、書かれた文章の理解が目的となれば、文法訳読法は効率的な方法である。この点だけをとってもこの方法に有用性はあると言える。しかし、近年は、古典ギリシア語、ラテン語を中心とした古典言語教育の分野において、従来の文法訳読法を見直す立場から、多くの新しい研究や実践がなされている。Koutropoulos（2011）は、古典ギリシア語の教育を第二言語教育の立場から考えることの必要性について指摘し、コミュニカティブ・アプローチによる教育法を提案している。このような、コミュニカティブ・アプローチを古典言語の教育に用いる有益性については、ヘブライ語についても報告がある（Overland, Fields, Noonan 2011）。また、現代のポピュラー音楽を使用してラテン語の詩の修辞、文学的スタイルを理解、分析する実践（Kershner 2019）や、デジタルメディアを取り入れた古典ギリシア語の教育実践（Manousakis 2013）等様々な媒体を駆使した新しい方法が現場レベルで試みられている。さらに、画一的な方法を取る文法訳読法下では、学習者特性、コミュニティー特性に合わせた教育についての議論は少なかったが、近年ではこれを考慮した研究も生まれている。Wood（2011）は、アメリカでの、スペイン系アメリカ人へのラテン語教育の実践として、英語ではなく学習者の母語であるスペイン語との関

連からラテン語を教える、対象の古典言語と学習者の既得言語の「類型学的類似性[15]（Hammarberg 2001）」に着目した教え方を提案している。Wood（2011）は、コミュニティーの共通語である英語だけに基づいた画一的な教育ではなく、学習者の学習言語の状況に合わせて「フレキシブルに」対応することを教師に求めており、これは学習者の特性に合わせた新しい教育の在り方を示していると言える。

以上のことから、古典言語の教育は、文法訳読法に基づく画一的な教育法の見直しをはかる流れがあることがわかる。このように考えると、古典日本語についても、文法訳読法をベースとした教育という従来の枠組みを改めて見直す動きが生まれてよいはずである。しかし、古典日本語の教育は、上述したラテン語や古典ギリシア語等の教育に比べ、教育法や学習内容の検討は、後れを取っているのが現状である。古典日本語の場合は、ラテン語や古典ギリシア語と比べ、学習を必要とする者が限定されている。この点で、学習者の特性を考慮し、学習者の習得の状況をベースに教育法を考えていくこと（Wood 2011）がより重要になるだろう。

古典日本語の教育が「教育法ありき」の状況から、他の古典言語の教育のように「学習者ありき」の教育へと転換を図るためには、学習者の学習・習得の状況に基づいた教育法を開発する必要がある。そして、そのためには、まず、学習者がどのように古典日本語を学び、理解しているのか、教育法開発のベースとなる学習者の学習と理解の実態を解明する必要がある。

4. 学習者研究の必要性と意義

外国人研究者への古典日本語教育は、研究で用いる資料の読解のために古典日本語を学ぶという特殊な目的が持たれている点で、専門日本語教育という分野に位置づけられる。専門日本語教育とは、仁科（2010）の定義によれば「専門分野での活動を可能にするレベルの教育方法を模索」することである。これは、特殊目的のための言語教育（LSP[16]）の下位分類に相当する。LSP は、学習者の学習の状態を研究して、教育につなげるという第二言語習得研究を基盤に持っている。林（2006）は、第二言語習得には社会文化的要因、学習者

要因、学習環境要因がかかわるとし、相互の影響関係を説明している（図2-1）。このモデルでは、社会的状況の中では、学習者要因も学習環境要因も社会文化的要因の影響を受けており、学習者要因と学習環境要因が相互に作用しあって言語習得にかかわることが示されている。そして、言語の教育法（教授法）は、学習環境要因の一つとして、学習者要因と社会文化的要因の影響を受けるものと位置づけられている。教育法研究の現状について林（2006）は、「学習者がいかに学ぶのか」という第二言語習得研究の視点から教育法を考える

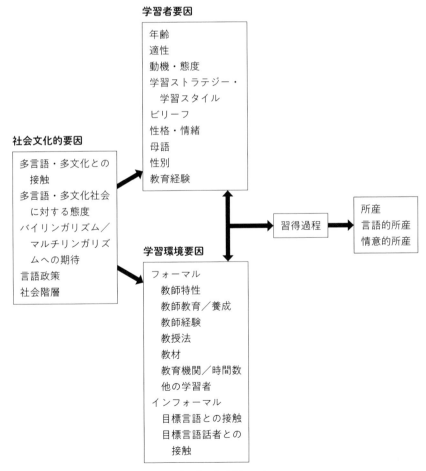

図2-1 林(2006)の第二言語学習／習得の個別性モデル

方向に変化している[17]とし、そのためには、第二言語習得研究ではあまり取り上げられていない学習環境要因という視点からの検討が必要であるとする。

　古典日本語の習得について、先行研究や既刊の教材からは、指導内容や教える側の工夫や気付きについて知ることはできるが、学習者の視点からの情報はわずかしか得られない。日本研究者への古典日本語教育を考えるにあたっては、彼らにとって古典日本語はどのようなものでどのように学ばれていくのか、学習者である彼らの状態を、まず、研究しなければならない。林（2006）が指摘するように、教育法とは学習者の習得の実態を考慮して考えられていくべきものである。本書において、今までブラックボックスの中にあった学習者の古典日本語学習・習得の実態を明らかにできれば、これに基づいた新しい教育法開発の可能性が提示できると考えられる。

　本研究では、日本国内を中心に、外国人学習者の学習経験、教育機関での教育法などについて実態を明らかにしつつ、言語習得に影響を与える学習者要因と学習環境要因のかかわりを見ていく。その上で、学習者の特性に応じたより効果的な教育法について考えていくことにする。

[注]

1──第3章で詳述する。
2──この教育機関では1960年代から研究者を対象とした古典日本語教育を行っている。
3──なお、近年は、広く一般向けに古典文法や古典作品を解説した動画やサイトがインターネット上で多数見られるようになっている。例えば、大学のOCWで古典文学を解説した動画や、個人のYouTubeチャンネル等である。
4──大学、大学院に所属する日本語母語話者の学生は、既に高校で古典日本語の基礎を学習している。
5──海外の古典日本語教育の実態については、第3章で詳述する。
6──現代日本語は日本語教育文法によって教えられる一方、古典日本語は学校文法をベースにした古典文法によって教えられる。
7──立松（2000）、金山（2004、2010）、深沢（2013）、足立（2003）など。なお、副島（2003）のように、用言の活用形の教え方を国文法の枠組みではなく、日本語教育文法の枠組みで教える実践を行ったものもある。
8──国内で教育を受けた者への聞き取りにおいても同様の情報を（高校国語科「古典」の教科書で取り上げられる文章を読んだ、受験参考書を用いた等）聞き取っている。

9 — 文法偏重教育は生徒の古典嫌いを生む要因として批判の対象とされてきた。鳴島（2007）、加藤（1995）、仲尾（2014）等に教育現場の実情が記されている。
10 — 国語教育においては、このような文法に偏重した教育を改める方向で改革が進められてきた。『【国語編】高等学校学習指導要領（平成30年告知）解説』（文部科学省）では「古典を読むことを通して身に付けた文語のきまりや訓読のきまり、古文や漢文などで用いられている語彙や、修辞や押韻などの表現の技法を活用するなど、その語彙や表現の技法などを参考にして、和歌や俳諧、漢詩などの韻文を創作したり、学校行事をテーマとした生活作文や日記文など、体験したことや感じたことを文語で書いたりする」のように、産出にかかわる記述がある。
11 — 詳細は、第3章2.1を参照。
12 — 聞き取りによれば、「母語を目標言語に翻訳」する活動については、言及がなかった。
13 — 文法訳読法は語彙と文法の知識を盛り込んだ作例によって学ぶことが特徴とされている。しかし、古典日本語学習についての聞き取りでは、文学作品の一文に注目して文法解析と翻訳がなされることは言及があったが、教師の作例の使用についてはほとんど言及がなかった。
14 — 文法訳読法の弊害は、第二言語教育の分野で長く指摘されてきたが、「文法訳読法を攻撃することは、その成否にかかわらず、訳の使用一般を攻撃することと同義ではない。」（クック 2012: 35 斎藤・北訳）。古典日本語の学習と翻訳の関係は第7章で述べる。
15 — typological similarity。Hammarberg（2001）は、L3言語習得において、もし、L2がL1よりも類型学的にL3に近い場合は、L2からの影響が好まれるとしている。これは「話される言語（spoken language）」についての研究であるが、Wood（2011）はこれを「話されない言語」であるラテン語の教育に援用して論じている。
16 — Language for specific purposes
17 — これまで言語の教育法は、普遍性、効率性を追及する教授法研究として「いかにして教えるか」という点に集中し、議論される傾向があった。

第 **3** 章 　古典日本語学習支援の実態

1. 日本国内で古典日本語資料を用いた研究を行う学習者の学習背景

　日本国内で古典日本語資料を用いた研究を行う学習者は、どのように古典日本語を学習してきたのだろうか。彼らの学習背景を明らかにするために、学習経験についてインタビューを行い、事例を収集した。ここでは、古典日本語の学習形態について述べる。

1.1 古典日本語学習形態の調査
　以下に調査の概要を説明する。
目的
　日本で古典日本語資料を用いた研究を行う学習者に、どのように古典日本語を学んできたのかについて聞き取りを行い、古典日本語の学習形態を明らかにする。

調査の対象
　調査時点（2014年6月〜2015年1月）において、国内の教育機関に所属、または国内に短期滞在中の、古典日本語資料を用いた研究活動を行っている学習者を対象とした。

協力者の概要

　14名の協力を得た。協力者の国籍は7か国である。全員が日本語能力試験のN2以上を取得している（表3-1）。

調査の内容

　古典日本語入門期の学習経験についてのインタビューを行い、どこで（教育の場）、誰に（教師やチューターなどの支援者に関すること）、何を使って（教材、課題など材料に関すること）、どのように（支援者の支援方法や具体的な学習方法に関すること）学習したかについて聞き取った。

調査の方法

　調査は、2014年6月～2015年1月にかけて都内近郊で実施した。調査場所は、協力者の所属先の教室、公共スペースを利用し、調査者と二人で行っ

表3-1　協力者の概要

対象者	国籍	専門分野	所属（所属機関の所在地）
A	イスラエル	宗教学	大学院生（アメリカ）
B	カナダ	文学	大学院生（アメリカ）
C	アメリカ	文学	元研究員（国内）
D	アメリカ	経済学	大学院生（アメリカ）
E	アメリカ	文学	大学院生（アメリカ）
F	ロシア	歴史学	大学院生（国内）
G	オランダ	宗教学	大学院生（オランダ）
H	アメリカ	歴史学	大学院生（アメリカ）
I	ロシア	文学	大学院生（ロシア）
J	韓国	文学	学部生（国内）
K	中国	建築学	大学院生（国内）
L	韓国	文学	大学院生（国内）
M	ロシア	歴史学	大学院研究生（国内）
N	韓国	歴史学	大学院生（国内）

た。古典日本語学習経験について自由に語ってもらえるよう、半構造化インタビューを採用した。協力者の希望により、言語は日本語を採用した。なお、調査開始前に 10 分程度の雑談を行い、インタビューの遂行に十分な日本語能力を有していることを確認した。文字化したデータを、支援の場、支援者、方法等の項目に分類し、古典日本語入門期の学習形態を整理した。

1.2 結果
学習形態

　入門期の古典日本語学習形態について、以下の 3 つの形態が確認された。

A) 独学型：インターネットや書籍を通して独学し、日々の講義・研究に当たる。古典日本語学習をサポートする者はいない[1]。
B) 勉強会・チューター型：学生チューターまたは、学生主催の資料読解勉強会への参加を通して、直接原典資料に当たり、慣れることで読み方を学ぶ。支援者は日本語母語話者チューター、または教師役の学生[2]である。
C) 授業型：大学や大学院のカリキュラムにのっとり、教科書、教材を用い、基礎から段階的に学ぶ。支援者はその授業を担当する専門の教師[3]である。

　独学型では、インターネットや書籍など、学習者が思いつく様々な方法が試され、学習は探索的に行われている。古典日本語入門期であるにもかかわらず、彼らは研究生活において日本語母語話者の学生と同じように研究資料を読んでいかなければならない状況にあるため、学習は主に研究資料の読解を通して行われる。

　勉強会・チューター型の場合は、独学型と異なり、同じ目的を持つ仲間と支援者が存在している。しかし、そこで読まれる資料は、全てが注釈や解説が整ったものではなく、実際の研究で用いられる一次資料（くずし字で書かれた書簡等）であることが多く、学習者は、古典文法や漢文の基礎知識がない状態で、直接研究資料に当たることになる。また、少人数の私的な側面が強い活

動であるため、チューターや教師となる学生が専門とする分野や時代が学習者と異なっていたり、双方の相性が悪かったりすると、このシステムが十分に機能しなくなるという問題がある。独学型、勉強会・チューター型は、ともに古典日本語の入門期に研究資料の読解を行っており、基礎学習を欠いた状態で応用レベルから学習が始められている点が共通している。

これに対し、授業型は、カリキュラムに基づいた教材、教師による授業、計画的な課題や試験の実施により、学習者を基礎から応用へと段階的に導く。

これらの3つの学習形態は、カリキュラムがなく、古典日本語を教える専門の教師がいない「教師不在型学習」と、教師の下で教育機関のカリキュラムにのっとった学習が行われる「教育機関教育型学習」の大きく二つに分けることができる。「教師不在型学習」には、独学型と勉強会・チューター型が該当し、「教育機関教育型学習」には、授業型が該当する。

学習形態と滞在期間

日本での滞在期間と学習形態の関係を整理したものが表3-2である。滞在期間の長さにより協力者は、

- 「短期」：海外の大学・大学院に所属し、資料収集・文化体験等の目的の下に期間限定で来日している、研究の基盤を国外に置く学習者
- 「長期」：国内の大学や大学院の正規課程生として入学または、入学を目指して来日している、研究の基盤を国内におく学習者

に分けられた。今回の調査では、「短期」に教育機関教育型が多く存在していた。また、意外にも国内大学で研究活動を行う「長期」に、教師不在型が多かった。国内大学所属の長期滞在者の発話からは、彼らの置かれている厳しい状況[4]がうかがわれた。発話文中の（　）内は筆者による補足、アルファベットは協力者名を示す。

(1) それも知らないの？って言われそうで（講義担当の講師に）聞けないっていうのがすごい多くて。(J)

表3-2 古典日本語入門期の学習形態および滞在期間

学習形態	学習方法	協力者	支援の場	形式	支援者	教材・参考書	滞在期間
教育機関教育型	授業型	A	海外大学院	授業	教師	英語で書かれた教科書	短期
		B	海外大学院	授業	教師	母語で書かれた教科書	
		C	海外大学院	授業	教師	母語で書かれた教科書	
		D	海外大学院	授業	教師	母語で書かれた教科書	
		E	海外大学院	授業	教師	母語で書かれた教科書、現代日本語で書かれた教科書	
		F	海外大学院	授業	教師	担当者作成の文法教材	
		G	海外大学院	授業	教師	担当者作成の文法教材	
		H	海外大学院	授業	教師	担当者作成の文法教材	
		I	海外大学院	授業	教師	担当者作成の文法教材	
教師不在型	独学型	J		独学	なし	インターネット・書籍	長期
		K		独学	なし	インターネット・書籍	
		L		独学	なし	インターネット・書籍	
	勉強会・チューター型	M	勉強会	勉強会	チューター	研究資料	
		N	勉強会	勉強会	なし	インターネット・書籍	

Aは英語圏の大学院に在籍しているが、母語は英語ではない。Lはごく短期間、授業を受けた経験があるが内容の意味が理解できないまま終わり、その後独学によって古典文法を学習した。

(2) わかってないっていう認識を先生(指導教官)に与えるのが怖い。で、すごく恥ずかしい。(L)

また、「短期」の場合、日本での長期的な研究活動が選択肢としてそもそも想定されていないことになるが、その理由として、以下のような指摘があった。

(3) 日本での研究は外国人にはちょっと難しい。(A)
(4) 日本で博士号をとっても、就職できない。アメリカの博士号がないと。(C)

彼らの発話から、日本研究を日本国内の大学で行うメリットは少ないと認

識されていることがわかる。上記（1）、（2）、（3）の発話から、日本国内における学習者を取り巻く古典日本語の学習環境は、あまり充実していないことがうかがわれる。このような点も「短期」の協力者の選択にかかわっていることが推測される。

1.3 考察

学習者へのインタビュー調査から、学習形態には独学型、勉強会・チューター型、授業型の3つがあり、これらは大きく教育機関教育型学習と教師不在型学習に分けられることがわかった。教師不在型学習の場合、学習の進捗を管理する教師のような存在がいないため、体系的な文法学習や、学習内容の難易度の調整は行われない[5]。一方、教育機関教育型では、専門の教師によってクラスがコーディネートされるため、学習段階に従った体系的な学習が可能である。指導の手厚さという点では、教師不在型よりも教育機関教育型のほうがよりよい環境であると言える。

では、実際にどのような教育・支援がなされているのであろうか。海外における古典日本語教育の実際、及び、国内の学習者支援の実際について、2、3で述べる。

2. 海外教育機関における古典日本語教育の実際

教育機関教育型学習者はどのような教育を受けてきたのであろうか。外国人学習者への古典日本語入門期教育は日本研究の一環として海外で長い歴史を持つ。谷口・坂本（2013）は、海外教育機関における日本語教育と日本研究の関係性を地域性との関連から、「欧米型（日本研究の中で日本語が学ばれる形）」、と「アジア型（日本語教育が発展して日本研究につながっていく形）」に分けている。

まず、「欧米型」について見る。欧米の教育機関では、いわゆる専門的研究を行う「日本学」と語学を教える「日本語教育」は分野として独立した関係にあることが伝えられている（松井2003、大島2010、Sonnenberg・菅生2011[6]）。また、論文や学会発表などの研究成果の発信は、英語や当該国の言語でなされる傾

向があるため、現代日本語知識は必要不可欠なものではないようだ（谷口・坂本 2013）。このような日本学と日本語教育の住み分けが存在する中で、古典日本語の教育は、日本学の一部として位置づけられている。欧米の教育機関で古典日本語授業を担当しているのは、日本学の研究者であり、彼らによって編まれた古典文法や読解の入門書は、Shirane（2005, 2007）、Kordzinska-Nawrocka（2013）など、多くある[7]。これらは、母語（またはコミュニティーの共通語である英語）によって書かれており、学科の授業で教科書として使用されている。内容は、いわゆる学校文法と親近性がある古典文法がベースで、日本語教育文法との関連を示す記述は見あたらない。

次に、「アジア型」について見る。徐（2010）は、中国で日本語教育が広く学ばれている現状と、学習動機として「日本文化に関する知識を得るため」が上位に位置していることをデータで示したうえで、中国において、日本語教育がまず初めにあり、そこから日本研究に発展していった経緯を記している[8]。また、楊（2003）では、日本語八級考試に古典日本語文法が出題される関係から日本語専門課程で古典日本語が学ばれる現状と、課題が報告されている。教科書は、母語で書かれたものが多数あり（張 2006、劉 2003 等）[9]、中国で出版されたいくつかの教科書については、学習事項の検討もなされている（春口 2008、2009、2010）。学習者への聞き取り（山口・武井 2015）によれば、母語、または現代日本語を媒介として古典文法を集中的に講義形式で学ぶスタイルが多くとられているようである。

以上、海外の古典日本語教育についてまとめた。しかし、先行研究は少なく、まとまった調査も行われていないため、実際にどう教えられているのかといった教育の実情や、教え方に対する教師の認識はわからない。そこで、ここでは、実際に海外教育機関で古典日本語授業を担当している教員を対象に、インターネットを介したアンケート調査を行い、教育状況の把握を試みた。

2.1 海外教育機関の教員への調査

以下に、調査の概要を述べる。

目的

本調査の目的は以下の2点である。

1) 海外の教育機関で古典日本語の教育はどのように行われているか、教育状況を把握し、教員の実践の実情、及び教育に対する認識を記述、分析する。
2) 日本国内で古典日本語資料を用いた研究を行う外国人日本語学習者への学習支援の充実や学習状況の改善に役立てる。

調査の対象

海外の大学、大学院等の教育機関において、外国人日本語学習者を対象とした古典日本語教育経験がある教師を対象とする。

調査の内容

インターネットを介したアンケート調査を実施した。主な内容は以下の3点である。
（1）授業概要についての調査：学習者レベル、使用教材など
（2）授業における読解活動についての調査：実際の授業進行、教授法など
（3）学習における現代語知識の利用についての教師の認識に関する調査

調査の方法

海外の日本学関係者コミュニティーのメーリングリスト、日本語教育関係者コミュニティーのメーリングリストによる拡散、各大学のホームページに掲載されている連絡先へのメール送付、国内大学教員からの紹介、日本国内に研究滞在中の研究者、留学生からの紹介により調査協力者を探し、協力依頼を行った。調査期間は、2019年1月15日〜2月17日である。

回答者の概要

回答者数44名、教育機関数42校、18か国の教師から回答があった（表3-3）。

表3-3　回答者の概要

	国	教育機関数	回答者数
1	アメリカ／USA	10	10
2	中国／China	6	6
3	ドイツ／Germany	4	4
4	ロシア／Russia	3	3
5	ベルギー／Belgium	2	3
6	イタリア／Italy	2	2
7	韓国／Republic of Korea	2	2
8	オランダ／Netherlands	1	2
9	イギリス／UK	1	1
10	イスラエル／Israel	1	1
11	オーストリア／Austria	1	1
12	カナダ／Canada	1	1
13	スイス／Swiss	1	1
14	スロベニア／Slovenia	1	1
15	チェコ／Czech Republic	1	1
16	フィンランド／Finland	1	1
17	ブルガリア／Bulgaria	1	1
18	ポーランド／Poland	1	1
	非公開希望	2	2
	合計	42	44

教育機関

協力があった教育機関は、以下の通りである。

表3-4　教育機関一覧

(1) アメリカ／USA　10校

1	イーストカロライナ大学	East Carolina University
2	イェール大学	Yale University
3	インディアナ大学	Indiana University
4	コロラド大学ボルダー校	University of Colorado Boulder

	5	ピッツバーグ大学	University of Pittsburgh
	6	ブランダイス大学	Brandeis University
	7	プリンストン大学	Princeton University
	8	ポモナ・カレッジ	Pomona College
	9	ミネソタ大学	University of Minnesota
	10	ワシントン大学	Washington University

(2) 中国／China 6校

	1	華東理工大学	East China University of Science and Technology
	2	陝西師範大学	Shaanxi Normal University
	3	四川外国語大学	Sichuan International Studies University
	4	西安外国語大学	Xi'an International Studies University
	5	西安交通大学	Xi'an Jiaotong University
	6	揚州大学	Yangzhou University

(3) ドイツ／Germany 4校

	1	エーバーハルト・カール大学テュービンゲン	University of Tübingen
	2	ハンブルク大学	University of Hamburg
	3	ベルリン自由大学	Freie Universitaet Berlin
	4	ボーフム市ルール大学	Ruhr-Universität Bochum

(4) ロシア／Russia 3校

	1	国立研究大学高等経済学院	National Research University Higher School of Economics
	2	サンクトペテルブルク国立経済大学	Saint-Petersburg State University
	3	ロシア国立人文大学	Russian State University

(5) ベルギー／Belgium 2校

	1	ゲント大学	Ghent University
	2	ルーヴェン・カトリック大学	Katholieke Universiteit Leuven

(6) イタリア／Italy 2校

	1	ヴェネツィア大学	Ca'Foscari University of Venice
	2	カターニア大学	University of Catania

(7) 韓国／Republic of Korea　2校

1	高麗大学校	Korea University
2	江陵原州大学	Gangneung-Wonju　National University

(8) その他の国 各1校　　　　　　　　　　　　　　　　　＊（　）内は国名

1	（イギリス／UK）	オックスフォード大学	University of Oxford
2	（イスラエル／Israel）	テルアビブ大学	Tel-Aviv University
3	（オーストリア／Austria）	ウィーン大学	University of Vienna
4	（オランダ／Netherlands）	ライデン大学	Leiden University
5	（カナダ／Canada）	ブリティッシュコロンビア大学	University of British Columbia
6	（スイス／Swiss）	チューリッヒ大学	University of Zurich
7	（スロベニア／Slovenia）	リュブリャーナ大学	University of Ljubljana
8	（チェコ／Czech Republic）	パラツキー大学	Palacký University
9	（フィンランド／Finland）	FKF大学	FKF University
10	（ブルガリア／Bulgaria）	ソフィア大学	Sofia University
11	（ポーランド／Poland）	ヤギェロン大学	Jagiellonian University

2.2　入門期の古典日本語教育の方法

　調査は、古典日本語の入門期における教育実践について尋ねるもので、学習者が最初に古典日本語を学習する授業についての設問（Section 1）と、入門期の古典日本語授業における読解活動についての設問（Section 2）、古典日本語学習における現代日本語知識の利用についての教師の認識に関する設問（Section 3）によって構成されている。有効回答について設問ごとに集計を行った。記述式設問の集計はKJ法（川喜田2017）を参考にしてカテゴリ化を行った。（　）内は、有効回答件数を示す。

Section 1

Q1〜Q6では、学生が最初に古典日本語を学習する授業についてお聞きします。

Q1 – Q6 are regarding the first classical Japanese course students take.

Q1. 受講者の日本語レベルはどのぐらいですか。

What is the level of Japanese of those taking the course？(44)
回答：初級 20.5%、中級 43.2%、上級 29.5%、その他 6.8%[10]

Q2. この授業では主に何を学習しますか。

What do students primarily learn in this course？(44)
回答：古典文法と文章読解 61.4%、古典文法 29.5%、文章読解 6.8%、その他 2.3%

Q3. このクラスで主に使用する教科書の名前をお答えください。

Please write the name of the primary textbook used in this class. (39)
回答：海外で出版された教科書 51.2%、日本で出版された教科書 9.3%、自作教材（未公刊）30.2%、その他 9.3%

表3-5　教科書名一覧

	書籍名	著者	ISBN
1	Classical Japanese: A Grammar	Haruo Shirane	9780231135245
2	Classical Japanese Reader And Essential Dictionary	Haruo Shirane	9780231139908
3	An introduction to classical Japanese	駒井明、Thomas H.Rohlich	9784893581242
4	Classical Japanese Grammar Illustrated Texts	Ikeda Tadashi	9784924530010
5	Učebnice klasické japonštiny	Klíma Tomáš	9788024618852
6	Einführung in das Klassische Japanisch（百人一首）	Jens Rickmeyer	9783862055166
7	Abriss der japanischen Grammatik auf der Grundlage der klassischen Schriftsprache	Bruno Lewin	3447016345
8	Reader on the history of Japanese literature	M.Toropygina, K.Marandjan	不明
9	The Inflexional System of Classical Japanese	Tomasz Majtczak	9788376386959
10	标准日语古典语法教程	陈访泽、刘小珊	9787562332350
11	簡明日本語古文教程	梁海燕	9787562819608
12	日语古典文法	徐曙	9787313046499
13	古文解釈のための国文法入門	松尾聡	9784327384050
14	正しく読める古典文法	中村幸弘、高橋宏幸、碁石雅利	9784796114868
15	新編文語文法	大野晋	9784482000628

Q4. Q3の教科書は、主に何語で書かれていますか。
In what language is the textbook answered in Q3 primarily written in?（40）
回答：学習者の母語、またはコミュニティーの共通語 64.8%、現代日本語 42.4%、その他（学習者の母語と現代日本語の併用）9.8%

Q5. 授業で説明する際に、主に何語を使用していますか。
What language do you primarily use when explaining things in class?（44）
回答：学習者の母語、またはコミュニティーの共通語 84.1%、現代日本語 11.4%、その他（学習者の母語と現代日本語の併用）4.4%

Q6. 古典文法を説明する際に、現代日本語との比較や関連を重視した説明をしますか。
Do you emphasize comparisons and connections with contemporary Japanese when explaining classical grammar?（44）

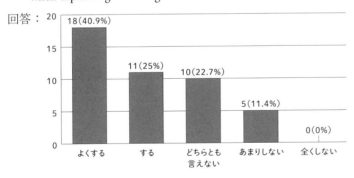

Section 1 の小括

　古典日本語を最初に学習するクラスにおける受講者は、全て現代日本語の学習経験がある者であった。そのレベルは、中級が4割、これに上級を合わせると全体の約7割を占めており、少なくとも中級以上の学習者が古典日本語教育の主対象となっていることがわかる。授業内容は、古典文法と文章読解を合わせたものが約6割であった。また、使用教科書は学習者の母語、またはコミュニティーの共通語で書かれたものが半数以上を占め（64.8%）、授業内で教師が説明に使用する言語も、学習者の母語、またはコミュニティー

の共通語が8割を超えていた。このことから、海外教育機関の教育現場では、学習者の母語、またはコミュニティーの共通語を使用した教育が広く行われていることがわかる。これには、受講者の現代日本語レベルで中級が約4割であったこととも関係があると推測される。文法説明の際に現代日本語との比較や関連を重視するかという設問では、「よくする」という回答が最も多く、「する」と合わせると約65％を占めた。受講者のすべてが現代日本語既修者であることを考え合わせると、肯ける結果である。しかし、一方、「どちらとも言えない」(22.7％)と、「あまりしない」(11.4％)を合わせると約34％あり、受講者が現代語既習者であっても、関連性を重視した説明を積極的には行わない現場が約3割あることが確認された。

Section 2

ここからは、入門期の古典日本語授業（Q1～Q6でお答えいただいた授業、及びその履修を前提とした後継科目を含む）における読解活動についてお聞きします。

The following questions concern reading comprehension activities in introductory classical Japanese courses (including the course covered in Q1 – Q6 and subsequent courses which require it as a prerequisite).

Q7. 授業では読解に関する活動としてどのようなことが行われますか。全てお答えください。

In class, what kinds of activities are carried out in relation to reading comprehension? Please select all answers that apply. (44)

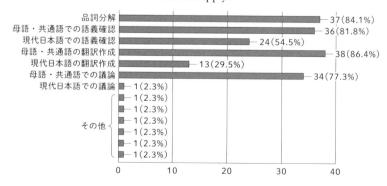

「その他」には、「歴史的な発音」、「歴史的背景知識」等が該当する。

　読解に関する活動としては、「品詞分解」及び、「母語、共通語での語義確認」、「母語、共通語の翻訳作成」は80％以上を占め、また、「母語、共通語での議論」は70％以上を占めた。一方、「現代日本語での語義確認」は約50％、「現代日本語の翻訳作成」は約30％であり、母語または共通語を用いた活動が多くを占めた。

Q8. Q7の活動は、実際の授業でどのような流れで行われますか。例のようにお答えください。例：品詞分解→母語による単語の意味の確認→母語による翻訳文の作成

During actual class, in what sort of order are the activities from Q7 carried out? Please answer as in the example. For example: Breaking down readings by parts of speech → Confirming the meaning of vocabulary in students' first language → Creating translations using students' first language.(39)

回答：授業の流れは、大きく以下の三つに大別された。

　a. 母語、共通語を中心とした流れ　53.5％
　　品詞分解→母語、共通語による語義確認→母語、共通語による翻訳（→母語、共通語による議論：場合に応じて）
　b. 現代日本語を中心とした流れ　7.0％
　　品詞分解→現代日本語による語義確認→現代日本語による翻訳（→現代日本語による議論：場合に応じて）
　c. 母語、共通語と現代日本語を併用する流れ　30.2％
　　品詞分解→a. 現代日本語による語義確認→母語、共通語に翻訳
　　　　　　→b. 現代日本語、母語、共通語による語義確認→母語、共通語に翻訳（→母語、共通語による議論：場合に応じて）
　　　　　　→c. 現代日本語、母語、共通語による語義確認→現代日本語に翻訳（→母語、共通語に翻訳→母語、共通語による議論：場合に応じて）
　d. その他（学生によって変える等）9.3％

母語、共通語を中心とした流れが半数以上を占めた。両言語併用は約30％

みられたが、この場合、現代日本語は最終的に母語による翻訳に結びつけるための補助的な位置づけであった。完全に現代日本語により授業を進行させるスタイルも約7%確認されたが、全体として授業進行においては、母語、共通語を重視する傾向が確認された。また、教え方はクラスを構成する学生によって変えるという回答（約9%）もあった。

Q9. Q7の活動の中で、文章の内容を正確に掴むために最も重要な活動は何だと思われますか。

Out of all the activities in Q7, which do you believe is the most important to accurately grasp the content of readings?（42）

回答：品詞分解34.9%、母語・共通語の翻訳作成32.6%、母語・共通語での議論16.3%、母語・共通語での語義確認7%、現代日本語の翻訳作成4.7%、母語・共通語での語義確認2.3%、現代日本語での語義確認2.3%

　品詞分解、及び母語・共通語の翻訳作成が約30%以上を、また、母語・共通語での議論が約16%を占めており、母語・共通語による理解を重視する教師の姿勢がうかがわれる。

Q10. 古典日本語で書かれた文の意味を解釈する方法として、学生たちにどのような方法を提示していますか。

What sorts of methods do you present to students for interpreting the meaning of passages written in classical Japanese?（44）

回答：母語・共通語に翻訳47.7%、現代語に訳してから母語・共通語に翻訳20.5%、現代日本語に翻訳13.6%、母語・共通語に翻訳してから現代日本語に翻訳4.5%、以下、各2.3%（絵を描く・似たような経験を語らせる、形態素分析・統語論的分析・修辞法・歴史的背景知識、まず大意を掴んでから母語に翻訳、母語・共通語への翻訳と現代日本語への翻訳をともに行う、テキストが書かれた時代背景を理解する）

　意味を解釈する方法として最もとられている方法は「母語・共通語に翻訳」

すること（約48%）である。古典日本語を直接母語に翻訳することが、古典日本語文の意味を解釈する方法として現場の教師に最も支持されていることがわかる。現代語に訳してから母語・共通語に翻訳するという、母語翻訳に至る過程で現代語訳を介在させる方法も約20%取られていた。古典日本語を直接現代日本語に翻訳することで理解する方法は13.6%と少なかった。また、母語・共通語に翻訳してから現代日本語に翻訳する方法も4.5%取られていた。

Q11. 授業では、教師・学生は主に何語を使用していますか。
　　What language do the instructor and students primarily speak in class?(44)
回答：学習者の母語・共通語 88.6%、現代日本語 9.1%、その他 2.9%

「その他の言語」は現代日本語と学習者の母語・共通語の併用が当たる。読解の授業においては、学習者の母語、共通語の使用が約88%確認されたことから学習者の母語、共通語が主に用いられていることがわかる。

Q12. Q11でお答えになった言語を使用する理由をお書きください。
　　Please write the reason for using the language answered in Q11. (43)
回答：
● 現代日本語使用　Using MJ　4名

表3-6　現代日本語使用の理由

大カテゴリ	中カテゴリ	小カテゴリ	指摘数
外的要因による選択	学習者の特性	学習者は全員現代日本語を学習したことがある	1
		学習者は全員現代日本語の十分な知識を持っている	3
	古典日本語の特性	古典語は現代語に通じている	1
学習に良いという教師判断による選択	関連資料の利用	現代日本語で書かれた注釈を読むことに役立つ	1
		現代日本語で書かれた辞書を読むのに役立つ	1
	学習者の理解促進	古文を正確な母語に翻訳するのはかなり難しいため、現代日本語を使う方が意味を把握しやすい	1
		古典日本語学習と同時に現代日本語の理解を深めることができる	1

- 母語、共通語使用

Using students' first language or a common language of the community 39名

表3-7　母語、共通語使用の理由

大カテゴリ	中カテゴリ	小カテゴリ	指摘数
学習環境を重視した判断による選択	置かれた環境からの要請	学生の現代日本語レベルが不十分	10
		母語、または共通語で教える決まりになっている	5
		教師と学生の共通語である	4
	コミュニケーションのしやすさ	意思伝達が容易にできる	5
		適切な説明が容易にできる	3
学習者理解を重視した判断による選択	深い内容理解のために必要	内容に対する深い理解や議論が必要	9
		文学の本質に近づくことが目的であり、第二言語の学習ではない	1
	母語・共通語翻訳に価値がある	現代語翻訳に利益はない	2
		母語、共通語に翻訳する活動に意味がある	4

　現代語使用、母語・共通語使用、どちらの立場も、内容理解を深めることを目指しての選択であることがわかった。ただし、前者は現代日本語とのつながりから、後者は母語との比較から理解を促そうという点に大きな違いがある。さらに、教師の使用言語選択には、学習者の現代日本語レベルや教育機関の規則など、学習者の理解を促進させるという目的以外の環境的な要因の影響もあることがわかった。

Q13. 入門期の読解でよく扱う作品は何ですか。作品名、または教科書名をお書きください。

　　What works do you often use in introductory level reading comprehension? Please write the names of any relevant works or textbooks.（40）

回答：読解のテキストとして挙げられた作品は以下の通り。

- 上代：万葉集
- 中古：竹取物語、伊勢物語、枕草子、源氏物語、土佐日記、古今和歌集、更級日記

- 中世：方丈記、今昔物語、百人一首、宇治拾遺物語、平家物語、新古今和歌集、徒然草
- 近世：女大学、日本永代蔵、奥の細道、雨月物語、源氏物語玉の小櫛
- 近代：学問のすゝめ、かたわ娘、舞姫
- その他：論語、小学唱歌、Ｊポップ[11]

文学作品が多数を占めている。日本語母語話者向けの高校国語科の学習内容と類似した傾向が見られた。平安時代の作品のみ扱う、またはこれを中心に扱う、とする回答も4件あった。

Section 2の小括

読解活動について、全体的に母語・共通語を重視する傾向が確認された。具体的には、読解に関する活動として、「品詞分解」の他に、「母語・共通語での語義確認」、「母語・共通語の翻訳作成」が80%以上を占め、中心的活動となっていた。また、授業の進行としては、「母語・共通語を中心とした流れ」が50%以上を占め、母語・共通語使用を行う傾向が確認された。また、文章の内容を正確につかむための活動として重要な活動は、「品詞分解」と「母語・共通語の翻訳作成」が30%を越えており、次いで「母語・共通語での議論」が約16%と多かった。本文の解釈の方法としては、「母語・共通語に翻訳」することが約48%で最も高く、教師は母語・共通語による翻訳の重要性を認識していることが分かる。

Section 3

ここからは、古典日本語学習における現代日本語知識の利用について、教師としてのお考えをお聞かせください。

The following questions ask instructors' thoughts on the use of knowledge of contemporary Japanese in the study of classical Japanese.

Q14. 現代日本語の知識は古典日本語の理解に重要だと思いますか。

Do you believe knowledge of contemporary Japanese is important to understanding classical Japanese? (44)

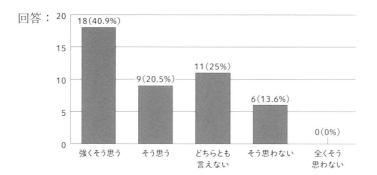

約60%が「強くそう思う」、「そう思う」と考えている。一方、「どちらとも言えない」、「そう思わない」との回答が約38%あった。現代語知識の必要性に対する認識は教師によって幅があることがわかる。

Q15. Q14のように考える理由をお書きください。
Please explain the reasoning for your answer to Q14.(41)
回答：
• 「強くそう思う」の理由

表3-8 「強くそう思う」の理由

大カテゴリ	中カテゴリ	小カテゴリ	指摘数
古典語の学習、文献読解をしやすくするため	関連資料を読むのに必要	辞書、注釈書を読むのに必要	5
		注釈書を読むのに必要	5
		日本語で書かれた論文を読むのに必要	2
	古典語学習を支える	現代語を知っている方が古典語を速く深く学べる	2
		現代語の知識は古典語の基礎となる	10
現代語知識が重要なのは自明のことであるため	言語の特性	両者は一つの言語である	4
		両者には強い関連がある	2

- 「そう思う」の理由

表3-9 「そう思う」の理由

大カテゴリ	中カテゴリ	小カテゴリ	指摘数
古典語の学習、文献読解をしやすくするため	古典語学習を補助する	現代語の知識は、古典語の学習を容易にする(語彙、文法、構造等の理解)	4
		現代語の知識は、古典語の学習を容易にするが、中級程度で十分	1
	古典語学習の基礎として必要	現代語の知識なく、古典語の文や文章の理解は不可能	1
	関連資料や教科書を読むことが必要	古語辞典を引くときに必要だから	2
		教科書の説明が現代日本語表記だから	1
変遷そのものが学習対象であるため	史的変遷を理解することが必要	言語の発達過程の理解が重要	4
		本文理解と共に言語の変遷も知る必要がある	1
		言語の歴史を知っていることは、現代語のより深い理解を導く	1

- 「どちらとも言えない」の理由

表3-10 「どちらとも言えない」の理由

大カテゴリ	中カテゴリ	小カテゴリ	指摘数
古典日本語学習における現代語知識の重要度が低い	現代語知識以上に重要な知識がある	歴史的背景知識の方が重要	1
		文学の本質を理解する方が重要	1
	現代語知識は古典語学習にあまり貢献しない	現代語知識はかえって混乱を招く	2
		現代語知識は古典語学習に悪影響を与える時がある	1
		現代語は古典語より新しい言葉だからその知識は重要ではない	1
		古典語と現代語はある意味別の言語である	2
		むしろ古典語知識が現代語学習を促進する	2
クラス運営の条件	学習の前提条件	重要かどうかの問題ではなく、現代語の学習経験は古典語学習の前提条件だ	1
	環境・学生によって異なる	教養クラスか原典購読のクラスか、クラスの目的によって異なる[12]	1

- 「そう思わない」の理由

表3-11 「そう思わない」の理由

大カテゴリ	中カテゴリ	小カテゴリ	指摘数
現代語知識は古典語学習に必要ない	古典語文の読解、または古典語の学習に現代語知識は貢献しない	古典語学習に現代語知識は不要	1
		現代語の知識がなくても古典語は独立した言語として学べる	1
		文学に対する深い理解は現代語能力と関係ない[13]	1
		古典日本語は現代日本語以前に存在した言語だから	1
	現代語知識が古典語学習に悪影響を与える	現代語知識は古典語学習を助けると言うよりむしろ阻害する	1
		現代語と古典語は相互に類似しているため現代語の知識はかえって混乱を招く	1
最低限の現代語能力さえあれば良い	関連資料が読める程度の現代語能力で十分	辞書が読める程度の現代語能力で十分	1
		現代語訳を参照できる程度の現代語能力があればそれでよい	1
		授業ではN3レベルで十分	1

　現代語の知識が古典語の理解に重要かについて、「強くそう思う」、「そう思う」とする立場の教師からは、その理由として、「古典日本語の学習、文献読解をしやすくする」、「現代語知識が重要なのは自明のことである」、「変遷そのものが学習対象である」という点が指摘された。また、「どちらとも言えない」とする立場の教師からは、「古典語学習における現代語知識の重要度が低い」ことが指摘された。そして、「そう思わない」とする立場の教師からは、「現代語知識は古典語学習に必要ない」、「最低限の現代語能力さえあれば良い」という指摘がされていた。学習における現代語知識の重要度については、現代語知識が学習を助けるから重要であるとする認識と、現代語知識は古典語学習に貢献しない、または悪影響を与える、という理由から不要であるとする、二つの対立する認識があることが明らかになった。

Q16. 実際の授業では、学習者が持っている現代日本語の知識を積極的に活用する形で古典日本語を教えていますか。

In actual class, do you teach classical Japanese in a way in which students actively use their knowledge of contemporary Japanese?（44）

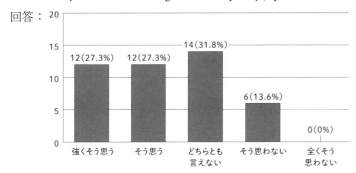

　約54％が「強くそう思う」、「そう思う」と考えている。「どちらとも言えない」が約31％、「そう思わない」が約13％あった。現代語知識を積極的に活用しているかどうかの認識は、教師によって異なることがわかる。

Q17. Q16に関連してお聞きします。具体的に授業のどのような場面で、学習者に対し現代日本語の知識の活用を促していますか。
　　The following question concerns Q16. Concretely speaking, in what kind of situations during class do you encourage students to use knowledge of contemporary Japanese?（40）
回答：

表3-12　現代日本語の知識の活用を促す場面

場面（総指摘数）	詳細	指摘数
あらゆる場面（4）	可能な限りあらゆる場面で類似点、相違点の比較を促す（現・古双方の能力を伸ばすため日本語環境を作る）	2
	古典語と現代語の相違点、類似点を様々な点から認識させる	1
	古典語と現代語の相違点、類似点を可能な限り説明する	1
教材使用・授業進行にかかわる場面（6）	現代語で書かれた教科書を読む際	1
	現代日本語による内容のまとめを学習者に作成させる際	1
	日本語で書かれた辞書を使用する際	1
	短文を書かせる際	1

場面（総指摘数）	詳細	指摘数
	読解活動の際	1
	例文提示の際	1
現代語訳に関する活動を行う場面 (11)	現代語による大意把握	1
	現代語訳作成	4
	現代語訳の参照、現代語訳と翻訳の比較	5
	現代語訳作成（翻訳の前段階として）	1
語彙に関する説明を行う場面 (16)	語義の説明（現代語と意味が違う語の特化）	1
	語義の説明	5
	語彙の意味を類推させる	1
	語源の説明	1
	現代語に残る古語を指摘／思い出させる	2
	意味の変遷の説明	3
	日本語特有の語の意味の説明	3
日本語の史的変遷に触れる場面 (3)	比較が効果的な場合に現代日本語への変化を示す	1
	日本語としての変化を認識させる	2
表記にかかわる指導の場面 (2)	漢字認識	1
	古語による短文作成	1
文法に関する説明を行う場面 (15)	文法構造の説明・比較	6
	活用変化の説明・パターン認識	4
	助詞・助動詞の説明・比較	2
	古典文法の基礎の説明	1
	品詞の特定	1
	日本語特有の文法機能の説明	1

　文法、語彙に関する説明を行う場面において、現代語知識の活用が促される傾向にあるようである。

Q18. 古典日本語を理解する際に、学習者が母語またはコミュニティーの共通語による翻訳を行うことは重要だと思いますか。
　　Do you believe it is important when comprehending classical Japanese that students conduct translations into their first language or a common language

of the community? (44)

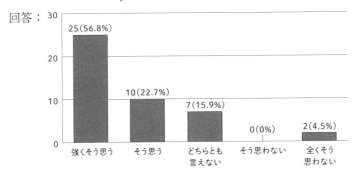

　約79%が「強くそう思う」、「そう思う」と考えている。「どちらとも言えない」が約15%、「全くそう思わない」が約4%あった。母語、共通語翻訳は、古典日本語の理解に重要だと考える傾向が強いことが示された。

Q19. 古典日本語を理解する際に、学習者が現代日本語による翻訳を行うことは重要だと思いますか。
　　 Do you believe it is important when comprehending classical Japanese that students conduct translations into contemporary Japanese? (44)

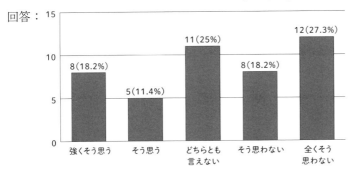

　古典日本語を理解する際に現代日本語による翻訳を行うことを重要であるとする回答（強くそう思う、そう思う）は、約30%であった。どちらとも言えないは25%、重要ではないとする立場（そう思わない、全くそう思わない）は、約45%であった。古典日本語の理解において現代語による翻訳は、Q18の母語翻訳についての結果と比べると、それほど重視されていないことがわかる。

第3章　古典日本語学習支援の実態　　45

Q20. Q18、Q19のようにお考えになる理由をお書きください。
Please explain the reasoning for your answers to Q18 and Q19.（41）

表3-13　Q18、Q19の理由

大カテゴリ	中カテゴリ	小カテゴリ	指摘数
母語翻訳が学習に与える効果に対する肯定的認識	古典文の真の理解のためには母語翻訳が必要	母語翻訳することで本当に文意が理解できる	3
		母語翻訳を通して真の構文理解が可能	1
		母語による翻訳はしておくべき基本作業	2
		古文の理解とは現代語翻訳文を作ることとは違う	1
	古典語理解への母語訳の部分的貢献	既に母語訳があるものは紹介する	1
		古典中国語にかかわる部分は母語訳が必要	1
	母語訳の現代語能力への貢献	母語翻訳は現代日本語力も向上させる	1
カリキュラム、クラス運営における現状の要請に基づいた母語訳の必要性	母語翻訳作成が求められているコース	母語翻訳ができるようになることがコースの目標	2
		学生は母語訳を求めていて現代語訳を求めていない	1
		母語の翻訳を作成することがコースの目的	4
	現代語の語学のクラスではない	クラスは現代語能力の養成を目指していない	1
		クラスの目的は文学を理解することで語学の学習ではない	1
		母語で文学を講じるクラスである	1
	授業進行上母語訳は有用	学生の理解度をはかる／評価するのに役立つ	6
		現代語訳を必要とする学生がいない	1
		母語に翻訳すれば内容の伝達が容易にできる	1
母語翻訳が学習に与える効果に対する否定的認識	母語への翻訳の限界	古典語の内容を母語に翻訳することは困難	1
		母語への翻訳は内容の変化を避けられない	1
現代語翻訳が学習に与える効果に対する肯定的認識	古典文の真の理解のためには現代語翻訳が必要	現代語に訳して初めて古文の意味が理解できる	1
		現代語であれば古文の内容をとらえられる	1
	日本語の変遷の理解には現代語訳が必要	現代語訳は言葉の変遷の理解につながる	1
		現代語と比較することで日本語史の理解につながる	1
	理解度の確認ができる	現代語訳は古典語の理解度をはかることができる	1
		どのぐらいわかっているのかが現代語訳を通してわかる	1
	現代語訳の母語翻訳への貢献	現代語訳は、母語翻訳作成を助ける	1

大カテゴリ	中カテゴリ	小カテゴリ	指摘数
現代語翻訳が学習に与える効果に対する否定的認識	現代語訳は古典語理解に害を与える	現代日本語は古典日本語理解に干渉し、理解をゆがめる	3
		現代語訳を介在させると最後の母語訳で誤訳が起きる	2
		現代語訳は古典文のオリジナルな要素を見えなくする	1
	現代語に訳す行為に意味がない	現代語に訳す意味がそもそもわからない	3
		現代語訳は学生に不要な困難を与える	1
		現代語でうまい解釈を作れる必要はない	1
	古典語は古典語として学ぶべきだ	古典語は現代語ではない独立したものだから、現代語に訳してはいけない	1
		古典語は古典語として理解するべきだから、現代語に訳すのは問題がある	1
		古典語を現代語のバリエーションとしてとらえてしまう危険があるから現代語訳はしてはいけない	1
	現代語訳は真に古典文を理解していなくても作れる	機械的自動的置き換えでできてしまう	3
		現代語は母語ではないからあいまいさが残る	1
母語訳、現代語訳への中立的な認識	両方に翻訳して初めて真の理解が可能	理想的には両方できる必要がある	1
		両方の翻訳作業をして初めて古典語が理解できる	2
		翻訳よりも理解することが重要	1
		どちらも重要だが古典語への翻訳が最終的には最も重要	1
	コースの目的や学生の需要によって母語訳、現代語訳の重要度は変わる	古典文学を専攻する学生には現代語訳が重要	1
		コースの目的や需要でアプローチは変化する	3

　教師の翻訳に対する認識として、「母語翻訳が学習に与える効果に対する肯定的認識」、「カリキュラム、クラス運営における現状の要請に基づいた母語訳の必要性」、「母語翻訳が学習に与える効果に対する否定的認識」、「現代語翻訳が学習に与える効果に対する肯定的認識」、「現代語翻訳が学習に与える効果に対する否定的認識」、「母語訳、現代語訳への中立的な認識」の6つが確認された。

　特筆すべき点は、古典日本語を真に理解するために必要なものとして、母語翻訳を挙げる立場と、現代語翻訳を挙げる立場があることである。母語翻訳

重視の立場では、現代語訳が古典語理解の弊害となることが指摘され、現代語翻訳重視の立場では現代語訳しなければ真の理解はできないとされる。教師が学習者の深い理解を目指して、方法を選択していることに違いはないだろうが、このような対立する認識が確認されたことは、古典語の深い理解のための方法選択に関する教師の信念（ビリーフ）が、個々によって異なっていることを示している。そして、母語翻訳については否定的認識は少なく、現代語翻訳については否定的認識にかかわる指摘が多くあったことから、現代語訳は否定的に見られる傾向があることがわかった。

Q21. 古典日本語を説明する際に、他の言語より現代日本語で説明した方が効果的だとお考えになる場合がありますか。もしあれば、具体的にどのような場合か教えてください。

Are there situations in which you feel it is more effective to use contemporary Japanese than other languages when explaining classical Japanese? If so, please explain such situations concretely.（42）

回答：「ある」59.5%、「少しある」7.1%、「ほとんどない」4.8%、「ない」28.6%

• 「ある」の具体例、コメント

表3-14　「ある」の具体例、コメント

大カテゴリ	中カテゴリ	小カテゴリ	指摘数
文法に関する説明	古典語特有の文法の説明	古典文法を説明する時	3
		現代語にはない古典日本語特有の文法概念の説明（形容動詞など）	1
	現代語に共通する文法事項の説明	動詞の活用の説明	1
		現代語に共通する助詞の働き	2
		日本語特有の文法事項の説明（敬語など）	1
		助動詞の機能を説明する時	1
		語用を説明する時	2
		品詞の特定を行う時	2
		文構造を説明する時	3

大カテゴリ	中カテゴリ	小カテゴリ	指摘数
日本語の変遷の説明	古典語から現代語への変化	現代語は古典語の歴史的変遷の帰結であるため、常にあらゆる場面で比較を促す	1
		文法の変化を理解させたい時	1
	現代語との比較	現代日本語に残る古典日本語の影響について話す時	2
		現代語との比較をさせたい時	2
意味の説明	文法的な要素の意味の説明	助動詞の意味の説明	1
		〜たりなどの接尾辞的要素の意味の説明	1
	語義の説明	母語に訳しにくい語の意味の説明	1
		語の意味の説明	2
概念の説明	文化・歴史的概念の説明	文化的概念の説明[14]	2
		歴史的概念の説明	1
解釈をより良く行うため	内容理解に関する説明	学習者の第一言語がコミュニティーの共通語と異なる時、現代日本語での説明が有効	1
		現代語訳を理解させたい時	1

- 「少しある」の具体例、コメント

表3-15 「少しある」の具体例、コメント

中カテゴリ	小カテゴリ	指摘数
文法の説明	文法の理解に役立つ時があるが、英語の方が優れている	1
	文法理解に役立つ時があるが、九州方言のほうが優れている	1
語義の説明	語彙の意味の理解に役立つ時がたまにある	1
解釈	内容解釈が英語よりも現代語の方が有効な場合がある	1

- 「ほとんどない」の具体例、コメント
(1) 「未然形」、「連用形」、「用言」といった文法用語のみ現代語を使用。
(2) 品詞分解の区切りを考える際に示すぐらい。

- 「ない」の具体例、コメント
(1) 現代語の説明はかえって理解の妨げになる。日本の中学・高校での古文

の授業の抱える宿命的な問題点でもある。
（2）何よりもまず母語による説明がわかりやすい。

「ある」約59%、「少しある」約7%で、現代語による説明が効果的だと判断される場面はあると考える教師が多い。ただし、「ない」も約29%あることから、この点に関する見解は教師によって差があることがうかがわれる。

Section 3 の小括

ここでは、古典日本語学習において現代語知識を利用することについて教師がどのように考えているか、個々の認識を明らかにした。古典日本語の学習を開始する前に、現代語の知識はあったほうが学習を助けると認識されている一方、古典文理解の際にこれらを用いて解釈することは、古典語の純粋な理解を阻害するとの認識も見られ、古典日本語の理解における現代日本語の知識の重要性については、教師の認識にかなり幅があることが示された。また、古典日本語の理解においては、母語・共通語による翻訳が重要だと認識されていることがわかった。

2.3　海外教育機関における教育の傾向とその背景

海外教育機関における教育の傾向

今回の調査の結果では、教育の現場における母語・コミュニティーの共通語重視の傾向が確認された。授業における教育活動にかかわるものとしては、1) 教師、学習者の授業内使用言語、2) 教科書の言語、3) 翻訳による古典日本語文の解釈活動の3点があげられる。これらの活動が母語で行われる背景には、授業を取り仕切る教師が持つ、母語・共通語重視の認識があると言える。現代日本語の知識は古典日本語の理解に重要だと思うかという設問（Q14）において約61%の教師が「そう思う」と答えていた。そして、実際の授業で現代日本語知識を活用させて授業しているかという問い（Q16）に対しては、約54%が「強くそう思う」、「そう思う」とした一方で、「どちらとも言えない」、「そう思わない」とした回答も45%あった。これらの結果を合わせると、現代日本語知識の重要性に関する認識は個々に異なることがわかる。実際、教

室のどのような場面で現代語知識が使われているかに着目すると（Q17）、語彙や文法の形式的説明に関する場面が多く、内容解釈そのものに現代語知識が活用される場面は少ないことがわかる。つまり、現代語知識の重要性を認め、それを授業で活用しているとする場合でも、その活用範囲は、古典文解釈に踏みこむものではなく、むしろ、日本語という言語の形態面に注目した活用であると言える。これはQ21の母語で説明するよりも現代語で説明する方が効果的な場面はあるかという設問にも関連する。ここでは、約59%が「ある」としているが、その具体的内容を見ると、「母語に訳しにくい語の意味の説明」のように語の意味に関連した答えもあるが、多くが「品詞の特定を行う時」のような日本語の形態面についてのものである。このことからも、教師が古典日本語学習に有効だとする現代語知識の活用とは、意味よりも形態面の類似性に着目したものであると言える。

　母語・共通語に翻訳する活動は、古典日本語文の解釈において重要だと認識されている（Q18）。約79%が「強くそう思う」、「そう思う」と積極的肯定を示したのに対し、現代日本語による翻訳について（Q19）は、「強くそう思う」、「そう思う」は約30%で、「そう思わない」、「全くそう思わない」という否定的な認識が約45%示された。母語・共通語に訳すことと、古典日本語文の内容を解釈することは、密接に結びついていることがわかった。また、授業内活動としては、文の文法解析（品詞分解）を行い、それを翻訳する活動が中心（Q7、Q8）で、古典日本語を用いた産出にかかわる指摘は一例（Q17）の他には確認されなかった。さらに、教師の授業内使用言語は母語または共通語であった（Q5）。以上のことから、海外では教育法として、文法訳読法の流れにある方法がとられていることが示された[15]。

母語翻訳法が採用される背景

　教育法は、学習者の実態、教育環境、教育目的等外的要因の影響を受けて決定されていくものである（リチャーズ、ロジャーズ2007）。調査結果から、林（2006）が第二言語習得の過程にかかわる要因として挙げる学習者要因、学習環境要因[16]にかかわる記述（記述式回答の各表における小カテゴリ）を抽出し、母語翻訳法が採用される背景を整理した[17]。

【学習環境要因】
  1. 教師特性、他の学習者
     授業内で母語・共通語を用いる理由として挙げられたものの中に、「教師と学生の共通語である（Q12）」等のJFL（Japanese as Foreign Language）環境に関係した指摘があった。
  2. 教材
     Q3、Q4の回答から、母語・コミュニティーの共通語による教材が整備されていることがうかがわれる。
  3. 教師経験
     教師ビリーフとして、「現代日本語は古典日本語理解に干渉し、理解をゆがめる（Q20）」等の現代語知識の悪影響を指摘するものや、「現代語知識は古典語より新しい言葉だからその知識は必要ではない（Q15）」等のそもそも現代語の知識を不要とする見解の他、「母語に翻訳することで本当に文意が理解できる（Q20）」等の母語による理解の有益性を指摘するものがあった。
  4. 教育機関／時間数
     「母語、または共通語で教える決まりになっている（Q12）」等の教育機関の方針にかかわる記述、「意思伝達が容易にできる（Q12）」等の時間的制約への対応にかかわる指摘があった。

なお、この調査は教育機関を対象に行ったものであるため、指摘は主にフォーマル場面についてのものである。インフォーマル場面での目標言語との接触、目標言語話者との接触の実態は明らかではないが、JFL環境にあるため、日本国内の学習者に比べ、接触は少ないと推測される。

【学習者要因】
  1. 動機・態度
     「（日本留学予定者は別として）現代語訳を必要とする学生がいない（Q20）」等の学生の要望に関する指摘、「教養クラスか原典講読のクラスか、クラスの目的によって異なる（Q15）」等の学習目的に関する指摘があった。

2. 母語

　　各教育機関の学習者の国籍は、本調査では把握できないが、Q5から学習者の母語は、ある程度共通していることがうかがわれる。
3. 教育経験

　　現代日本語の教育を受けた経験については、Q1から、全体の約63％以上が初・中級レベルであることがわかる。また、「学生の日本語レベルが不十分（Q12）」等の現代語を授業で使用するには学生の日本語レベルが十分でないことに関する指摘があった。

　このように見ると、海外のJFL環境における古典日本語の習得には、JFL環境特有の学習環境要因、学習者要因があり、教育法の選択もその影響を受けていることがわかる。限られた時間で、現代日本語レベルが高くない学習者に効率的に古典日本語を教授することを考えた場合、母語翻訳法は有力な選択肢となる。【学習環境要因】の「3.教師経験」において、現代語知識の悪影響やそもそも現代語の知識を不要とする見解が教師ビリーフとして示されていた。これは、学習者の現代日本語レベルが低い場合に現代語知識を解釈に用いることの弊害を指摘したものだと考えられる。ただし、Q12、15、20でたびたび示されている「古典語は古典語として独立して学ぶべきだ」、「現代語を介在させるべきではない」という認識は学習環境の要請から生まれたものというよりも、教師の教育経験、教師自身の学習経験に基づくビリーフからくるものであると推測される。本調査は、海外教育機関の支援の実態を明らかにすることを目的としたため、このような教師ビリーフの根拠については十分な情報が得られなかったが、今後この点を掘り下げる調査を行えば、母語翻訳法が教師によって選ばれる背景やその有効性がさらにはっきりするだろう。

　今回の調査結果を総合すると、海外の古典日本語教育における現代語日本語知識は、部分的に有効性は認められつつも、学生とのスムーズなコミュニケーション、的確な説明の提供といった外的、環境的要因に加え、深い古典日本語理解を促すためにも、母語・共通語による説明や翻訳こそが有効である

とする認識があることが傾向として示された。そして、このような認識の下に文法訳読法の流れを汲む母語翻訳法が選択されていることがわかった。しかし、「何が有効か」については、ここで示された認識と、実際にこの方法で学び、日本に来た学習者たちの認識との間には、ずれがあるようである。この点については、第4章で詳述する。

3. 国内教育機関における古典日本語教育の実際

　日本国内の教育機関において外国人学習者対象に古典日本語の授業を行った報告や研究を眺めると、その内容は実に多様である。これらはその目的と対象者から考えると、「教養としての古典日本語教育」と、「専門分野における資料読解のための古典日本語教育」の大きく二つに分けられる。

　外国人学習者が、文化体験・日本語学習の一環として、古典文学や歴史などの古い文化に触れることを目的としたものが「教養としての古典日本語教育」である。この実践としては、庵（2020）、佐藤（2014）、河上（2011）等がある[18]。古典文学作品・歴史的資料の紹介や通読を通して、学習者の興味を如何に引き出し、理解を深めていくかについての示唆に富んだ試みが報告されている。また、大学の日本語科に代表される日本語を専門とする課程において、必修、選択科目として古典日本語が教えられる場合もある。これについては、春口（2007）に報告がある。研究遂行上、古典日本語資料の読解を必要とする人を対象とした教育実践としては、第2章で述べた通り、立松（2000）、金山（2004、2010）等アメリカ・カナダ大学連合日本研究センターの一連の報告、佐藤・串田・高橋・小野・楊（2016）がある。アメリカ・カナダ大学連合日本研究センターの報告からは、助動詞の教授を中心とした具体的な授業内容を知ることができる。

　また、文法教授の方法については、日本文学専攻の学部生が自学自習により古文読解スキルを習得している実情に触れ、「古典の世界に興味を持ちながらも敬遠してしまう留学生」のための「できる限り負担の少ない形で最低限の古文読解スキル」を身につける方策を探った深沢（2013）や、日本語科に

おける日本語母語話者・留学生合同クラスにおける文語文入門の試案を提示した副島（2003）等がある。このように古典日本語は、さまざまな場で多様な目的の下に教えられていることがわかる。この点について白石（1997）は、日本語学習者が「日本の文化・思想・歴史・社会などを学ぶということの中で古典に触れることもある」とし、「このような一般教養的な学習のレベルであれば、古典に十分な関心をもつとしても、古文そのものの学習の必要があるとは思えない」と述べている。また、金山（2010）では、学習者の多様化に伴う「専攻・レベル・目的別に対応した文語教育の必要性」について、カリキュラムとして「将来的には以下のような3つのタイプのコースを設置できることが理想的である」とし、①専門性を重視した文語資料読解のためのコース（文語既修者対象）、②文語文法を基礎から学ぶコース（文語は未習だが、将来的に研究のために必要な学生対象）、③文語文法と古典知識を学ぶコース（文語が未習で、特に研究のためではなく興味として学びたい学生対象）の三つを提案している。今後、国内において古典日本語教育に関する研究が進めば、ここに示されたような学習者のニーズに合わせた教育の具体的な方法について考えられていくことになるだろう。

　以上のような報告には、教師が教室に集まった対象者にどのように授業を行ったかが示されており、国内における教育機関の教育の一形態を伝えるものである。しかし、本章の1.で述べたように、国内には教師不在型学習を行う学習者が存在している。このような学習者は、大学院に属し、所属研究室内で日本語母語話者の学生と同じように研究活動を行っているが、数も少なく、各分野、各研究室に点在しているためその存在は外からは見えにくい。彼らの学習が置かれた環境で個別に行われていたことからも、十分な支援が行われていないことが推測される。彼らへの教育の必要性を述べた勝俣（2003）や鈴木（1995）において個別の指導の様子が記されているほかは、支援の実際はほとんど伝えられていない。

3.1　留学生への指導経験を持つ専門分野の教員への調査

　学習者への教育、学習支援は、研究の現場ではどのように行われているのだろうか。国内大学、大学院の専門課程で実際に研究留学生（以下、留学生）に

研究指導を行った経験を持つ教員に質問紙調査を実施した。ここでは、国内大学における研究現場での指導の実際と、外国人学習者の指導を行う教員の学習者に対する認識について記述する。

調査の目的

本調査の目的は以下の3点である。
1) 国内大学・大学院の専門分野における研究指導の現場で外国人学習者への古典日本語指導はどのように行われているか、指導の状況を把握し、彼らへの支援の実情、及び彼らへの古典日本語学習支援についての教員の認識を記述、分析する。
2) 日本国内で古典日本語資料を用いた研究を行う外国人学習者への学習支援の充実や学習状況の改善に役立てる。
3) 上記2点の結果を踏まえ、学習者が国内で研究を行う場合に必要とされる支援について示唆を得る。

調査の対象

日本国内の大学・大学院の専門課程において、留学生の研究指導または専門分野の授業の担当経験を持つ教員を対象とする。

調査の概要

質問紙による記述式、選択式調査を実施した。主な内容は下記2点である。
(1) 外国人学習者への古典日本語支援の実情についての調査
(2) 研究遂行に当たり、学習者に必要とされる能力についての調査

調査の方式

国内大学、大学院の日本研究を行う教員、または研究室に個別に連絡を取り、調査協力の依頼を行った。調査期間は、2015年1月〜3月である。

回答者の概要

4大学、4名から回答を得た（表3-16）。

表3-16　回答者の概要

	専門	所属
A	国語学・書誌学	私立大学・大学院
B	日本文学	国立大学・大学院
C	哲学	私立大学・大学院
D	日本文学	国立大学・大学院

3.2　留学生指導の実情と教員の認識

　調査は、留学生として協力者の研究室に所属した外国人学習者を指導した経験、または外国人学習者も出席する専門分野の授業（講義、少人数授業）での指導経験について尋ねるもので、研究遂行に必要な知識・能力についての設問 (Section 1) と、研究室や専攻で行われている古典日本語学習支援の実情についての設問 (Section 2)、及び自由記述により構成されている。設問ごとに集計を行った。なお、記述式設問に関してはKJ法（川喜田 2017）を参考にして整理した。以下に、セクションごとに結果を示す。

Section 1

留学生を指導したご経験から、以下の項目にお答えください。
留学生の研究活動遂行のために必要な能力・知識についてお聞きします。

Q1. 留学生が研究室に所属し、研究活動を行う上で、特にどのような能力を強化する必要があるとお感じになりますか。すべてお選びください。（　）は回答者数。

1. 研究室の人とのコミュニケーション能力（1）
2. 日本語による論文執筆能力（3）
3. 日本語による講義の理解能力（2）
4. 日本語によるディスカッション能力（2）
5. 資料・史料の読解能力（1）
6. 史料・資料についての背景知識（1）
7. その他（0）

Q2. 留学生と日本語母語話者の学生を比べた場合、研究遂行する上で、外国人学習者故に障害になっているとお感じなることがありますか。＊自由記述設問

表3-17 外国人学習者ゆえの障害

大カテゴリ	カテゴリ	指摘数
古典日本語知識の不足	古典日本語文章の読解能力が低い	2
	和文脈の文章ならば読める	1
	文語資料を正確に読んだ上で、分析することが苦手	1
歴史的・文化的知識の不足	日本文化や歴史に関する基礎知識の不足	1
	日本文化や歴史に対する深い造詣の欠如	1
現代日本語能力の不足	論文執筆に必要な日本語能力の不足	1
	高度な日本語表現を理解する能力の不足	1
	N1を取得しているにもかかわらず語彙が少ない	1
論理的思考力の不足	論理を構築する力の不足	1
閉じられたコミュニティー	同じ国の留学生同士で集まり、そこで完結してしまう	1

Q3. 専門分野の研究を始めるにあたり、研究開始前に留学生に身につけておいてほしいことは何ですか。すべてお選びください。（　）内は指摘数。
1. 古典日本語文法・語彙に関する基礎知識（3）
2. 漢文の基礎知識（1）
3. 日本史・日本文化に関する基礎知識（3）
    上記3.についてお聞きします。レベルはどのぐらいですか。
    - 中学生レベル（0）
    - 高校生レベル（2）
    - 大学学部生レベル（1）
4. 専門分野に関する学部生レベルの知識（1: 文学史[19]）
    （候文の基礎知識がある、文学史について一通りの流れを知っている等）
5. 研究活動に必要なツールの利用法を知っている（1）
    （辞書の引き方や研究に必要な書物の利用法等についての基礎知識）

Q4. 専門分野の古典日本語（現代日本語以外）の資料読解について、留学生の読解能力について指導した経験からどのようなご感想をお持ちですか。ご自由にお書きください。＊自由記述設問

表3-18 留学生指導の感想

大カテゴリ	カテゴリ	指摘数
外国人学習者に対する良い印象	高い読解力能力があった	1
	日本語母語話者の視点よりも客観的な分析、検討が可能	1
	予想以上のディスカッション能力があった	1
外国人学習者故の限界	日本語母語話者なら何となくわかることがわからない	1
	根本的な語彙、清濁のシステムが血肉化されていない	1
	釈文以前の本文が読めない	1
	中国人学生は和製漢文の読解が他国の学生に比べ困難	1
	中国人学生は和漢混交文の読解が他国の学生に比べ困難	1
研究以外の要因の学習意欲への影響	アニメや小説などを含む日本文化への興味が高い学生ほど熱心	1
	論文執筆の目的が切実である方が成果が出やすい	1
古典語の分析能力と他の能力との関連	分析的・論理的思考を備えた学生は古典語の分析能力も高い	1
	現代日本語能力が高い方が古典日本語能力も高くなる	2

Q5. 研究を始めるにあたり、留学生はどの程度の資料読解能力が必要だ（前提だ）とお考えになりますか。日本語母語話者の学生との比較で、お答えください。
1. 資料読解について全く技術を持たない・勉強したことがないレベル（0）
2. 日本語母語話者の学生との知識量に差がかなりあるが、基本的なことは知っているレベル（3）
3. 日本語母語話者の学生の半分程度のレベル（0）
4. 日本語母語話者の学生よりやや劣るレベル（1）
5. 日本語母語話者の学生と同等のレベル（0）

Section 1 の小括

　Section 1 では、実際の指導経験に基づく、学習者の研究活動遂行に求められる能力・技術に関する専門分野の教員の認識が明らかになった。Q1 では、高い現代日本語運用能力が求められていること、そして彼らのレベルがそれに達していないという認識が示された。また、Q2 では、外国人学習者ゆえの障害として古典日本語知識の不足、歴史的・文化的知識の不足、現代日本語能力の不足、論理的思考力の不足が指摘された。さらに、外国人同士で集まって閉鎖的な環境を作りだしてしまう「閉じられたコミュニティー」形成についても指摘された。Q3 では、専門分野の教員が学習者にあらかじめ身につけておいてほしい知識として、古典日本語文法・語彙に関する基礎知識、高校レベル以上の日本史・日本文化に関する基礎知識が多く指摘された。学習者が研究開始以前に「どこかでなんらかの手段によって」古典日本語や歴史・文化に関する知識を事前に身につけておいてほしいという教員側の認識がうかがわれる。この点については、Q4 において「外国人学習者故の限界」として指摘されたことと重なる。古典日本語資料読解能力については、「日本語母語話者の学生との知識量に差がかなりあるが、基本的なことは知っているレベル」、「日本語母語話者の学生よりやや劣るレベル」が選択されていた（Q5）ことから、受け入れ側では、初心者、初学者のレベルは想定されていないことがわかる。

Section 2

研究室や専攻で行われている留学生への古典日本語学習支援についてお答えください。

Q6. 研究室や専攻において留学生のために古典日本語（現代語以外）資料読解に関する特別な支援を行っていますか。（留学生向け勉強会の開催や、チューターによる指導など）
　1. 大学・教員主導では行っていない。(2)
　2. 行っている。(2)
　　行っている場合の具体的内容

- 学部や院生のゼミに属しての研究サポートと日常的交流、研究室での個別指導
- 留学生対象の補講、及び学生主導の勉強会

Q7. 留学生向けに古典日本語（現代日本語以前）資料読解に関する支援が必要だとお考えになりますか。
1. 不要。現状のままで問題ない。(0)
2. 何らかの支援があったほうがいい。(3)
3. その他：現状のままで問題がない訳ではないが、すべからく支援を行うのは困難であると思う[20]。(1)

Q8. 留学生向けの古語・文語の学習支援について何か提案があればお書きください。＊自由記述設問
- 院生やボランティアによるチューター制度をより充実させる (2)
- 研究指導を担当する教員による定期的な古典読解指導を行う (1)
- 日本語母語話者の学生との日常的な交流を促進させ、文化・歴史への理解を深める (1)
- 学生の能力・熱意に応じた指導を個別に行うべきで、画一的な仕組みを作らない方がいい (1)
- 留学生が多く集まる京都や東京に国が専門の言語教育機関を作ってはどうか。(1)

Section 2 の小括

　Section 2 では、実際に行われている支援が明らかになった。彼らへの支援は、学生主催の研究会や日常的交流、個別指導、補講によってなされていることがわかった。さらに、Q7、Q8 から、教員側は、学習者に対する何らかの形で今まで以上の指導・支援を行う必要性を認識していた。具体的にはチューター制度の充実や個別指導の提供などがあげられた。

3.3 専門分野の教員が留学生に求める知識

Section 1 の結果から、国内で学生を受け入れる側の教員が学習者に求めている知識・技術として多く指摘されたことがらは、大きく分けて以下の2点である。

1) 高度な現代日本語運用能力（論文執筆、講義理解、ディスカッション）
2) 古典日本語資料読解能力（日本語母語話者の学生との知識量に差がかなりあるが、基本的なことは知っているレベル、または、日本語母語話者の学生よりやや劣るレベル）
   - 古典日本語基礎知識（高校レベル以上）
   - 歴史的・文化的知識（高校レベル以上）

1) については、彼らは日本語で研究活動を行うことが前提で留学しているため、今回の協力者が指導した学習者たちも N1 を取得していた。しかし、専門分野の講義を受け、研究活動を行っていくには、それでもまだ不十分であるという教員側の認識が伺える。彼らが研究活動を遂行させていくにあたり、現代日本語能力の向上は大きな課題である。現行の日本語教育では、N1 以上のレベル（超上級レベル）の指導は、まだ十分に議論されていない分野である。現代語能力と古典日本語能力の関連性を示唆するコメント[21]が複数見られたが、超上級レベルの日本語教育の視点からも、この関連性は今後掘り下げて考えられていくべき点であろう。

2) については、予想以上に高いレベルが想定されていた。日本語母語話者の学生との知識量にかなり差があってもよいと条件が付けられてはいるものの、「古典日本語基礎知識」、「歴史的・文化的知識」は高校レベル以上が求められている。これは、日本語母語話者で言えば、高校卒業直後の学部一年生レベルに当たると言える。確かに、専門分野の研究を始めるにあたっては、これが当然とする見方もあるだろう。しかし、この場合に問題となるのは、彼らが「どこでどのように」このような知識を得るのかという点である。日本語母語話者の学生が長年の国語・歴史教育で得たものとほぼ同等レベルの知識を日本語母語話者より短期間で得るためには、それを可能にする確かな支援が必要になってくる。この点については、実際の国内の研究現場にお

ける支援は十分ではなく、さらなる支援が必要だと認識されていることが明らかになった。

4. 国内外の古典日本語学習とその支援

　本章では、学習者の古典日本語学習背景を知るために、学習者への学習経験インタビュー調査、海外教育機関の教員へのアンケート調査、国内大学・大学院で専門分野の教育に携わった経験を持つ教員への質問紙調査を行った結果を報告した。学習者への学習経験インタビュー調査からは、学習形態として、教育機関教育型学習と教師不在型学習（勉強会・チューター型）の大きく分けて二つがあることがわかった。

　海外の海外教育機関の教員への調査からは、古典日本語の理解を母語・共通語への翻訳によって行う、母語・共通語による理解を重視した教育がとれる傾向にあることがわかった。個別の教師の認識では、文章理解における母語・共通語による翻訳を重視する傾向が確認された。また、国内の教育機関の教員への調査からは、個別に支援が提供されている実態が明らかになり、より手厚い支援を行っていくべきとの認識が示された。また、学習者に求める能力としては、超上級レベルのより高い現代日本語運用能力と、基礎的な古典語資料読解能力があげられた。これらの支援を具体的にどう行っていくのかが課題であると言える。

　また、国内教育機関の教員からは、現代日本語能力と古典日本語読解能力のプラスの相関について言及があったが、海外教育機関の教員からは、現代語知識は理解の中心ではなく補助的なもの、または古典語理解を阻害するもの、といった、異なった認識が示されていた。古典日本語理解における現代日本語の知識の利用について学習者はどのように考えているのだろうか。また、実際に、現代日本語の知識は古典日本語の理解にどのようにかかわっているのだろうか。この点について、次章以降検討していく。

[注]

1　所属研究室の日本語母語話者の学生や研究指導の先生には、基本的なことは質問しにくいためできるだけ一人で問題を解決しようとすることが語られた。
2　聞き取りでは、博士後期課程の日本語母語話者、集まった学生たちの中で資料読解経験が長い先輩学生（外国人学習者）が教師役を担当していた。
3　聞き取りでは、古典日本語のクラスを受け持つ教員は、語学の教師ではなく、文学や宗教学を専門とする教員であった。
4　これについては、第4章で詳述する。
5　初めての古典日本語学習として、研究で扱うくずし字の資料の読解にチューターと共に取り組んだという事例や、古典文法の存在を知らずに変体漢文の資料を読み始めた事例などがあった。
6　日本学の講義は学位を持ったポーランド人研究者が担当し、現代日本語の授業は現地の日本語母語話者が授業講師として担当している実情に触れ、日本学と日本語教育は階層的な関係にあることを指摘している。
7　他にも授業担当者が作成した授業内教材（オランダ、ロシア、イギリス）を閲覧したが、これらと類似した内容構成になっていた。
8　1980年に開校された大平学校（現：北京日本学研究センター）について詳しい記述がある。
9　崔・孫（2010）は、現代日本語で書かれたもので、参考文献として日本の高校生向け学習参考書が複数挙げられている。
10　中級レベルと上級レベルの混在が相当する。
11　松任谷由実の「春よ、来い」等。歌詞の中に古典語が使用されているものが該当する。
12　具体的には、原典を読む授業では現代語の知識は重要だが、教養のクラスでは翻訳作品を扱うため現代語の重要度は低いことが指摘されていた。
13　理由として、現代語能力と関係なく文学に深い理解を示す学生に出会った経験があることが指摘されていた。
14　「もののあわれ」、「わび」、「さび」など、日本に特有の概念。
15　本調査では、全体的に欧米の大学からの回答が多く、アジアの大学からの回答が少なかったため、アジアの大学の傾向は十分に把握できないが、中国の教育機関の回答に、現代語による授業実施、現代語訳作成の傾向が見られた。教育法には地域差があることが推測される。
16　第2章4. に詳述。
17　この調査は教師対象に行ったものであるため、学習者要因に関する情報は少ない。海外教育機関における古典日本語習得の実態解明は本研究の対象外であるが、JFL環境における学習者要因の解明は、今後、研究されるべきテーマの一つである。
18　他にも、留学生別科において上級レベルの学生対象に古典のクラスが開講される例などがある。

19 ── 文学史についてのみ指摘があった。
20 ── 理由として、研究指導その他で手一杯で留学生の古典語指導まで手が回らないという教員のマンパワー不足についての指摘や、留学生そのものの学習意欲に個人差があることが指摘されていた。
21 ── 現代語能力が高いほど古典文資料読解能力も高くなる、清濁のシステムが血肉化されていないと釈文以前の文が読めない、など。

II

学習者の古典日本語の学習

第 **4** 章 ｜ 学習者が認識する古典日本語学習の困難点と問題対処プロセス

1. はじめに

　第3章では、国内の教育機関において、教師不在の状況で、独学や勉強会、チューターに頼りつつ古典日本語読解を行う学習者（以下、教師不在型学習者）と、海外の教育機関の授業で、教師と共に体系的な学習をしてから来日した学習者（以下、教育機関教育型学習者）の存在について示した。では、彼らは実際にどのような環境でどのように学んでいるのだろうか。そして、学習に対してどのような認識を持っているのだろうか。第2章で見た通り、先行研究では、教える側の工夫や気づきについては知ることができるが、古典日本語の学習に対する学ぶ側の認識については、ほとんど情報が得られない。林（2006）は、多様化する学習者に対する日本語教育について、「主として、学習者の動機、目的、あるいはニーズによって、学習者をグループとしてとらえることが多かった。」とし、学習／習得が個々人によって違うということについては語っているが、「どのように」「なぜ」については議論が少なく、対応が不十分であったことを指摘している。学習者個々の声をデータとして学習者支援を考えていく必要がある。

　ここでは、教師不在型学習者、及び教育機関教育型学習者への学習経験インタビューをM-GTA手法により分析し、置かれた環境で彼らがどのような思考の下に行動し、抱えている問題の対処を試みるのかについて分析する。

2. 研究目的・研究課題

　外国人が古典日本語を学ぶ際に、どのような点を難しいと感じるのであろうか。第3章で示したインタビューでは、教師不在型学習者の発話は苦労に関するものが多く、学習者は厳しい状況にあることが推測された。このような、学習の背景にあるものを明らかにし、学習者が抱える困難の実態と、学習者の思考、それに伴う行動内容のパターンを示すことができれば、類似した環境での学習者の行動を予測することができ、適切な支援が可能になると考える。

　上記を目的とし、本研究では研究レベルで文献読解を行う学習者の古典日本語学習形態別に、彼らが抱える困難点と問題対処のプロセスを明らかにする。学習者の内的視点から、また学習者を取り巻く学習環境による影響に焦点を当てつつ、学習者が直面する問題と対処の道筋をモデル化する。

3. 調査の概要

協力者の概要

　2014年6月から2015年1月の時点で日本に来日している外国人学習者で、研究において古典日本語読解を行った経験がある学習者を対象とした。全て国内大学所属者である。いわゆる「古典日本語入門」のような初学者対象の授業を受ける機会がなかった、教師不在の状況で学習を行う学習者[1]（教師不在型学習者5名、A～E）、海外の教育機関で古典日本語の体系的な入門期教育を教師の指導の下で受けた学習者（教育機関教育型学習者9名、F～N）の合計14名である（表4-1）。

調査の方法

　学習者の多様なバックグラウンドに配慮し、古典日本語学習についての個人的経験や感想を自由に語ってもらえるよう、データ収集法は半構造化インタビューを採用し、2014年6月から2015年1月にかけて都内近郊で調査を行った。協力者と調査者1対1で行い、インタビューの様子は十分なインフ

表 4-1 協力者一覧

対象者	専門分野	学習形態
A	文　学	独学型
B	文　学	独学型
C	建築学	独学型
D	歴史学	勉強会・チューター型
E	歴史学	勉強会・チューター型
F	宗教学	教育機関教育型
G	文　学	教育機関教育型
H	文　学	教育機関教育型
I	経済学	教育機関教育型
J	文　学	教育機関教育型
K	歴史学	教育機関教育型
L	文　学	教育機関教育型
M	宗教学	教育機関教育型
N	歴史学	教育機関教育型

ォームドコンセントを経た後、ICレコーダで録音、文字化した。協力者は日本語能力試験N1取得者で、日本語で研究活動を行っている。十分な日本語運用能力を有していると判断し[2]、インタビューの言語は日本語を採用した。インタビューは協力者の母語での実施が望ましいとされているが（Grass and Mackey 2000, Bowles 2010)、これについては今後補完的調査も検討して行っていきたい。所用時間は一人60分から90分である。なお、インタビュー前後の会話も重要と思われるコメントはメモを取り、分析の補助資料とした。

　データの分析は、修正版グラウンデッド・セオリーアプローチ（以下M-GTA）を採用した。木下（2003）によるとM-GTAによる分析結果は「社会相互作用に関係し、人間行動の説明と予測に有効」であり、「他者との相互作用の変化を説明できる動的説明理論」である。また、限定された範囲内における説明力にすぐれた理論である（木下2003）ことから、医療や福祉、教育などの領域で採用されている。外国人学習者が研究遂行上の困難点に直面した際の問題

対処行動は、教員・他の学生らとの関わりを通して形成される。よって、他者との相互作用が重要になる本研究の性格・目的からこの方法が適切であると判断した。この手法により、学習者の問題対処行動が他者の影響をどのように受け、形成されていくのかを明らかにしたい。

具体的には、まず録音したインタビューデータを逐語レベルで文字化し、トランスクリプトを作成した。その後、研究課題との関連が考えられる箇所に着目し、類似内容を示す他の例（バリエーション）を収集し、概念を生成した。概念生成に当たっては、本研究の目的に照らして、学習者がどのような困難点を感じ、それをどう認識していくのかを解釈しながら行った。解釈の恣意性を防ぐために類似例、対極例の確認も同時並行で進めた。データの解釈に際し、考え付いたことは記録（理論的メモ）として残した。この作業を繰り返し、確認・検討を行いながら、最終的に一つの概念につき1シートとなる分析ワークシートを作成した。これには、概念名、概念の定義、バリエーション、理論的メモが残されている。

次に、概念同士の関係性を検討しながら類似概念をまとめ、それを包括するカテゴリを作成した。これらの関係を対象者の語りから解釈し、学習者の困難点と問題対処のプロセスを構造化したモデルをボトムアップ的に作成した。

分析の結果は、まず学習者の学習形態ごとに提示し、それぞれの学習形態における困難点と問題対処プロセスについて述べる。次に、二つの問題対処のモデルを総合的に比較・分析し、国内教育現場への応用について考察する。実際の国内の研究現場には、教師不在型と教育機関教育型の学習者が混在している。両者の困難点と問題対処プロセスを合わせて分析することによって、国内における古典日本語教育の在り方について示唆を得ることが可能になると考えられる。

4. 学習者の困難点と問題対処プロセス

4.1 教師不在型学習者の困難点と問題対処プロセス

学習者が直面する困難点の具体的要素として【日本人とのバックグラウン

ドの違い】をカテゴリ化し、それを背景に学習者に生まれる不安や羞恥心を【学習に対するネガティブな気持ち】としてカテゴリ化した。また、学習者がとる問題対処行動は二つの形をとる。一つは自分以外の他者へ働きかけるもので、【他者とのつながりによる問題対処】とした。もう一つは一人で問題に対処しようとするもので、【一人で行う孤独な問題対処】とした。【日本人とのバックグラウンドの違い】が【学習に対するネガティブな気持ち】に影響を与え、それが強かった場合に学習者は【一人で行う孤独な問題対処】に進む。これが十分な問題解決に至らない場合、【学習に対するネガティブな気持ち】がさらに影響を受ける。また、【他者とのつながりによる問題対処】においても、十分な問題解決に至らなかった場合に【学習に対するネガティブな気持ち】がさらに進む構図が明らかになった（図4-1を参照）。

　以下、カテゴリごとにそれらを構成するサブ・カテゴリ、及び概念の詳細をM-GTAの手順に従って示す。

概念

　学習者の困難にかかわる19の概念が生成された。各概念間の関係性を解釈した結果、学習者の問題認識は〈日本人との知識量の差を実感〉、〈経験のない古典日本語読解への不安と戸惑い〉、〈日本人に対する強い羞恥心〉、〈わからないことが多すぎることから来る不安〉、〈孤独な学習から来る不安〉、〈徒労感〉、〈留学生の限界を認識〉、〈他者への働きかけ〉、〈不完全な問題解決〉、〈負担感の軽減〉の合計10のサブ・カテゴリにまとめられ、それらはさらに問題対処プロセスのモデルとして【日本人とのバックグラウンドの違い】、【学習に対するネガティブな気持ち】、【一人で行う孤独な問題対処】、【他者とのつながりによる問題対処】の4つの上位カテゴリにまとめられた。以下にカテゴリごとに概念と定義を示す。

　【日本人とのバックグラウンドの違い】には、5つの概念と2つのサブ・カテゴリがある。（表4-2）

表4-2 【日本人とのバックグラウンドの違い】の概念表

サブ・カテゴリ	概念名	定義
日本人との知識量の差を実感	古典日本語に関する知識の欠如	古典日本語を学習するチャンスがなかった、または独習に頼って学習をしてきたために、文法(学校文法を含む)や語彙に関する知識が全くない、または極めて不十分であるため困った。
	歴史・文化背景知識の欠如	日本史・日本文化に関する基本的な事項を知らない(習ったことがない)、または、日本人とレベルが違い過ぎ、知識量の差を感じる。
	日本における一般的な社会常識の欠如	日本人の日常生活にかかわる知識や、日本社会の一般的常識を知らないことからくるはがゆさを感じる。日本人なら当然知っていることを知らないことからくるはがゆさを感じる。
経験のない古典日本語読解への不安と戸惑い	現代語による文献読解	古典日本語読解が必要になる以前は現代語訳を通して文献資料に親しんできたが、それは通用しない。
	想定外の古典日本語文献読解	今までは古典日本語読解の必要性がなかったが、日本留学を機に、または、研究のなりゆき上、当初は想定していなかった古典日本語資料読解を迫られた。

　【学習に対するネガティブな気持ち】には、4つの概念と2つのサブ・カテゴリがある（表4-3）。

表4-3 【学習に対するネガティブな気持ち】の概念表

サブ・カテゴリ	概念名	定義
日本人に対する強い羞恥心	そんなことも知らない	そんなことも知らないの?と思われるのが恥かしい。自分の無知が先生を含めた周りの日本人に知られてしまうことを恐れる。
	気軽に質問できない	周囲にわからないことを気軽に質問できる人がいない。または、所属しているコミュニティーに気軽に問題点について質問できる雰囲気がない。
わからないことが多すぎることから来る不安	先生の話・講義が理解できない	背景知識が多すぎて、授業や講義での先生の話の意味が全く理解できない。何について話しているのか話の重要な点が理解できない。
	どこから手を出せばいいのかわからない	問題に直面した時に、わからないことが多すぎてどう対処したらいいかがわからず、迷う。

【一人で行う孤独な問題対処】には、6つの概念と3つのサブ・カテゴリがある（表4-4）。

表4-4 【一人で行う孤独な問題対処】の概念表

サブ・カテゴリ	概念名	定義
孤独な学習から来る不安	解決策を手さぐりで探す	知識不足を自分で補うために、解決策を探し、さまよう。多大な時間を費やして、さまざまな思いつく限りの手段を駆使し、あらゆる可能性を試そうとする。
	確証が持てないまま進む	自分の理解が正しいのかわからない、「なんとなく」の理解で学習を継続させることに不安を感じる。
徒労感	なかなか答えにたどりつかない	必死にツールを駆使し、答えを探すが、なかなか答えにたどりつかない。
	時間がかかる	必死にツールを駆使し、答えを探す行為に大変時間がかかり、疲れる。
留学生の限界を認識	わたしだけ落ちこぼれている	「私だけが落ちこぼれている」という心境になり、周囲から孤立していると感じる。
	できるのはここまで	留学生ゆえの困難が存在することを認識し、今できることはここまでとあきらめる。

【他者とのつながりによる問題対処】には、5つの概念と3つのサブ・カテゴリがある（表4-5）。

表4-5 【他者とのつながりによる問題対処】の概念表

サブ・カテゴリ	概念名	定義
他者への働きかけ	指導教員・授業担当教員への働きかけ	文献読解に関係して問題が出てきた場合に、指導教員・授業担当教員に助けを求め、その人の助けにより問題を解決しようと試みる。
	勉強会・チューターへの働きかけ	文献読解に関係して問題が出てきた場合に、勉強会の日本人学生・チューターに助けを求め、その人の助けにより問題を解決しようと試みる。
不完全な問題解決	なぜそうなるかわからない	資料読解の答え（読み方や訓読法、解釈など）のみが得られる。部分的に問題が解決されるがなぜそうなるかはわからない。
	質問しても意味がない	先生や周囲の日本人に問題点について聞いても問題を解決できるだけの情報が得られないため、質問することそのものに意味がないと感じられる。

サブ・カテゴリ	概念名	定義
負担感の軽減	頼れる人がいる	頼れる誰かがいることで、負担感が軽減されていると感じ、安心できる。

モデル図とストーリーライン

　概念の関係性を解釈した結果を図 4-1 のモデル図にまとめた。学習者の問題認識と対処プロセスのストーリーラインを述べつつ、モデル図を説明する。〔　〕は概念、〈　〉はサブ・カテゴリ、【　】はカテゴリを示す。

　体系的な古典日本語教育を受けた経験がない外国人学習者が、古典日本語文献を用いた研究を開始する際に、学習者は【日本人とのバックグラウンドの違い】に直面し、【学習に対するネガティブな気持ち】を持つ。学習上の問題に対処するために学習者がとる方法には【一人で行う孤独な問題対処】と【他者とのつながりによる問題対処】の二つの流れが存在するが、【他者とのつながりによる問題対処】を取ったとしてもそれが不完全に終わった場合には【一人で行う孤独な問題対処】の流れに統合されることになる。以下、それらの関係性を詳細に見ていく。

　国内大学において研究を行う学習者は、研究のスタートラインにおいて知識面で他の日本人学生と比較した際に、外国人であるが故の壁に直面する。まず、古典日本語を学習するチャンス・必要性が今までなく、独習に頼って学習してきたことに起因する〔古典日本語に関する知識の欠如〕がある。具体的には、古典日本語語彙や学校文法をベースにしたいわゆる古典文法に関する知識が含まれる。また、同様の理由で日本史・日本文化についての知識が研究遂行に極めて不十分であるという〔歴史・文化背景知識の欠如〕も存在する。これらは日本人学生にとっては中学・高校レベルの既習知識である。これに日本人であれば生活の中で当然知っているはずの〔日本における一般的な社会常識の欠如〕も加わり、〈日本人との知識量の差を実感〉することになる。また、今までは古典日本語読解を行う必要性がなかったが、日本留学を機に専門を変えた、または研究のなり行き上資料を読む必要性が生じたという理由で〔想定外の古典日本語文献読解〕を行うことになった学習者、留学前は現代語訳の資料を用いて〔現代語による文献読解〕を行っていたが来

日・入学を機に方向転換を迫られた学習者が、〈経験のない古典日本語読解への不安と戸惑い〉を感じつつ研究生活を送るという実態もある。

このような【日本人とのバックグラウンドの違い】は、日々の研究の現場では〔先生の話・講義が理解できない〕状態、多くの問題点を前にして〔どこから手を出せばいいのかわからない〕状態を生じさせ、学習者は〈わからないことが多すぎることから来る不安〉を感じるようになる。また、日本人であれば当然知っていることを知らないことについて、日本人に質問することがはばかられる〔気軽に質問できない〕雰囲気を感じ取り、〔そんなことも知らない〕自分を恥じ、日本人多数の研究環境の中で学習者の中に〈日本人に対する強い羞恥心〉が形成されていく。

このような【学習に対するネガティブな気持ち】を持ちつつ学習・研究を進めて行く中で、文献読解に際し出てきた疑問点や問題点に関して、学習者が試みる問題対処のルートは二つある。一つは〈日本人に対する強い羞恥心〉が大きい場合に、他者に相談する方法を取らずに【一人で行う孤独な問題対処】を選択するルートである。インターネットや書籍など思いつく限りの手段で試行錯誤を繰り返し、〔解決策を手さぐりで探す〕。他者による確認や助言を受けるチャンスがないため、ここで行われる学習は、進んでいる方向が本当に正しいのか〔確証が持てないまま進む〕。こうした〈孤独な学習から来る不安〉を持ちつつ、問題解決のための努力を続けるが、〔なかなか答えにたどりつかない〕、結果的にたどりついたとしても〔時間がかかる〕作業となる。繰り返される作業の過程で生じた〈徒労感〉は、これほどの努力をしても日々の講義や研究について行けない自分について〔私だけ落ちこぼれている〕という印象を持たせ、また、留学生の私に〔できるのはここまで〕とあきらめの気持ちを起こさせる。このようにして、学習者は文献読解そのものと、それを用いた研究に対し、〈留学生の限界を認識〉することになる。そしてこの認識は【学習に対するネガティブな気持ち】に影響を与える。

もう一つは、問題が生じた時点で〔指導教員・授業担当教員への働きかけ〕、〔勉強会・チューターへの働きかけ〕を行うルートである。〈他者への働きかけ〉を行うことで、文献の正しい読みや解釈についての答えが提供され、学習者の持つ問題は部分的に解決される。しかし、学習者にはそもそも〔古典

日本語に関する知識の欠如〕、〔歴史・文化背景知識の欠如〕、〔日本における一般的な社会常識の欠如〕という日本人との知識量の差が存在しており、説明する側の日本人がそれを考慮した解説をしなければ、その行為は単なる答えの提供に終わってしまい、〔なぜそうなるかわからない〕ため、依然として学習者の中に疑問が残る。また、日本人との知識量の差があるために、説明する側の日本人と前提知識を共有できていないことから、質問の意図が伝わらなかったり、質問をしても問題解決に結びつく情報がほとんど得られなかったりという経験を学習者が重ねた場合、または基本的に古典日本語文献読解を必要としない分野（理系など）の研究室に所属し、古典日本語文献を扱っている者が学習者しかいない状況[3]で、質問しても専門外として取り合ってもらえないという孤立環境にいる場合、日本人に〔質問しても意味がない〕と考えるようになる。周囲に助けを求めても〈不完全な問題解決〉にならざるを得ない状況は、学習者に未だ解決されない疑問を残し、結果的に【一人で行う孤独な問題対処】に進むことになる。この〈不完全な問題解決〉は、【学習に対するネガティブな気持ち】に影響を与える。ただし、〔なぜそうなるかわからない〕〈不完全な問題解決〉であっても、答えの提供がなされることで〔頼れる人がいる〕安心感を感じることができ、学習者の〈負担感の軽減〉に貢献する面もある。

　以上のように、学習者の問題対処のプロセスは日本人学生や教員の影響を受けて動的に形成されることがわかった。また、【日本人とのバックグラウンドの違い】を構成する「知らない」「やったことがない」ことが学習上の困難点となり、苦痛を伴う問題対処の発端となることが明らかになった。また問題対処過程で【他者とのつながりによる問題対処】がうまく機能しないことも、結局学習者を救済できていない点において教育システムに問題があることを示しており、ここにも困難点が存在している。そして、【一人で行う孤独な問題対処】と【他者とのつながりによる問題対処】がともに十分に機能しないことが、学習者の【学習に対するネガティブな気持ち】に影響を与える循環がある。

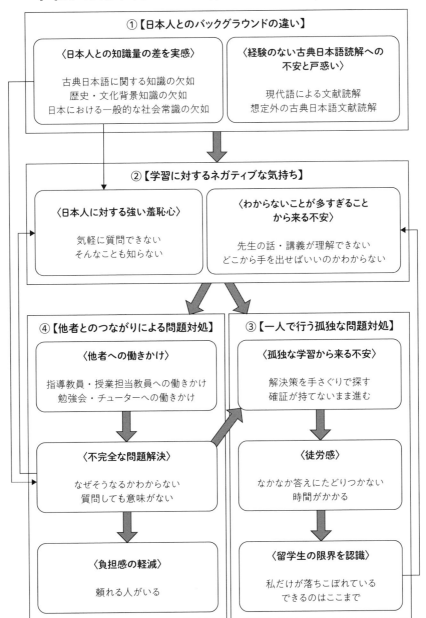

図4-1　教師不在型学習者の問題対処プロセス

カテゴリと概念の具体例

　バリエーションを提示しつつ、学習者の問題認識にかかわる概念と対処プロセスとなるカテゴリを説明する。(　)は筆者による補足。

①【日本人とのバックグラウンドの違い】
　①【日本人とのバックグラウンドの違い】には〔古典日本語に関する知識の欠如〕、〔歴史・文化背景知識の欠如〕、〔日本における一般的な社会常識の欠如〕、〔現代語による文献読解〕、〔想定外の古典日本語文献読解〕の5つの概念がある。
　〔古典日本語に関する知識の欠如〕のバリエーションは「(文法など基礎は)勉強してないんですね。[中略]とりあえずこれを何も基本的な知識がないまま…。」(D)などである。古典日本語に関する基礎的事項を知らない状態で直接原典に当たる現状が語られた。
　さらに、古典日本語文法の参考書についてDは「たぶん一緒にこれを勉強する日本人の学生は持っています。」と答えた。調査者が、高校で使ったものだろうと述べたところ、驚いた様子で「高校でやりますか？」と聞き返した。日本人が高校で習うという事実を知らず、このインタビューを通して初めて知った協力者が2人いた。現代日本語の学校文法の存在そのものを知らないために、日本語史の授業で講師が言う「君たちの文法」を当然日本語教育文法だと考えたが、実は学校文法を指していたという事例(A)もあった。現代日本語学習のバックグラウンドが日本人学生とは違うという認識が学習者自身も希薄であることがわかる。直接原典にあたる勉強法についてEは「これは本当に困難なところです、私にとって。」と語った。また古典日本語を独習する中で自分が習得した文法と何かが違うことに気づき、学校文法を学び直したという発話(B)もあった。
　〔歴史・文化背景知識の欠如〕のバリエーションは「芭蕉の教え子は誰が有名でとか[中略]ここの時代にこういうものがっていうのはできるんですけど、そういう(通史的な)太い流れっていうのはわからないし、もうみんな知ってるだろうという感じで進められてしまう前提知識なので」(A)などが当たる。学習者は研究で前提とされる知識の欠如を認識し、周りから置いてい

かれていると感じている。

　〔日本における一般的な社会常識の欠如〕のバリエーションには「日本の学生達が疑問に思う表現とか、それと私が疑問に思う表現とかは、本当にレベルが違いすぎて、例えば近世の作品で、魚の話が出てきて鰯って何だろうって。で、辞書を引くんですよ。で、〇〇語（母語）で何とかって出ますよね。で、でも、〇〇語でも魚を見たことないから何だろうって。写真を探す。写真見て、でも、写真見てもふーんって。あ、これかって。」（B）などがある。Bは同様の例を他にも挙げ「肌で感じるまでに時間がかかるからもどかしい」と述べ、さらに、研究とは直接には関係しないこうした疑問点が複雑に積み重なっていくことを「些細なそういうこと、そういうことから始まって、大きなことへ」つながると述べた。学習者の疑問点は多岐にわたる。

　〔現代語による文献読解〕のバリエーションは「（母国の大学では）あまり原文の史料を手に入れることができませんでした。それで卒論を書く時に原文ではなくて、清朝後期の現代語訳を史料として使いました。」（E）などである。学習者の裁量を超えたところに研究手法の壁が存在し、日本人学生と同じスタートラインにたてないことがわかる。

　〔想定外の古典日本語文献読解〕のバリエーションは「（昔は母国の建造物を研究していたが）日本に来てから木造建物の歴史を研究したい。」（C）などである。来日後方向転換し、想定していなかった古典日本語読解の必要性が生じた。

②【学習に対するネガティブな気持ち】

　②【学習に対するネガティブな気持ち】には〔気軽に質問できない〕、〔そんなことも知らない〕、〔先生の話・講義が理解できない〕、〔どこから手を出せばいいのかわからない〕の４つの概念がある。

　〔気軽に質問できない〕のバリエーションは「先ほどの話（過去に日本語を習った教師に古典日本語の疑問点を相談し、問題を解決した経験）のように、質問をしに行ったら［中略］（日本語の先生には詳細に）聞けるじゃないですか。でも、３年生・４年生になると（専門分野の先生には）もうそれも知らないの？とか言われそうで聞けないっていうのがすごい多くて、やっぱり気軽に聞ける方がほしいかなって。」（A）などである。また、研究室に所属して１年半になるＢは日本人学

生との交流について深刻な様子で、「(研究室の日本人学生と) 最近やっと…。ちょっと話す勇気が出てきて…。」と語った。教員を含め日本人に対し、外国人の自分だけが知らない問題について気軽に質問するのがはばかられる雰囲気を感じ取っている。

〔そんなことも知らない〕のバリエーションは「発表で源氏物語の若紫をやったんですけど［中略］たぶん他の日本の子だったらすごいラッキーって思ってすぐいろんな発表ができたと思うんですけど、発表終わってからそこがすごい有名な場面だっていうのを知ったので。発表の時逆に恥ずかしかったです。後々思うとこんなに有名な場面なのになんであんなに間違ってるんだろうとか（日本人に）思われてたのかなとか。」(A) などである。周囲の目を気にし、専攻で前提の知識を知らない自分を恥じていることがわかる。

〔先生の話・講義が理解できない〕のバリエーションは「(日本の大学で) 古文書入門の講義を受けました。学部生の。大変でした。最初、漢文のことはもちろん、普通の先生の話していたこと全然わかりませんでした。」(D) などである。Dは母国で専門分野の修士号を取って来日している。入門とされた講義で日本人と同じ知識量が前提とされたため、講義についていけず戸惑っている。

〔どこから手を出せばいいのかわからない〕のバリエーションは「毎回、こっちの授業ではこれは知らなくて、こっちの授業では文法がわからなくて、っていうものがあって[4]、どこから手を出せばいいのかっていうのがわからない」(A) などであった。疑問点が多岐にわたっていて、個人では処理しきれない状態になっている。

③【一人で行う孤独な問題対処】

③【一人で行う孤独な問題対処】には〔解決策を手さぐりで探す〕、〔確証が持てないまま進む〕、〔なかなか答えにたどりつかない〕、〔時間がかかる〕、〔私だけが落ちこぼれている〕、〔できるのはここまで〕の6つの概念がある。

〔解決策を手さぐりで探す〕のバリエーションは「外国人用の古典のもの（文法書）とかはなかったので、調べた結果、日本人の先生に授業終わってから、基礎的な本はどういうものがありますかってきいてみてみたりとか…。やっ

ぱりあの本（先生に勧められた本）で文法を知るっていうのがなかなか難しいものだったので、〇〇人（母国）の方が古典をテーマにして書いたレポートとかが、インターネットで調べたら出てたのでそちらを読んだり…。」(A) などがあった。問題解決の方法について周囲から有益な助言が得られず、解決策そのものを探すところから始めなければならないことがわかる。書籍、ホームページなどあらゆるものから情報を得ようと努力している。

〔確証が持てないまま進む〕のバリエーションは「（漢文の読み方は）なんとなく知ってる。〔中略〕（解釈は）適当に言ってしまいますね。〔中略〕はっきり解釈してくださいと言われたらとちょっと難しいです。」(D) などである。経験で知識を積み上げ、慣れることで読解をしている。しかし、この先の学習についてDは「今の段階は適当でも大丈夫ですね。でもこれからは難しいですね。それだけでは博士コースでは…。」と述べ、正確に読む技術が必要だとの認識を示した。

上記2概念からは、一人で学習を進めて行かねばならないことに対する不安がうかがわれる。

〔なかなか答えにたどりつかない〕のバリエーションは「独学でも回り道が多くて。時間がかかった上に最後までたどりつけない。」(B) や、インターネットで答えを探す行為についての「例を調べたらいろんなものが出てくる。すごいものが出てくる。」(C) などがある。一人で問題に対処する作業には労力が伴うことがわかる。

〔時間がかかる〕のバリエーションは「この（古文漢文の知識の独習）せいで私は研究生として1年じゃなくて2年勉強しなければなりません。」(E) などである。個人で不足知識を補う行為に多大な時間がかかることがわかる。

上記2概念からは、不足知識を補うために多大な時間と労力を費やして作業しても解決しきれないことに対する徒労感がうかがわれる。

〔私だけが落ちこぼれている〕のバリエーションは「一緒に入学した同期なのに、私だけ落ちこぼれてるっていう、そういう気持ちになっちゃって。本当に、みんなの前に出たくない…。みんなの前でしゃべりたくない…。」(B) などである。努力しても日本人学生との差が埋まらないことを深刻に受け止めている。

〔できるのはここまで〕のバリエーションは「これ以上は無理、って留学生同士で相談して解決する。」(A)のように、学習へのあきらめや「留学生はこの専門を選ぶ時に何かいろいろな困難が起こると知らなければならないでしょう。」(E)のように、留学生には古典日本語文献読解が必要な分野において特別な困難があるとし、それを受け入れる覚悟の必要性を述べる発話があった。

上記2概念からは、現状に対し、留学生であるが故の限界を学習者が設定し認識していることがわかる。③【一人で行う孤独な問題対処】の背景には、②【学習に対するネガティブな気持ち】の強い影響があると推察される。

④【他者とのつながりによる問題対処】
　④【他者とのつながりによる問題対処】には〔指導教員・授業担当教員への働きかけ〕、〔勉強会・チューターへの働きかけ〕、〔なぜそうなるかわからない〕、〔質問しても意味がない〕、〔頼れる人がいる〕の5つの概念がある。

〔指導教員・授業担当教員への働きかけ〕のバリエーションは「もう、先生にわからないんですけどっていう感じでマルを付けてやっていくと、読んでくれたりとか。やっぱり日本人だと自分で調べなさいって断られてしまうんですけど、外国人っていうことをわかってくださってるので、特別に読んでくださったりとかが。」(A)などである。教員に質問に行く際も、学習者は周囲の日本人と自分自身を比較する視点を持ち行動していることがわかる。質問はたやすいことではなく「思い切り」が必要なことがうかがわれる。

〔勉強会・チューターへの働きかけ〕のバリエーションは「自分一人では80％くらい読んで、あの読めない字はやはりこの先生（勉強会の先生役の博士課程の学生）に。」(D)などである。先生役の学生は、文献の読み方や解釈について学習者の質問を受ける役を担っており、学習者も指導教員や授業担当者よりは気軽に質問ができるようである。

上記2概念からは、学習者は問題対処として他者への働きかけをある程度は行っていることがわかる。

〔なぜそうなるかわからない〕のバリエーションは「『てふし』と書いていまして、これを読む時が『ちょうし』って読むって。[中略]とても理解でき

ない、ここでも（今も）理解できなかったことです。」(D) のように、疑問点への答えをチューターや教員から得ることはできても理由までは教えてもらえないため他への応用がきかず、疑問を残したままでいることがわかる。

〔質問しても意味がない〕のバリエーションは「この研究、先生にもたぶん古文書を理解する…、ちゃんと答えできないと思う。」(C) などがある。研究室内で古典日本文献を読んでいる学生は自分だけという孤立環境から出た発話である。また、「最初は基本的な質問があった時に『これはどう読みますか、何か教科書がありますか』という質問に関してチューターは『あっいえいえそのままでできるだけたくさん読んで慣れることができます』。」（『　』を含め全てEの発話）のように、学習者が求めている情報をチューターが提示できないことを示すものがある。既に深い知識を持っている日本人にとって有効な助言でも外国人学習者にとって有益であるとは限らない。背景には日本人との知識量の差の影響がある。学習者はここでも〈日本人との知識量の差を実感〉しており、前提知識の欠如の影響が及んでいる。

上記2概念からは〈他者への働きかけ〉が〈不完全な問題解決〉にとどまっていることが示されている。不完全な部分を解決するためには自分で答えを探すほかないという考えの下、学習者は③【一人で行う孤独な問題対処】に進む。

〔頼れる人がいる〕のバリエーションは「そういう時はこの方、博士コースの方（勉強会の先生役の学生）に聞くか…［中略］（この方は）とても力になりますね。」(D) などである。十分な情報提供がなされなくても、文献読解に際して「質問できる人」の存在は、学習者の助けになっており負担感の軽減に貢献していると推察される。

図4-1のモデルが示す通り、現況における学習者の問題対処行動は、他者である日本人学生、チューター、教員との相互作用を通して形成されている。その中で、学習者が持つ【日本人とのバックグラウンドの違い】とその強い意識が【学習に対するネガティブな気持ち】に結びつき、これが一連の問題対処行動に影響する流れが読み取れる。教員やチューターから得られる支援も、独学で行う作業も学習者の持つ問題の部分的解決にとどまり、根本的解決には貢献しきれていない。背景には、日本人と外国人学習者間で互いのバ

ックグラウンドとその違いについて認識がなされていないことがある。学習者は【他者とのつながりによる問題対処】において〈不完全な問題解決〉を経験するたびに、日本人が話の前提としている知識を自分が持ち得ていないことを感じとり、これ以上は聞けないというラインが学習者の中に形成されていく。また、【一人で行う孤独な問題対処】において学習者が〈留学生の限界を認識〉するたびに学習への意欲は減少していく。これらは【学習に対するネガティブな気持ち】に影響し、強くしていると考えられる。対処行動の過程で生じるこの2つの影響関係は、問題対処プロセスを経るごとに大きくなり、対処行動において負の循環を生じさせると分析できる。

考察・提案
1.【日本人とのバックグラウンドの違い】の意識化と周知

　日本国内で研究をしている学習者の現代日本語レベルは一般的に高い。それでも、彼らのバックグラウンドにある知識は日本人と同一ではない。【一人で行う孤独な問題対処】が困難を伴う一因は、学習者が日本人の受ける教育について知らないことにある。例として、学校文法と日本語教育文法の違いをあげる。古典日本語文法は学校文法と強い関連があるが、日本語教育文法とは強い関連が見られない。従って日本語教育文法から古典日本語文法への移行は学習者にとって困難である。現行の日本語教育では古典日本語は対象外であり、学習者は移行の困難さに意識を向けにくい。研究開始前に学習者が日本人の学校文法のバックグラウンドについて認識できていれば、対処行動を取る際に「学校文法に関係することかもしれない」という発想が持て、問題対処の出発点を誤る可能性は低くなる。加えて、日本人側にも学習者のバックグラウンドが日本人のものと異なることについて周知が進めば〔他者への働きかけ〕が〔不完全な問題解決〕に終わる現状の改善が期待できる。双方がお互いのバックグラウンドにおける具体的な相違点を明確に認識できれば【学習に対するネガティブな気持ち】は軽減されるのではないか。

　具体的には、このような違いを知る機会を誰が、いつ、どのように提供するかが課題となる。研究開始前は、日本語教育における教師による情報提供を提案する。日本語教育では対象外である学校文法や文化・歴史についての情

報を教師が折に触れて話題にし、日本語をめぐる事象についての多様な解釈の存在に気付かせる機会を提供するべきである。また、研究開始後は古典語と現代日本語教育双方に通じた専門スタッフの配置を提案する。学習者の孤独な現状を考慮すると、気軽に何でも質問できる存在が必要である。学習サポートだけでなく、周囲の日本人への啓蒙活動や、チューターへの助言、交流促進活動など、学習者と日本人のパイプ役となる人材が必要ではないだろうか。

2. 古典日本語、歴史・文化に関する予備教育

今回の分析から【日本人とのバックグラウンドの違い】が【学習に対するネガティブな気持ち】の背景にあることがわかった。学習者が古典日本語文献読解を開始する初期の段階あるいは予備的に【日本人とのバックグラウンドの違い】を構成する知識（中学・高校の国語科や歴史科の知識[5]）を部分的にでも補うことは、学習者の【学習に対するネガティブな気持ち】の軽減につながると考えられる。甲田（2009）は、文章の理解には「文章の題材についての特定の知識」、「一般的な世界知識」、「文章の構造についての知識」等の「既有知識」が用いられているとし、その重要性を指摘している。【日本人とのバックグラウンドの違い】を構成する概念のうち「古典日本語に関する知識の欠如」、「歴史・文化背景知識の欠如」、「日本における一般的な社会常識の欠如」は、甲田の言う「既有知識」に重なる。この補充に重点を置いた予備教育授業の提供[6]や、独学対応の学習教材の開発が具体的方策として考えられる。

将来的には外国人学習者を対象とした総合的な古典日本語教育プログラムの設計と開発、及び彼らを取り巻く日本人スタッフへの適切な情報発信が必要ではないか。加えて日本での研究を考える海外の学習者向けに国内研究環境について情報発信ができれば、留学前準備学習の助けとなるだろう。この実現のためには【日本人とのバックグラウンドの違い】の構成概念について背後にある事象を洗い出し、知識や研究形態の違いを調査し、古典日本語の教授法及びシラバス構築につなげ、それを軸に学習環境整備を行う必要がある。

4.2　教育機関教育型学習者の困難点と問題対処プロセス

　　ここでは、教育機関教育型学習者の困難点と問題対処プロセスについて述べる。学習者が直面する困難点の具体的要素として【ゼロからの学習】をカテゴリ化し、学習に対して感じている気持ちを【学習に対するポジティブな気持ち】としてカテゴリ化した。また、学習者がとる問題対処行動を【他者とのつながりによる問題対処】としてカテゴリ化した。【学習に対するポジティブな気持ち】は、〈仲間の存在〉と〈学習を楽しむ〉ことで構成され、これが、クラスメートや教員を巻き込んで問題解決を図ろうとする【他者とのつながりによる問題対処】につながる流れが見られた。【他者とのつながりによる問題対処】の成功は【学習に対するポジティブな気持ち】に影響を与え、それが【ゼロからの学習】にも影響を与える構図が明らかになった。以下、カテゴリごとにそれらを構成するサブ・カテゴリ、及び概念の詳細をM-GTAの手順に従って示す。

概念

　　教育機関教育型学習者の困難にかかわる16の概念が生成された。各概念間の関係性を解釈した結果、学習者の問題認識は〈授業にかかわる活動の負担〉、〈二つの「日本語」の間で感じるもやもやとした気持ち〉、〈仲間の存在〉、〈学習を楽しむ〉、〈他者への働きかけ〉、〈満足できる問題解決〉、〈学習継続への意欲〉の合計7つのサブ・カテゴリにまとめられ、それらはさらに問題対処プロセスのモデルとして【ゼロからの学習】、【学習に対するポジティブな気持ち】、【他者とのつながりによる問題対処】の3つの上位カテゴリにまとめられた。

　　【ゼロからの学習】には、6つの概念と2つのサブ・カテゴリがある（表4-6）。

表4-6 【ゼロからの学習】の概念表

サブ・カテゴリ	概念名	定義
授業にかかわる活動の負担	新しい外国語	過去に学習した現代日本語の知識と切り離して新しい外国語として古典日本語を教えられたように感じ、そのように学ぶことに対して疑問、違和感を覚える。
	全部暗記	暗記しなければならないことが多すぎると感じ、それを負担に思う。
	翻訳まで必要	古典日本語で書かれた内容を、最終的には母国語に翻訳しなければならず、そこまで持っていくのが大変だと感じる。
二つの「日本語」の間で感じるもやもやとした気持ち	全然違う文法体系	今まで習った現代日本語の文法と全く違う枠組みで学習することに違和感を覚え、困難を感じる。
	似ているのに違う	現代語の語彙と古典語の語彙が、形式が似ているのに意味が違って、混乱した。また、このためにすべての語について辞書を引かねばならないと教えられ戸惑った。
	古典日本語の特性	現代日本語にはない表現方法や時代別の特徴を把握するのが難しいと感じる。

【学習に対するポジティブな気持ち】には、4つの概念と2つのサブ・カテゴリがある（表4-7）。

表4-7 【学習に対するポジティブな気持ち】の概念表

サブ・カテゴリ	概念名	定義
仲間の存在	話しやすい雰囲気	疑問に思ったことを教師やクラスメートに対し、いつでも口に出せる雰囲気がある。
	みんなで一緒に進歩していく	問題を一緒に解決しながら、自分もクラスメートも共に進歩していっていると感じる。
学習を楽しむ	教えてもらってよかった	授業で教師から教えてもらったことが、読解の際に役立っていると感じる。
	授業が楽しい	古典日本語学習が楽しい、授業に出席することが楽しいと感じる。

【他者とのつながりによる問題対処】には、6つの概念と3つのサブ・カテ

ゴリがある（表4-8）。

表4-8 【他者とのつながりによる問題対処】の概念表

サブ・カテゴリ	概念名	定義
他者への働きかけ	指導教員・授業担当教員への働きかけ	文献読解に関して問題が出てきた場合に、指導教員・授業担当教員に助けを求め、その人の助けにより問題を解決しようと試みる。
	クラスメートへの働きかけ	文献読解に関して問題が出てきた場合に、クラスメートに助けを求め、彼らの助けにより問題を解決しようと試みる。
満足できる問題解決	ディスカッション	自分が疑問に思った点について、クラスメートたちと話し合い、一緒に知恵を絞って考える。
	教師による説明の提供	疑問点について指導教員・授業担当教員から十分な説明と答えが得られ、問題が解決する。
学習継続への意欲	私はすごい	自分の努力と成長を自ら認め、よく頑張ったと振り返る。
	もっと知りたい	まだ知らないことをこれからもっと広く勉強していきたいと思う。さらに研鑽を積んで今以上に実力をつけたいと思う。

モデル図とストーリーライン

　概念の関係性を解釈した結果を図4-2のモデル図にまとめた。学習者の問題認識と対処プロセスのストーリーラインを述べつつ、モデル図を説明する。
　〔　〕は概念、〈　〉はサブ・カテゴリ、【　】は上位カテゴリを示す。
　今回の調査の協力者は、海外教育機関においてまず現代日本語を学習し、続いて古典日本語の学習を開始[7]している。学習者は、古典日本語学習について【ゼロからの学習】を始めたとの認識を持ち、学習に困難を感じる。しかし、このような状況下にあっても【学習に対するポジティブな気持ち】を持つことができている。学習上の問題に対処するために学習者は【他者とのつながりによる問題対処】を試み、いくつかの手段を用いて問題の解決に至る。その結果、〈学習継続への意欲〉へとつながる構図が明らかになった。以下、それらの関係性を詳細に見ていく。
　古典日本語には表記や文構造など現代語と共通する点が存在しているにも

かかわらず、実際のクラスでは、教師によって現代日本語と異なる点（語彙、文法体系など）が強調されたと感じ、学習者は、古典日本語は〔新しい外国語〕のようなものだと認識する。学習者は、日本語教育文法と大きく異なる新しい文法概念や古典日本語文特有の語彙・表現を一から覚える必要性を感じ、基本事項を〔全部暗記〕しなければならないと感じるようになる。教師と学習者の母語が共通している環境、またはコミュニティーの共通語としての英語による学習環境では、授業において、母語や英語による翻訳が課される。新しく学習した知識を用いて、文章を解釈するだけでなく、解釈した内容を作品のジャンルや時代性、文体、作品の持つ雰囲気等[8]を考慮した〔翻訳まで必要〕とされることに学習者は負担感を感じる。以上のことが学習者にとって〈授業にかかわる活動の負担〉となっている。また、具体的な学習内容についてみると、文法については、今まで勉強してきた現代日本語とは大きく異なる文法体系[9]が提示されたことから、〔全然違う文法体系〕に戸惑いを感じる。語彙については現代語と形式が〔似ているのに違う〕ことから、混乱が生じる[10]。さらに、現代語に比べ主語が表示されないことや一文が長くなること等の〔古典日本語の特性〕も存在することから、解釈や翻訳を行う際、困難や戸惑いを感じる。古典日本語を〔新しい外国語〕として一から学ぼうと努力する一方で、学習者の内面では現代語と古典語のつながりが絶えず意識されているため、〈二つの「日本語」の間で感じるもやもやとした気持ち〉が生まれ、それが保持された状態で、学習が進められていく。この〈二つの「日本語」の間で感じるもやもやとした気持ち〉は、既有知識である現代日本語の知識を同じ「日本語」であるはずの古典日本語の学習に十分に活用できていないと学習者自身が感じていること、つまり古典日本語を〔新しい外国語〕として学習していると彼ら自身が認識することの影響を受けている。

　このように、学習者は古典日本語の学習を【ゼロからの学習】と認識して進んでいくわけであるが、上述した困難点があっても、実際に文献が読めるようになっていることを実感し、〔教えてもらってよかった〕との感想を持ち、〔授業が楽しい〕と感じ、全体的に〈学習を楽しむ〉ことができている。このように感じられる背景には、参加しているクラスに〔話しやすい雰囲気〕があり、疑問点をクラスメートや教師に気軽に相談できる環境の中で、学習

が難しいながらも〔みんなで一緒に進歩していく〕実感が持てているからである。学習者はこのような【学習に対するポジティブな気持ち】をもって学習に臨んでいる。このような学習者は、困難に対処する方法として〔指導教員・授業担当教員への働きかけ〕、〔クラスメートへの働きかけ〕を行う。このような〈他者への働きかけ〉によって、学習者の疑問は〔ディスカッション〕で十分に議論され、また〔教師による説明の提供〕によって十分に解決される。このような〈満足できる問題解決〉を経て、学習者は、困難に遭遇しながらも、それを克服しつつ学習を進めている自己に対し〔私はすごい〕と肯定的評価を下し、今後遭遇するであろう困難も乗り越えていけるという確信を持ち、さらに難しい内容についても〔もっと知りたい〕という前向きな気持ちを持つ。このような〈学習継続への意欲〉は、さらに【学習に対するポジティブな気持ち】に影響を与える。

　以上のように、学習者の問題対処プロセスはクラスメートや教員の影響を受け、動的に形成されることがわかった。困難点があるにもかかわらず、学習者は周囲の人々を仲間とみなし、彼らと共に学ぶという意識を持つことで【学習に対するポジティブな気持ち】を維持することに成功している。【他者とのつながりによる問題対処】の行動が十分に機能し、解決に至ることは【学習に対するポジティブな気持ち】にさらに影響を与える。そして、【学習に対するポジティブな気持ち】が、【ゼロからの学習】に影響を与え、学習の負担感を軽減させている構図が確認できる。

カテゴリと概念の具体例

　バリエーションを提示しつつ、学習者の問題認識にかかわる概念と対処プロセスとなるカテゴリを説明する。（　）は筆者による補足。

① 【ゼロからの学習】
　① 【ゼロからの学習】には、〔新しい外国語〕、〔全部暗記〕、〔翻訳まで必要〕、〔全然違う文法体系〕、〔似ているのに違う〕、〔古典日本語の特性〕の6つの概念がある。
　〔新しい外国語〕のバリエーションは「（古典日本語の最初の授業で）古語は新し

い外国語。今まで皆さんが勉強したこと（現代日本語に関する知識）全て忘れてください と言われました。」(M) などが当たる。学習者は教育機関のカリキュラムにのっとり、現代日本語をあらかじめ学習しているが、古典日本語は現代日本語とは切り離して新たに学んだという印象がもたれていることがわかる。これに類似した教師のインストラクションに関する発話は所属大学が異なる複数の協力者から得られている[11]。また、「その先生の考え方は、ここに言葉があったら（現代日本語では知っている言葉でも）全部の意味を（辞書で）確認しなければならない。」(I) のように、語の意味調べを徹底的に行うこと[12]への疑問も複数語られた。このような指示が有効に働く学習者層も存在すると思われるが、今回の調査協力者には「やっぱり、古典読むときは現代日本語の能力に頼るしかないので…。」(G) という感想が持たれており、実際の読解活動においては、辞書を引く以前に現代語知識の参照が頻繁に行われていることがうかがわれた。

　〔全部暗記〕のバリエーションは「その文（授業で学習した文章）がそのまま試験で出てきて、それを品詞分解して、翻訳するんですけれども。辞書使わず。だから、暗記します。」(I) などである。品詞分解や、母国語訳などを暗記したことが語られた。また、学習した中で何が一番大変だったかという問いについて「活用。未然形、連用形、終止形、連体形、已然形ですね。それは、最初の授業では全部暗記しなければならないことです。」(J) のような、今まで現代日本語教育で学習してきた文法体系と全く異なる体系が示され、その暗記に苦労したという発話もあった。

　〔翻訳まで必要〕のバリエーションは「（平家物語の一文を母国語に）翻訳する宿題に一週間以上（かかった）。」(M) などである。学習の最終到達地点が、母国語への翻訳作成であり、それに多大な労力が費やされていることがうかがわれる。今回 8 人全てが、母国語またはコミュニティーの共通語である英語により文法説明を受け、最終的に古典日本語の文章を母国語（または英語）に翻訳するスタイルで学んでいたが、このうち J、K の 2 名は現代日本語を媒介として学び、最終的に現代日本語に書きかえるというスタイルで学んだ経験[13]も有していた。翻訳について「（現代日本語に翻訳することは母語に翻訳するより）訳しやすい感じがします。あの、文語から現代日本語までにはそんなに…。ま、

もちろん違いますが、伝わりやすくなるような気がします。」(J) と述べている。

〔全然違う文法体系〕のバリエーションは「(古典語の文法を学習し始めた時に)今まで勉強したこと(現代語で学習した文法の知識)、全部無駄になると感じた」(M) などである。教育機関教育型の学習者は、現代日本語を学習してから古典日本語学習に入っているが、今まで日本語教育を通して学習した文法とは異なる概念(活用形や助動詞という概念、品詞分解など)が提示されたことについて戸惑いを感じている。

教え方が全く異なることについて「(未然、連用、終止…という概念に対して)違和感は、最初の方にありました。」(J) のような両者のつながりを示さない教え方に違和感を示す発話が見られた。これに対し「(やはり同じ日本語だから)そういうつながり(日本語教育文法と古典日本語文法の関係)がもっと見えるといい。」(G) のような発話があり、学習者は新しく学ぼうとしつつも、頭の中で既有の現代語知識とのつながりを探してしまうことに葛藤があることがうかがわれる。

〔似ているのに違う〕のバリエーションは「(語彙の学習は)いやあもう、それ大変だったですね。それは現代日本語で覚えた単語だったのに古語じゃ全然違う意味。あと、まあちょっと微妙に違う。」(H) などである。また、このような言葉の意味を確認しようとして古語辞典を引いた際に「言葉の定義(辞書に書かれている日本語の説明文)にもさらに知らない言葉が出ていましたので、なんかもう、また別の辞書で調べて…。」(K) のように語義を調べるために引いた古語辞典の説明文理解のためにまた辞書を引かなければならない繰り返しの作業に苦労したことを語る発話も複数あった。

〔古典日本語の特性〕のバリエーションは「(作品の内容は)だいたいわかったんですが、時折誰が何をしているのかわからなくなる。」(J) のような主語の非表示にかかわることや「(現代語と比べて)読点とかマル、あんまりないんですね。または、文章が非常に長い。で、それは〇〇語(母国語)にしようと思ったら、うまくいかないんですね。」(H) のような文の表記、長さにかかわる指摘などである。このような古典日本語の特性が意味把握を難しくしていることがわかる。

②【学習に対するポジティブな気持ち】

　②【学習に対するポジティブな気持ち】には、〔話しやすい雰囲気〕、〔みんなで一緒に進歩していく〕、〔教えてもらってよかった〕、〔授業が楽しい〕の4つの概念がある。

　〔話しやすい雰囲気〕のバリエーションは、「(授業は) 完全に正解しなければならないという意識ではなく、ただ間違えてもいいし、わからなくてもいいという雰囲気。［中略］全然わからなかった文法とか、［中略］授業でみんなに相談。そして、討論することができたんです。」(J) などである。疑問点についてクラスで気軽に相談でき、プレッシャーが少ない雰囲気で学習が行われていることがうかがわれる。

　〔みんなで一緒に進歩していく〕のバリエーションは「(文法の基礎知識などを) 本当に急がなくって、ゆっくり説明していただきました。［中略］(試験に合格するためには高いレベルが要求されたが) 特に浪人[14]になった人は全くいなかったと思います。」(K) などである。教師が学生のペースに合わせ、学生への負担が少ない形で授業を進行させ、一定のレベルまで導いていることがわかる。

　〔教えてもらってよかった〕のバリエーションは「(研究で用いる歴史的史料を読む時に授業で教えてもらった助動詞の知識が) 結構役立ちますね。今はそのようなものを読めばすぐにわかりますね。」(I) などである。授業を通して学んだ知識が実際の研究生活に大きく役立っており、教えてもらってよかったと感じていることがわかる。

　〔授業が楽しい〕のバリエーションは「(習ったことを) 実践するのが一番楽しかったと思いました。［中略］特に翻訳し始めた時はみんな楽しく。」(G) などが当たる。学習そのものを楽しんでいることがうかがわれる。また、「(先生は古典日本語文を) テープで流して、それから具体的な文章板書しながら説明しました。音楽のような。［中略］それは非常に興味深くて…。［中略］懐かしい思い出になりました。［中略］それは、棒読みとか、非常になんか、眠そうな授業ではなくて。それはみんながそういうふうに言っています。ユニークなメソッドだったので、テープで古い日本語学ぶ[15]のは辛いというより、非常に楽しくやりました。」(K) のような、学習者の興味を引き出す教師独自の工夫についても語られた。

③【他者とのつながりによる問題対処】

　③【他者とのつながりによる問題対処】には、〔指導教員・授業担当教員への働きかけ〕、〔クラスメートへの働きかけ〕、〔ディスカッション〕、〔教師による説明の提供〕、〔私はすごい〕、〔もっと知りたい〕の6つの概念がある。

　〔指導教員・授業担当教員への働きかけ〕のバリエーションは「(疑問点について自分で手を尽くして調べてもわからない場合は) 私は辞書でそんな意味を調べました。先生はどう思いますか？って (尋ねる)。」(L) などである。学生が課題に取り組む過程で、相談相手として教員が位置づけられていることがわかる。

　〔クラスメートへの働きかけ〕のバリエーションは「(『古事記』に出てくる漢語の読み方について) 何々タケルノミコトとか、オオクニノヌシノミコトとか数えきれない漢字で構成されて、本当にインターネットで調べなければ読むのはちょっと難しかったと思います。(クラスメートと) 相談しながら、意味はだいたい理解できたと思います。」(K) などである。共に学ぶ学生が最も身近な相談相手として位置づけられていることがわかる。

　〔ディスカッション〕のバリエーションは「(授業では疑問に思った点についてクラス全体で) 気軽に意見とかとらえ方とかを発表できるんです。そして他人の英訳とかを聞ける。議論になります。」(J) などが当たる。ディスカッションを通じて、クラス全体で疑問点の解決が図られていることがわかる。

　〔教師による説明の提供〕のバリエーションは「宿題として (翻訳を) やって、持って帰ってきて、発表する。で、こういうディスカッションみたいなのをやって、間違っていたら、先生に言われる。[中略] 次絶対調べよう。」(H) などである。間違いは教師によって訂正され、それが次の学習に生かされていることがわかる。

　〔私はすごい〕のバリエーションは、「一枚のテキストを読んだから、あーすごいな、もうなんか実績があるぞとか。」(K) などが当たる。学習を通じて成長した自分を肯定的に評価していることがわかる。

　〔もっと知りたい〕のバリエーションは「(和歌について) スペース限られてるから、五七五の中に言葉遊びがあって、それが少し難しかった。今はもうあんまり最近触れてないんですけど、またやりたいねと。」(H) などがある。学習を通して興味を持ち、更に学びたいという気持ちを持っている。

図4-2のモデルが示す通り、学習者の問題対処行動は、他者である教員・クラスメートとの相互作用を通して形成されている。ここで確認された〔新しい外国語〕という学習者の認識は、実際に教師がどう認識しているかではなく、学習者自身が古典日本語学習についてどう感じたかを示すもの[16]である。このように学習者が認識した場合、既有知識である現代日本語知識を古典語学習にどう応用させていくかについては、意識を向けにくくなる。文法体系の把握や翻訳など授業内活動として新しく取り組むことが多くなった結果、〈授業にかかわる活動の負担〉は増加する。しかし、これらを解決する手だてと環境は十分に用意されている。周囲の仲間と共に考え、学習そのものを楽しむ雰囲気の中で、〈他者への働きかけ〉は学習者の問題対処行動としてごく自然に選択される。そこで、自分の持つ疑問点について仲間や教員と共に十分に向き合い、〈満足できる問題解決〉に至る。他者の力を借りながらひとつひとつ困難を克服していく中で、「この方法がある」、「これを見ればよい」と言った問題解決の具体的な手段が、学習者自身の中に段階的に蓄積されて行く。また、共に考えてくれる他者の存在が難易度の高い文献への心理的ハードルを下げ、「難しいが挑戦したい」という〈学習継続への意欲〉を起こさせる。学習者の中に生じる前向きな気持ちは、安心感と達成感を生み出す支援体制によって支えられており、これが困難点の影響を軽減させていると分析できる。他者を巻き込んだ支援体制が整っていることで【ゼロからの学習】であっても学習者に【学習に対するポジティブな気持ち】を持たせ、【他者とのつながりによる問題対処】が成功に終わることでさらに、より【学習に対するポジティブな気持ち】を強くさせていく正の循環が生まれていると分析できる。

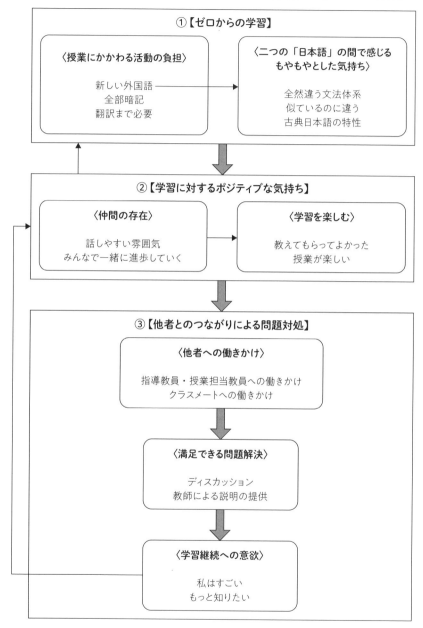

図4-2 教育機関教育型学習者の問題対処プロセス

考察・提案

1. 教育機関教育型学習者の困難点

　上記の分析から、教師によるクラスの雰囲気作りも含めた、他者を巻き込んだ支援体制が整っていれば学習者は困難に遭遇しても、それを他者とのつながりによって解決し、【学習に対するポジティブな気持ち】を維持しつつ学習に取り組めることがわかった。

　しかし、【学習に対するポジティブな気持ち】の維持には成功できていても、古典日本語学習における困難点は学習にかかわる負担として存在している。【ゼロからの学習】として認識される古典日本語学習が、学習者の負担感の源となっていることは、「(古典語の文法を学習し始めた時に) 今まで勉強したこと (現代語で学習した文法の知識)、全部無駄になると感じた」(M) という発話や、文中に現れた語彙の意味を全て辞書で調べることが課されて苦労したことに関する発話[17]からも明らかである。例えば、古典日本語文法と日本語教育文法の違いに目を向ければ、確かにその差は大きいといえる。

2. 学習者の認識を変化させる働きかけ

　上記の困難点を改善するには、古典日本語学習は【ゼロからの学習】であるという学習者の認識を変える必要がある。この点については、古典語と現代語のつながりを明確化し、現代語の知識を古典語理解に応用させていく姿勢を前面に出す支援スタイルを取ることが有益であると考えられる。今回の調査では、古典日本語を解釈する際に母語翻訳法[18]が多くとられていたが、「(先生には両者は別言語といわれたが) つながりは自分で探した。」(G) という発話からもわかるように、学習者は現代語と古典語のつながりを自然に意識している。そして、このような現代語と古典語とのつながりを考える作業を通して「それまでただ暗記したこととかが、ようやく原則とかがわかりました。例えば、せねばならないっていうような文法。[中略]『せね』はその、未然形、あ、已然形です。このようなこと、なるほどと。」(I) のような現代語の理解にも還元できる気付き[19]も得ており、古典語と現代語の意味のつながりを意識することは、学習者の内部で既に行われている。古典語、現代語それぞれの理解を循環的に深めていくためにも、このような点を重点的に取り上げて

支援を行う必要がある[20]と考えられる。

　具体的な支援としては、学校文法になじみのない学習者のために、日本語教育文法と学校文法の橋渡しを意識的に行っていくことや、文法用語や動詞のグループ分けなどの対応が確認できる一覧表等の整備などが学習の負担軽減に貢献すると考えられる。また、聞き取りでは、語彙学習は出会う言葉を「(全部調べてそれを)とにかく一つ一つ覚えて」(F)いく形で行われていたが、覚えるべき語がどのぐらいあるのかを学習開始時に教師側があらかじめ提示できれば、これも負担感軽減に貢献できるだろう。具体的には、日本語教育で優先的に教えられる現代語語彙[21]と対応した語彙リストの作成などが学習の助けになると考えられる。

　実際に、現代日本語を媒介として古典日本語を学習した経験を持つJは「実は、古い日本語のテキスト[22]を使いました。実は日本語で文語を習ったというわけです。[中略]とても効果的な教え方だと思います。つまり日本語で文語を習う。[中略](現代語とのつながりの中で学ぶことで古典語に)どういう世界観が含まれているか(がわかる)。」と述べ、現代日本語を積極的に用いて学習したことが、古典語と現代語を合わせた「日本語」の全体像の理解に役立ったことを指摘している。そして、J、Kの2名はもう一つの利点として、習った現代語を聞き、読み、書き、それを用いて考えを発信することで教室が現代日本語修練の場となったことを指摘しており、古典日本語学習を通して日本語の世界を広げるとともに、現代語の運用能力も磨き、学習をさらに進めることができたという感想を持っていた[23]。

　このような立場に立った支援を行うためには、外国人学習者の既有知識の応用でカバーできる範囲がどの程度なのかを、古典日本語学習開始時に学習者に明確に提示できるようにしておく必要がある。日本語教育で得た現代語の知識と古典日本語との重なりの実態を調査する研究がより多く行われていくべきである。

5. 学習者の問題対処行動から考える学習支援

　第4章4.1では、教師不在型学習者の困難点と問題対処プロセスを、第4

章4.2では教育機関教育型学習者の困難点と問題対処プロセスを分析した。ここでは、この二つの結果を合わせて考察し、国内の教育現場に対する示唆を得たいと考える。

5.1 古典日本語学習者が抱える困難点と問題対処行動

　二つの学習形態の分析から得られたサブ・カテゴリを、学習上の困難点、学習に対する彼らの認識、彼らがとる行動の、三つの視点から、新たな横断的カテゴリを設定した（図4-3）。学習者の学習上の困難点を示す教育機関教育型の【ゼロからの学習】と教師不在型の【日本人とのバックグラウンドの違い】を《困難点カテゴリ》としてまとめ、どのような気持ちで学習を行っているかを表す教育機関教育型の【学習に対するポジティブな気持ち】と教師不在型の【学習に対するネガティブな気持ち】を《認識カテゴリ》としてまとめた。また、困難点に遭遇した際にどのような対処行動を取るかについてそれぞれの形態に見られた【他者とのつながりによる問題対処】と【一人で行う孤独な問題対処】を《行動カテゴリ》としてまとめた。

　図4-3から、教育機関教育型の学習者も教師不在型の学習者も内容は異なるが古典日本語学習に困難点を持っていることがわかる。そして、学習に対する認識はポジティブな認識とネガティブな認識にわかれ、対照的なのものとなっている。着目すべき点は、教育機関教育型の困難点が学習内容（知識の与えられ方）と教室活動に集中しているのに対し、教師不在型の困難点は、日本に育ち、古典日本語読解経験も豊富な日本人と外国人である自分との比較から生まれていることである（表4-9）。

　教育機関教育型学習者の分析からは、日本人との比較の意識がなく、教師による導きの下、知識を「新たに獲得していく」実感を得ていく構図が観察された。これに対し、教師不在型学習者の分析からは、進むべき方向が見えない状態で模索を繰り返し、「自らに不足している」点についての認識を日本人との比較を通してさらに深めていく構図が観察された。以上を踏まえて、速習が求められる国内教育現場への応用として、現代語と古典語のつながりを意識した指導法と確かな支援体制を組み合わせた教育システムについて提案する。

表4-9 《困難点カテゴリ》の構成概念の比較　　　　　【 】カテゴリ名、〈 〉サブ・カテゴリ名

教育機関教育型 【ゼロからの学習】	教師不在型 【日本人とのバックグラウンドの違い】
〈授業にかかわる活動の負担〉	〈日本人との知識量の差を実感〉[23]
新しい外国語	古典日本語に関する知識の欠如
全部暗記	歴史・文化背景知識の欠如
翻訳まで必要	日本における一般的な社会常識の欠如
〈二つの「日本語」の間で感じる 　もやもやとした気持ち〉	〈経験のない古典日本語読解への 　不安や戸惑い〉[24]
全然違う文法体系	現代語による文献読解
似ているのに違う	想定外の古典日本語文献読解
古典日本語の特性	

5.2 【学習に対するポジティブな気持ち】を作りだす支援

　日本人との比較の視点を意識せざるを得ない国内の研究環境を考えた場合、如何にして【学習に対するネガティブな気持ち】を【学習に対するポジティブな気持ち】へ転換させるかが課題となる。そのためには、教育機関教育型の分析で観察された、困難点の克服が他者とのつながりによってなされる支援体制の整備が不可欠である。ゼミや専門の講義から離れた日本人を意識しなくてもよい場所で、教師と同じ境遇のクラスメートと共に、仲間意識を持って学べる環境を整えることも効果的だろう。さらに、〔教えてもらってよかった〕、学習した知識が役立ったと感じられるような知識の定着を確認できる場を教師が頻繁に設けることも必要である。加えて、学習者同士の交流を促すことも含めた〔授業が楽しい〕と感じられる雰囲気づくりを教師が心がけていくことも重要である。これによって、日本人との比較から自己の努力を過小評価しがちな国内の学習者に「新たに獲得していく」実感を持たせ、ポジティブな気持ちで学習を行うことが可能になると考えられる。

5.3 現代語と古典語のつながりを重視した指導法による学習支援

　国内学習者は、自身の専門分野の研究と同時並行で古典日本語読解技術を身につけなければならない差し迫った現状に置かれているため、彼らへの支

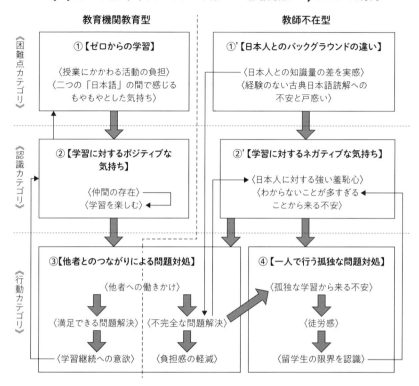

図4-3　外国人古典日本語学習者の問題対処プロセスの比較

援は速習を念頭に置く必要がある。そのためには、〈日本人との知識量の差〉をどのようにして埋めていくかを考える必要がある。図4-3からは、現代日本語の知識を積極的に取り入れた支援の可能性が浮かび上がる。【ゼロからの学習】にならない指導法を開発し、それによる授業を、他者を巻き込んだ支援体制と組み合わせて提供できれば、国内で研究活動を行う学習者の古典日本語学習はより効率化されたものとなるのではないだろうか。

　本章では、古典日本語学習者への学習経験インタビュー調査とM-GTA手法による分析を通して、学習者が抱える困難点と問題対処プロセスを明らかにした。さらに、国内教育現場における学習環境整備、支援について考察し

た。「学習へのあきらめ」の気持ちを生む国内の教師不在型学習者の学習環境は、改善を要する。そのためには、学習内容や支援方法の再検討とともに、学習者本人と、彼らを取り巻く日本人の意識改革が必要であることが示された。カリキュラムや人的資源の制約の中で実現可能な支援の形について多角的に検討していく必要がある。また、教育機関教育型学習者は充実した支援が受けられているにもかかわらず、古典日本語学習に対して〈二つの「日本語」の間で感じるもやもやとした気持ち〉が持たれていた。この母語翻訳法に対する「違和感」の背景には何があるのだろうか。学習者が「違和感」を持たずに学べる方法とはどのようなものだろうか。次章では、この「違和感」の背景にあるものを明らかにするために学習者のビリーフを調査する。彼らが学習のゴールとしてどこを目指し、どう学びたいと考えているのか、ビリーフと学習行動選択の関係について述べる。

[注]

1 ── 教師不在型は、専門の教師がいない学習形態である。教育機関教育型の場合は初級から上級へと段階を踏んだのちに研究レベルに進む。一方、教師不在型学習の場合は、研究レベルの文献を読むことから学習が始まり、多読を行うことによって慣れていく（第3章1.2）。よって学習について正確に「入門」という概念を持つものは、教育機関教育型のみである。

2 ── インタビュー開始前に20分程度の日本語による自己紹介を兼ねた雑談を行い、筆者の日本語教育経験に照らし合わせて日本語によるコミュニケーションが十分に行えることを確認した。

3 ── 例えば今回の調査では、工学部建築学専攻で木造建築の耐震構造を研究する研究室に所属し、新素材・新工法による耐震化を研究する研究環境の中で、協力者のみが江戸時代に設計された建造物に着目した結果、当時の大工が記した材料帳や設計図を参照する必要性が生じた事例があった。

4 ── ここでの疑問点には、【日本人とのバックグラウンドの違い】を構成する概念に関するもの（歴史上の人物や地名、年号など日本人の一般教養的なこと）から、専門分野の深い知識、漢字の読み方まで、様々なレベルの疑問点が混在している。

5 ── このような知識の重要性は、国内教育機関で学習者を受け入れ、研究指導を行う教員によって指摘されている（第3章3.1）。

6 ── 教師によって入門から応用までの指導を受けた教育機関教育型の協力者からの発話は、多くの概念で対極例となっていた。問題対処プロセスにおける教師の重要性は、本章

4.2 で述べる。
7 ─── 古典日本語学習を開始する際の現代日本語レベルは、教育機関によって異なり、中級から上級終了後であった。
8 ─── 教材は日本人向け古典教育で採用されている上代から近世を中心とした文学作品で、和文、擬古文、和歌、和漢混淆体で書かれた日記、物語、紀行文、随筆、軍記等であった。
9 ─── 現代語は日本語教育文法で学び、古典日本語はいわゆる古典文法（学校文法と類似した体系）で学んでいる。
10 ── 高校国語教科書に採用されている作品に出現した形容詞についての調査（第8章1.2）では、実は、約7割が現代語と古典語で意味の変化がないものであった。
11 ── 教師のインストラクションはその時々の現場の状況（クラスの構成員の専門分野や現代日本語能力、古典語学習にかけられる時間など）によって最良だと思われるものが選ばれているはずである。実際に、現代語知識が古典語学習の障害になるという教師の認識が実際に示されていた（第3章2.1）。ただし、表記法や語順など古典語に現代語と共通する部分は確かに存在するため、このようなインストラクションは「本当にすべて忘れなさい」という指示というよりむしろ学習に際しての「心構え」を説いたものととらえてよいだろう。
12 ── 実際の作業では〔似ているのに違う〕のバリエーションで示したような、古語辞典の説明（日本語の記述）にわからない言葉があってまた別の辞書を引く作業も生じるため、語義の確定作業には膨大な時間が費やされることになる。
13 ── 1名は二つの教育機関で古典日本語を学んだ経験を持つ。もう1名は一つの教育機関で2名の教師による入門期教育を受けた。教師のうち1名が授業中に日本語を用いた。
14 ──「落第」の意味で用いている。
15 ── 教師が日本のことわざや慣用表現に節を付けて歌う。
16 ── 実際にクラスを担当している教師の認識については、第3章2.2を参照。
17 ── 複数の辞書（古語辞典の記述が正確に理解できないために国語辞典を、国語辞典の記述が理解できないために和英辞典を、場合によっては英語母国語辞典）を参照し、調べた結果、自分が既に知っている現代語と意味が同じだったことに徒労感を感じた（M）ことも語られていた。また、わかりやすい日本語で書かれた古語辞典を求める声も複数あった。
18 ── 学習者の母語（またはコミュニティーの共通語）で、古典日本語を翻訳し、内容を理解する方法。詳細は第3章2.2を参照。例えば、Shirane（2005）には助動詞「つ」の例文として、以下の記述がある。

なよ竹のかぐや姫とつけつ． *Nayotake no kaguya-hime to tsuke-TSU.*

(He) *ended up naming* (*to tsuke-tsu*) her Shining Princess (*Kaguyahime*) of the Supple Bamboo (*nayotake*).

19 ── I は、この気付きを授業担当教師に確認しに行ったと述べていた。
20 ── このような点を実際の指導で取り上げるかどうかは授業を担当する教師によって異な

る（第 3 章 2.2）。
21 ── 古典語の語彙リストは日本人高校生の入試対策本として多く出版されているが、外国人学習者のメンタルレキシコンは日本語母語話者と異なるため、日本語教育の視点から整理したものが必要である。古典日本語形容詞について、第 8 章 1.3 で整理を行った。
22 ── 日本語で書かれた日本人向けの文法書。
23 ── 実際の教育現場における媒介言語の選択には、授業履修者の日本語レベルや教育機関の方針なども影響を与える（第 3 章 2.2）ため、現代語使用が適切とは一概には言えない。研究を行う目的で来日する学習者にこのような感想が持たれていたのは、高い学習意欲とそれに伴って形成された高い日本語能力が関係していると考えられる。
24 ── 古典日本語や日本史・日本文化を学習するチャンスがなかった、または独習に頼って学習をしてきたために、それに関する知識量が周りの日本人と比べて極端に不足していることを認識する、日本人なら当然知っていることを知らない（一般的社会常識）ことから来る歯がゆさを感じる等、日本人との知識量の差に関する概念で構成されている（第 4 章 4.1）。
25 ── 日本国内では、原典や一次史料を用いない母国の研究スタイルが通用せず、古典日本語文の読解を迫られたこと等による不安や戸惑いに関する概念で構成されている（第 4 章 4.1）。

第 5 章 | 学習者の古典日本語学習に対するビリーフと学習行動選択

1. はじめに

　第4章のインタビュー調査では、海外の教育では母語翻訳法が中心であるにもかかわらず、日本にいる学習者には、この方法への「違和感」が持たれていることがわかった。母語翻訳法による学習者は、学習に対してポジティブな気持ちを持ちつつも、学習の過程で違和感を覚え、また、教育の不足部分を補うために独自の学習方法を選択していることがうかがわれた。彼らが感じる「違和感」の背景にあるものを明らかにした上で、学習者が考える古典日本語学習のあり方と、学習者の思考、それに伴う行動内容のパターンを示すことができれば、類似した環境での学習者の行動を予測することができ、適切な支援の提供に貢献できると考えられる。

　一般的に、教師が授業を行う際には、教師が設定する何らかの到達目標があり、それを達成するために教材と方法が選ばれる。母語翻訳法も、そのようにして選ばれた方法であろう。古典日本語の授業においては、当然、「古典日本語の理解を深めること」が教師と学生にとっての共通の目標であると言えるが、この場合の「深める」が意味する内容は、教師と学生とで完全に一致しているとは限らない。教育提供を考えるにあたっては、第二言語学習者でもあり研究者でもある彼らが、学習のゴールとしてどこを見据え、実際にどのように学び、そしてこの先どのように学んでいきたいと考えているかに

ついての考え（学習者ビリーフ）を明らかにする必要がある。

　ここでは、母語翻訳法で学んだ学習者が、どのような思考を元に、どのように古典日本語への理解を深めるべく行動していくのか、思考と行動の関係からそのプロセスを記述する。学習者の内的視点から、また学習者を取り巻く学習・研究環境による影響に焦点を当てつつ、彼らの学習に対する認識と学習法選択の道筋をモデル化し、さらにその分析を通して彼らの持つビリーフと彼らが想定する学習のゴールについて考察する。

2. 学習者ビリーフに関する先行研究

　学習者ビリーフとは、言語学習における個人差に関わる要因の一つであり、第二言語教育が学習者中心の教育に転換する過程で重要視されるようになった。細田・伊藤（1994）では、ビリーフは「学習者が言語学習について抱く信念の総体であり、外国語学習の認知要因の一つ」とされ、橋本（1993）では「具体的な学習行動の背後でそれを支える心的態度や信念を言う」とされている。現代日本語学習に関するビリーフ研究は多く行われてきているが、古典日本語に関する研究は管見では行われていない。日本語教育の分野で、学習者ビリーフを探る方法としては、Horwitz（1987）のBALLIを用いた質問紙による調査が広く行われているが、この方法では学習者ビリーフと行動の関係を観察することは難しい（鈴木2015）。Wenden（1987）は、アメリカのESL学習者へのインタビューからビリーフを調査し、学習者ビリーフと言語学習行動との関連を示唆している。また星（2016）はビリーフを「文脈に依存した社会的側面を持つ動的なもの」ととらえ、インタビューを通して教師ビリーフを分析し、文脈によって変化するビリーフを描き出している。

3. 調査の概要

協力者の概要

　協力者は調査時点で来日中の古典日本語資料を扱う学習者11名（国内大学院在籍者5名、海外大学院所属短期研究滞在者6名）である（表5-1）。彼らは入門期に海

外の教育機関で母語翻訳法（母語またはコミュニティーの共通語である英語を媒介とし、古典日本語を直接母語または英語に翻訳する方法）による教育を受けている。

表5-1　協力者の概要

協力者	専門	国籍	入門期教育を受けた国	身分
A	宗教学	イスラエル	アメリカ	博士課程在籍
B	文学	カナダ	カナダ	修士課程在籍
C	経済学	アメリカ	アメリカ	博士課程在籍
D	文学	アメリカ	アメリカ	博士課程修了
E	文学	アメリカ	アメリカ	博士課程在籍
F	歴史学	ロシア	ロシア	研究生（博士課程入学希望）
G	歴史学	ロシア	ロシア	博士課程在籍
H	宗教学	韓国	韓国	博士課程在籍
I	文学	韓国	韓国	修士課程在籍
J	日本語学	中国	中国	修士課程在籍
K	比較文化	ポーランド	ポーランド	研究生（博士課程入学希望）

データ収集の方法

　古典日本語学習についての個人的経験や感想を自由に語ってもらえるよう、半構造化インタビューを採用し、主に「今までどのように古典日本語を学習してきたか」、「今後どのように学習していきたいか」について尋ねた。調査は2014年6月から2017年7月にかけて都内近郊で行った。インタビューは協力者と調査者1対1で行い、十分なインフォームドコンセントを経た後、ICレコーダで録音、文字化した。協力者の希望でインタビューは日本語で行った。なお、協力者は日本語能力試験N1取得者で、日本語で研究活動を行っている。事前に20分程度の雑談を行い、十分な日本語運用能力を有していることを確認した。所用時間は一人60分から120分である。

分析方法

　データの分析は、修正版グラウンデッド・セオリーアプローチ（M-GTA）を

採用した。木下（2003）によるとM-GTAによる分析結果は「社会相互作用に関係し、人間行動の説明と予測に有効」であり、「他者との相互作用の変化を説明できる動的説明理論」である。また、限定された範囲内における説明力にすぐれた理論である（木下2003）ことから、医療や教育などの領域で採用されている。他者との相互作用が重要になる本研究の性格・目的からこの方法が適切であると判断した。

4. 古典日本語学習に関する学習者のビリーフ

　分析の結果、学習者の古典語学習に関する18の概念が生成された。概念間の関係を解釈した結果、8つのサブ・カテゴリにまとめられた。さらにそれらは、実際に学習者によって取られる学習行動についての【学習行動カテゴリ】、学習者の古典日本語理解に対する具体的認識についての【古典日本語理解に対する認識カテゴリ】、そして、将来どのような研究者になりたいかという彼らの理想についての【研究者の理想像カテゴリ】として合計3つのカテゴリにまとめられた。【学習行動カテゴリ】と【古典日本語理解に対する認識カテゴリ】は互いに影響を受けつつ変化していく。彼らは教育機関において教師主導の下、母語翻訳法による入門期教育を受けている。この段階を《入門期翻訳法段階》とした。その後、学習者はこの方法を離れ、自らが必要だと思うことを主体的に学習する段階に移行するため、この新たな段階を《主体的な学習法模索段階》として分けた。この段階における認識、学習行動の変化は【研究者の理想像カテゴリ】に影響を与え、その形成を促す。また、このように形成された【研究者の理想像カテゴリ】は、《主体的な学習法模索段階》の【学習行動カテゴリ】と【古典日本語理解に対する認識カテゴリ】に影響を与え、その深化をさらに促す循環的な構図が明らかになった（図5-1）。以下カテゴリごとにそれらを構成するサブ・カテゴリ、概念の詳細をM-GTAの手順に従って示す。

概念

　以下にカテゴリごとに概念と定義を示す。【学習行動カテゴリ】には、6つ

の概念と3つのサブ・カテゴリがある（表5-2）。

表5-2 【学習行動カテゴリ】の概念表

サブ・カテゴリ	概念名	定義
受身の学習	教えられた通り	教師のインストラクションに従って、品詞分解、翻訳、語の意味調べなど指示された通りの方法で学習を行う。
	楽しい授業	教師によって与えられた課題や試験をこなしながらクラスメートと共に楽しく授業を受ける。
頭の中を日本人に近づける努力	現代日本語を磨く努力	研究活動遂行のためにはあらゆる場面（論文読解や研究者交流など）で現代日本語力が必要だと考え、ネイティブレベルに近づける努力をする。
	日本人的な思考様式を身につける努力	資料や現象などを理解する際に、日本人ならどう見るかを意識し、母語文化を介在させずに現象について思考する技術を身につける努力をする。
古典語を現代語経由で読み解く	速く的確に内容を掴む	現代語を通して古典語を読み解いたほうが、速く的確に内容を理解できると考え、そのように読む練習をする。
	「日本語」の世界観の獲得	現代語を通して古典語を理解することで、古典語と現代語を一体化させた「日本語」の意味や文法の世界が見え、その全体像（世界観）を獲得できると考え、それを目標に読解活動を行う。

【古典日本語理解に対する認識カテゴリ】には、8つの概念と3つのサブ・カテゴリがある（表5-3）。

表5-3 【古典日本語理解に対する認識カテゴリ】の概念表

サブ・カテゴリ	概念名	定義
古典語世界が実感としてとらえられない	母語経由学習への違和感	現代語を既に学習しているにもかかわらず、母語（英語）を用いた翻訳による学習を行うことに対し、違和感を覚える。
	本当の意味がわからない	「古典語―母語（英語）」の翻訳により対訳が得られ、何が書かれているか文字通りの意味がわかっても、語感やニュアンスといった言葉が持つ深い背景が想像できず、表面上の理解しかできていないと感じる。
本物に触れたい	自分で日本を体験したい	今いる環境から出て、現代日本社会へ入っていく何らかの行動（留学や日本人コミュニティーへの参加など）を起こし、直に日本を体験しなければならないと感じる。

第5章　学習者の古典日本語学習に対するビリーフと学習行動選択

サブ・カテゴリ	概念名	定義
古典世界に近づくためにネイティブの感覚がほしい	原典を読みたい	一次的な資料（原典）を自分の目で見て、それを人の解釈にたよらず自分の手で理解したいと感じる。
	もっと高いレベルに行きたい	日本の研究水準に触れたいと考える。また、実際に触れ、刺激を受け、その高いレベルに追いつきたいと考える。
	古典世界の理解に現代語の感覚が欠かせない	古典世界をより深く理解するためには現代語の感覚をたよりに古典語を理解する必要があると考える。
	古典語も現代語も同じ「日本語」	現代日本語も古典日本語も同じ「日本語」であり、両者の区別はないと感じられる。
	現代と過去を結ぶ道	過去の世界を体験することはできないが、現代に身を置きながら当時に近づくことは可能で、その手段として言語の重要性を認識し、自分の言語感覚を研ぎ澄ましていくことによって段階的に現代語から目標の時代の言語、ひいては社会・人へと近づくことができると考える。言語は、現代と過去の時代を結ぶ「道」のようなものだと認識する。

　【研究者の理想像カテゴリ】には、4つの概念と2つのサブ・カテゴリがある（表5-4）。

表5-4　【研究者の理想像カテゴリ】の概念表

サブ・カテゴリ	概念名	定義
研究過程ですべきこと	最良の古典語学習法の探索	将来、教壇で古典日本語を教えられるように、古典日本語学習過程での気付きをつみ上げ、最良の学び方を得たいと考えながら学習する。
	原典理解に根差したオリジナリティーの追及	研究者として自分のオリジナリティーを重視しており、それは古典日本語で書かれた原典に直接当たり、自分の力で理解して初めて生まれるものだと考えている。
研究者としてのあり方	教える研究者	将来的に研究の過程で自分が得たものを学生に教えたい。
	共有する研究者	自分の専門知識を深めるだけでなく、人と共有する研究者になりたい。

モデル図とストーリーライン

　概念の関係性を解釈した結果を図5-1のモデル図にまとめた。学習者の古典日本語理解に対する認識と、学習行動選択プロセスのストーリーラインを述べつつ、モデル図を説明する。〔　〕は概念、〈　〉はサブ・カテゴリ、【　】はカテゴリを示す。

　　調査対象となった学習者は、入門期に母語（または英語）を媒介とした母語翻訳法による教育を受けている。学習者はこの方法が研究資料読解力養成につながるととらえ、教師の指示に従い、文法の暗記、品詞分解、翻訳作成といった作業を〔教えられた通り〕に忠実にこなしていた。国文法を基盤にした古典文法の体系は、既に学習していた日本語教育文法の体系と大きく異なるため困難を感じたものの、教師やクラスメートと助け合う雰囲気の中で〔楽しい授業〕を経験した。このような教師主導の授業における〈受身の学習〉によって入門期学習が進行する過程で、学習者の中に母語翻訳法に対する疑問が生まれる。学習者は、母語の対訳による理解に重点を置く教授スタイルで学びながらも、古典語に触れた際、頭の中に現代語が想起されたり、強く意識されたりすることを繰り返し経験する。そして、古典語と現代語とのつながりを積極的に示さない〔母語経由学習への違和感〕を感じるようになる。また、母語の対訳が得られ、古典語の文章に何が書かれているのか文字通りの意味がわかっても、目の前の言葉が持つイメージや語感、ニュアンスといった深い背景が想像できず、表面上の理解しかできていないと感じ、〔本当の意味がわからない〕という感じるようになる。このような〈古典語世界が実感としてとらえられない〉という認識は、確かな実感を得たいという気持ちにつながり、研究対象により接近するために〔自分で日本を体験したい〕と思うようになる。また、翻訳や訳注付きなど他人の手が入った文献ではなくまっさらな〔原典を読みたい〕と感じ、それを自分の手で解釈したいと感じるようになる。このような〈本物に触れたい〉という欲求は、留学や現地訪問調査、伝統芸能世界への弟子入りなど、現代日本社会の中に自分を置く行動を促す。これに伴い、学習者の学習行動も〈受身の学習〉であった《入門期翻訳法段階》から、自ら学習行動を選択していく《主体的な学習法模索段階》へと移行する。

現代の日本社会を実際に体験し、研究活動を行っていく過程で、彼らは改めて現代日本語能力の重要性を認識する。日常生活や研究交流などあらゆる方面から現代日本語に囲まれ、現代語能力不足を痛感し〔現代日本語を磨く努力〕を始める。日本人の言語行動の観察や、語彙・表現を増やすためのメディアの活用など彼らの学習範囲は、日本社会の影響を直に受けながらアカデミックな領域にとどまらず拡大していく。このような言語を起点とした日本社会・文化に対する深い観察は、研究資料の背後に伏在する日本文化に拠った解釈を必要とする事象の理解[1]に日本人的な思考を用いることを可能にし、このような方法の有効性を彼らに気付かせる。彼らはノンネイティブゆえの文化的な隔たりを超えるために〔日本人的な思考様式を身につける努力〕を重ね、それを技術として習得することを目指すようになる。

　このような〈頭の中を日本人に近づける努力〉を通し、現代日本社会や文化、現代語に対する理解が深化する過程で、古典日本語理解に対する認識にも変化が現れる。周囲の日本人研究者たちの研究活動を実際に目にした学習者は、彼らの高い文献理解能力に驚き、それに追いつくべく〔もっと高いレベルに行きたい〕と考えるようになる。そして、ネイティブの研究者が持つ現代日本語の感覚が古典日本語資料の理解を深くさせていることに気付き、〔古典世界の理解に現代語の感覚が欠かせない〕と認識するようになる。また、学習者の現代語の感覚が研ぎ澄まされていくに従い、現代日本語と古典日本語のつながりがより強く意識されるようになる。両言語に対する認識は「別言語」から〔古典語も現代語も同じ「日本語」〕に変化し、これにより入門期に母語翻訳法によって明確に意識されていた「古典語―母語」という対応関係は希薄化し、「日本語―母語」という関係が意識され始める。また、過去の時代を研究する彼らはその時代を体験することができない。しかし、言語の連続性が意識された結果、両言語が一つにつながり、現代語に対する感覚を古典語の理解に応用していくことで、現代から目標の時代へと言語を段階的につなぎ、自らも過去の世界に近づくことができるという認識を持つようになる。このような、言語は〔現代と過去を結ぶ道〕であるという認識は、現代に生きる自分と過去の世界を結ぶものとして、彼らの中で、言語が重要な位置を占めていることを示している。

このような〈古典世界に近づくためにネイティブの感覚がほしい〉という認識は、古典日本語読解に関する学習行動に影響を与え、それを変化させる。彼らは入門期において教師主導の母語翻訳法による学習を行っていたが、この段階で母語経由ではなく〈古典語を現代語経由で読み解く〉形に移行する。現代語を経由させた方が〔速く的確に内容を掴む〕ことができると考え、そのように読む形に読解スタイルを変化させる。そして、「母語の置き換えによって文章の文字通りの内容を把握する」という入門期の学習段階を脱し、現代語につながる意味の史的変化や現代語に残る古典語のニュアンスなど、そこにある言葉が「日本語」として持つ意味世界の広がりまでを含めた全体像の理解、すなわち〔「日本語」の世界観の獲得〕が意識され、それを目標にした読解活動が行われるようになる。

　このような一連の【学習行動カテゴリ】と【古典日本語理解に対する認識カテゴリ】の変化の流れは、彼らの学習行動が入門期の受身的な母語翻訳法から、社会生活を通して得た自らの現代語の感覚・知識を活用する主体的・能動的な形へと変容するプロセスを示している。そして、その背景には入門期での「現代日本語と古典日本語は別言語」という認識から一つの「日本語」へという古典日本語に対する認識の深化がある。この深化・変容の影響は彼らが考える理想の研究者像の形成に及ぶ。彼らは自分が古典日本語を教える将来を見据え、古典日本語に対する認識と学習法の変化をモニターし、〔最良の古典語学習法の探索〕を続けている。また、彼らは、研究者としての地位を確立するためには〔原典理解に根差したオリジナリティーの追及〕が必須条件だと考えている。そして、このオリジナリティーは、原典資料や文化現象に直接触れてそれを自分の頭で理解した結果、生まれるものだと考えている。この二つのことが〈研究過程ですべきこと〉として認識されている。そして、専門分野の知識を深めるだけでなく、古典日本語学習を含む研究活動を通して得た知識や経験を学生に〔教える研究者〕、さらに人々と〔共有する研究者〕になることを将来の最終的な目標として位置づけている。このような〈研究者としてのあり方〉を見定めつつ学習が行われる中で、研究者の理想像が彼らの中により明確に形作られていく。

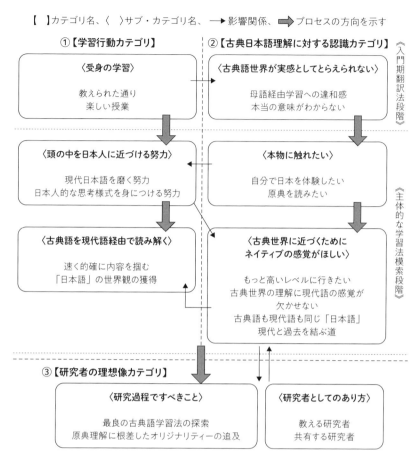

図5-1　外国人日本研究者の学習行動選択プロセス

　以上のように、学習者の学習行動選択プロセスは教員や日本人研究者の影響を受けて動的に形成されていることがわかった。彼らが《入門期翻訳法段階》で感じた違和感、不足感を補う必要性を認識し、自ら学習行動を変化させ、学習法を選択していくプロセスが明らかになった。また、【研究者の理想像カテゴリ】は《主体的な学習法模索段階》における【学習行動カテゴリ】と【古典日本語理解に対する認識カテゴリ】の深化・変容の影響を受けて形成されており、彼らの学習行動選択は、研究者としてどうありたいかという信念と密接に結びついていることが明らかになった。こうして形成された【研

究者の理想像カテゴリ】は、理想像に近づくためにはどうするべきか、という点を学習者自身が追及していくことによって、《主体的な学習法模索段階》における認識、学習行動にさらに影響を与え、それらを更新させていくという循環がある。

カテゴリと概念の具体例

　バリエーションを提示しつつ概念とカテゴリを説明する。（　）は筆者による補足。

　①【学習行動カテゴリ】には表5-2に示した6つの概念がある。
　〔教えられた通り〕のバリエーションは「これ（教師によって指示されたこと）以外何を（授業に）期待すればよいか（母語翻訳法で学び始めた当初は）わからなかった。」(B)などである。教師のインストラクションに従って、学習を進行させていたことがわかる。
　〔楽しい授業〕のバリエーションは「和歌は、和歌のルールもあって、五・七・五という、（勉強するのが）すごく大変楽しかった。そういう、なんていうの、日本的な歌物語とか（について話したり考えたりするのが）芸術的で好きだった。」(D)などが当たる。授業を楽しんでいる様子がうかがわれる。
　〔現代日本語を磨く努力〕のバリエーションは「日本では、芸能世界（自らが所属した落語の子弟関係を中心としたコミュニティー）では英語（母語）を使っている人はいないし、外人だからちょっとゆっくりしゃべってあげようという人もあんまりいないし。で、ちょっとゆっくりしゃべってください、話してくださいとも言えないし、だから（稽古を含む弟子としての生活に）ついていくしかないんですね。」(D)などである。周囲のレベルに追いつくためにネイティブレベルの日本語力を得ようと努力していることがわかる。
　〔日本人的な思考様式を身につける努力〕のバリエーションは「（私は）たぶん日本人と同じような感じはできません。考え方とか文化が違いますから。［中略］それ（原典とそれにかかわる日本人研究者が執筆した研究書、論文など）を全部読んだら私の考え方とそれを書いた人の考え方がもっとわかります。（こうやって）いろいろなテキストを読んだら日本人の感じ方に近づいて行きます。」

(K)などである。外国人研究者として、日本人がどう見るかを強く意識し、その感覚を得ようとしていることがわかる。

〔速く的確に内容を掴む〕のバリエーションは「(内容の読み間違えがないように)読む時(現代日本語で理解するようにして)あえて中国語(母語)の知識は使わないようにしています。」(J)などである。また、Iは古典語を母語経由ではなく現代日本語に読み替える形で理解するように心がけているが、その理由について「日本語(古典語も現代語も)をそのまま(他の言語に)変換せずに自分の中に受け入れて理解する能力を付けるっていうの(欲求)があるんだと思います。資料とかを読む時にも、できるだけ早めに自分のものにするっていう。そういった能力を養うために(現代語を通して古典語を読み解く練習は)必要なものだと思うんです。」と語っている。現代語を経由させることが、速く的確な理解につながると考えられ、実際にそのような方法がとられていることがわかる。

〔「日本語」の世界観の獲得〕のバリエーションは「古語勉強して、現代語の理解が深まった。日本語の世界というか、世界がわかった。」(E)などである。両言語のつながりを意識して学ぶことで、「日本語」という言語の全体像の理解が可能だという認識が語られている。

②【古典日本語理解に対する認識カテゴリ】には表5-3に示した8つの概念がある。

〔母語経由学習への違和感〕のバリエーションは「(母語翻訳法で入門期に教育を受けていたが)ある言葉が現代日本語でも使われている場合、その言葉が古典文学の文献に出たら思わず現代の意味だと思ってしまうのですけど。」(B)などである。古典語と母語のつながりを重視した翻訳中心の入門期教育に対する違和感、不足感が語られた。

〔本当の意味がわからない〕のバリエーションは「(母語の辞書を使って古典日本語の意味を調べても)韓国語(母語)があったとして、それを見て、ああ、こういうふうにつながる(母語と古典日本語の意味が対応する)んだって理解しても…。〔中略〕(言葉の背景にある)世界が理解できないっていう感じ。」(I)などである。母語による対訳が得られても、日本の文化・社会における語のイメージが得

られず、表面上の理解しかできていないと感じていることがわかる。

　〔自分で日本を体験したい〕のバリエーションは「(ある古典日本語資料の翻訳を母国で公表した際に、誰からも誤りについての指摘がなかった経験について。母国の閉じられた環境は真の研究の世界とは)別の世界というか。自分が自由に発信してるけど、それが正しいかどうかわかんないからそれが問題です。それだけはちょっと避けたいな。」(H)などである。自分を直に日本の環境の中に置くことが必要だと考えていることがわかる。

　〔原典を読みたい〕のバリエーションは「●●大学(母国の大学)の図書館とか行ってみても、全集の中の近松門左衛門のものとか、そういったものは何冊かあるんですけど、台本そのものはおいてなかったり…。歌舞伎は原本と比べる必要があると思うので。」(I)などである。自らが直接原典に当たることを重視していることがわかる。

　〔もっと高いレベルに行きたい〕のバリエーションは「(日本で受けた授業で日本人の)60歳とか50歳(ぐらいの)聴講生として授業に出席している人が(古典日本語で書かれた資料の内容を)説明して。すごいその説明のスピードに驚きました。[中略](自分ならば読解に1時間とか2時間とかかかるような文章を)その先輩は5分とか10分でその文全部を読めたんですけど。」(G)などである。Gは自身もそうならなければならないと述べた。周囲の高い水準に刺激を受け、そのレベルに達しようと努力する様子が語られた。

　〔古典世界の理解に現代語の感覚が欠かせない〕のバリエーションは「古典日本語はやはり、今生きている人間の中でこういう言葉に語感を持ってる人は多分いないと思うので。現代語のように正確に理解できるかどうかは、現代日本語のほうが(古典語と)関係が近いので、こっちのほうから(現代語との関連から)この辺を学ぶのが割と早いかもしれない(と考えます)。私から見れば(外国人のほうが)割と母語話者と比べて語感を持っていないので…[中略]やはり母語話者のほうが外国人と比べて有利です。」(J)などである。古典語の深い理解には現代語の感覚が重要であるという認識がうかがわれる。

　〔古典語も現代語も同じ「日本語」〕のバリエーションは「(入門期に初めて)古語を勉強する時は全く違う言語みたいな感じで。だから、それまで勉強した日本語(現代語)の言葉とか知識とかを使えば、(もともと一つの言語であるから

良い）勉強になると思う。」(C) などである。母語翻訳法で学習した時は古典語と現代語が別言語のように感じられていたが、現在では、同じ「日本語」という認識に変化したことがうかがわれる。

〔現代と過去を結ぶ道〕のバリエーションは「今いるここは現代だけど、現代語やって、それ通して古典語やることで前近代の人に近づいていくような。」(H) などである。遡って体験することのできない過去の時代にたどりつくために「現代語から古典語へ」というルートが想定されていることがうかがわれる。

③【研究者の理想像カテゴリ】には表5-4に示した4つの概念がある。

〔最良の古典語学習法の探索〕のバリエーションは「（この先）どういうふうに（古典語を）勉強するか、勉強していくかということもあるんですけど、教えるとか考えてみれば、こうやってこういうふうに教えていくのがもっと効率的で受け入れやすくてって、常に意識をして（学習している）。」(H) などである。古典語を教える将来を見据え、自身の学習の経験から最良の学習法とは何かを常に意識し、探していることがわかる。

〔原典理解に根差したオリジナリティーの追及〕のバリエーションは「それ（今まで既に誰かの手によって解釈された資料）を引用して解釈してた研究者じゃなくて、最初の文章（原典）、内容読んで、僕がそれを解釈していくっていうような過程が（私にとっては）研究で重要なので…［中略］これしないと研究のオリジナリティーというのがやっぱりでないというのがあるので、一次資料から自分の話を出すというか、それを用いてやるのが。」(H) などである。研究者としてのオリジナルティーを重視し、そのために原典を自力で解釈することが必要であるとの認識が示されている。

〔教える研究者〕のバリエーションは「将来は教職に。自分の学んだこと学生に教えたい。」(K) などである。教員として教える将来を想定していることがわかる。

〔共有する研究者〕のバリエーションは「いい知識人になりたいと思います。（学んだことを）人と共有したいなって思います。こういった知識をもってすれば、抽象的な話になるんですけど、平和的なコミュニケーションができると

いうふうに考えています。」(I) などである。知識を深めるだけでなく、他者との共有が意識されていることがわかる。

　図 5-1 のモデルが示す通り、学習者の古典日本語学習行動は、他者である教師や周囲の日本人との相互作用を通して形成されている。その中で、教育機関で教師のインストラクションに従って母語翻訳法で学んだ《入門期翻訳法段階》で感じた違和感、不足感を補うために行動する《主体的な学習法模索段階》における学習行動と認識の変化が、【研究者の理想像カテゴリ】に影響を与え、それを形づくり、明確化させていく流れが読み取れる。H は文化研究を行う理想の研究者について「その地域の言語も文化も生活もそういうことも一緒に理解して研究者になる、僕はそれが理想的な研究者。言語と日常の暮らしと文化、これを全部。実感的には現代ですけどね。」と語っている。対象は過去の時代であっても、それにつながる鍵は現代への深い理解にある。彼らが〔教える研究者〕、〔共有する研究者〕として他者と共有したいと望むものには、研究成果そのものの他に、自身の《主体的な学習法模索段階》の経験から得た「日本語」という言語、社会、文化に対する認識の深化と、それに伴って生まれた学習行動の変容から得た気付きが包括的に含まれており、ここに「日本語」という大きな枠の中で、古典日本語を把握・学習する必要性を彼らが見出していると分析できる。

5. 学習者ビリーフとそれに基づく学習支援

5.1　学習者が感じた「違和感」の背景

　以上のことから、彼らの学習法は母語または英語の置き換えによって理解する母語翻訳法から自らの現代語知識を活用して理解する方法へと変化し、その過程では〔「日本語」の世界観の獲得〕が意識されていることがわかった。こうした学習法変化の背景には〈本物に触れたい〉と望んだ結果、現代日本社会との接触によってなされた〈頭の中を日本人に近づける努力〉が彼らの認識を大きく変える転換点として存在していると見ることができる。この努力を通して得た現代日本語の研ぎ澄まされた感覚、日本人的な思考様式の獲得は、今まで見えていなかった古典語の深い意味世界を彼らに感じ取らせる

糸口になったのではないだろうか。ここから彼らは〔古典世界の理解に現代語の感覚が欠かせない〕、〔古典語も現代語も同じ「日本語」〕のような現代語と古典語をつなぎ、過去の世界に近づく確かなルートの存在を認識するようになる。過去の学習経験についてのインタビュー調査において、母語翻訳法に対する違和感が語られた背景には、現代語知識を利用して古典日本語を読むことの重要性に対する認識を強くしてきた[2]ことがあると言える。

5.2 学習者が考える学習のゴール

　学習者が考える「古典日本語の理解を深めること」とはどのようなことであろうか。彼らの古典日本語学習に対する認識の変化から読み取れる学習のゴールについて、文章の理解の点から検討してみたい。

　文章理解の研究では、言語表現と表される意味の段階として、言語形式である表層テクスト形式、表層テクスト形式の表現を統語的、意味的に理解した命題的テクストベース、命題関係に加え読解者が持つ様々な既有知識を含め、文で表される状況までを含めた理解である状況モデルの三つのレベルが存在するとされている。命題的テクストベースの形成までができれば、文字通り文章に書いてあったことについては理解が可能で文章を再生したり、要約したりすることも可能だが、文章に書いていない内容を文章から推論したり読み取ったりすることは状況モデル形成までできないと不可能であり、「文章の深い理解」とはこの状況モデルの形成までを意味する（甲田2009）。

　古典語の文章を読んで文字通りの内容がわかっても〔本当の意味がわからない〕と感じていた《入門期翻訳法段階》における彼らの古典日本語文理解は、表層テクスト形式の理解と命題的テクストベースの形成にとどまっていたと考えられる。文法の理解や単語の訳語を得ることで命題関係の理解は可能になっても、状況モデル形成を促す既有知識が不足していたために、十分な状況モデル形成まで至らなかったことが、〔本当の意味がわからない〕という認識につながったのではないか。おそらく、彼らが受けた入門期教育においても文化的・歴史的背景知識を補う情報提供（映像資料など）がなされたと考えられるが、それでは十分ではなかったことが彼らの学習行動プロセスの変化から見てとれる。《主体的な学習法模索段階》で過去の日本に近づくために

まず現代の日本に近づくことが選択された結果、〈頭の中を日本人に近づける努力〉がなされ、現代語を起点とする文化や社会につながる知識が文章理解に役立つ既有知識として彼らの中に蓄積された。これにより古典語に対する推論活動が可能になり、豊かな状況モデルの構築につながったと考えられる[3]。彼らにとって言語は〔現代と過去を結ぶ道〕であり、読解に用いられる既有知識の中核を形成するものだと言える。古典語資料を〈古典語を現代語経由で読み解く〉方法は、過去の世界の文章についての豊かな状況モデル形成を促す方法として選択されたと言えるだろう。この点で、現代日本語の深い理解は、古典語理解に影響を与える重要な要因であると言える。そして、学習行動の変化からこの状況モデル形成が古典日本語理解のゴールとして想定されていることがわかる。さらに、如何にして状況モデル形成を促すかについての〔最良の古典語学習法の探索〕そのものが理想の日本研究者になるために必要なことと認識されていることから、豊かな状況モデルを構築する方法は新たに学習する必要があるものとしてとらえられていることがわかる。彼らの古典日本語学習のゴールは、豊かな状況モデル形成を可能にする読解力の習得だけではなく、その形成を促す学習法を得ることまでが含まれていると解釈できる。

5.3 古典日本語学習に対するビリーフ

　豊かな状況モデル形成までを含む文章の深い理解を目指す彼らの古典日本語学習に対するビリーフはどのようなものであろうか。彼らの学習行動が《入門期翻訳法段階》から《主体的な学習法模索段階》へと変化した背景には、古典日本語世界の実感を得ようとして彼らがとった行動の背後にある古典日本語理解に対する認識の深化のプロセスがある。ここから読み取れる古典日本語学習に対するビリーフは以下の3つである。

1) 彼らは、古典日本語学習を通し、自力で原典の深い理解（状況モデル形成）ができるようになりたいと考えており、それは研究者として必須のことだと考えている。
2) 彼らは、古典日本語文章の深い理解には現代語の深い知識を用いる必要

があると考えており、自身の現代語の深い知識を活用し、推論活動を行いながら主体的に文章にかかわっていく方法で資料読解を行いたいと考えている。
3) 彼らは、言語を過去の研究対象に接近するための重要な道具ととらえており、学習において現代語と古典語を一つの言語として包括的に理解する視点の獲得を重視している。

5.4 彼らのビリーフと学習のゴールに基づく学習支援

では、このようなビリーフを支援する教育とはどのようなものであろうか。本研究の結果から現代語の深い知識の重要性が明らかになった。協力者たちが〈頭の中を日本人に近づける努力〉で得ようとした現代語能力は、個々の語の語感やニュアンスにまで立ち入った深いものであり、さらに日本人の言語行動の背景にある日本人的な思考の理解に届こうとするものであった。この点について、例えば、類似表現や類義語の用法やニュアンスの違い、言葉が与えるイメージといったネイティブが持つ感覚に踏み込んだ繊細な解説は学習の助けになるだろう。また、辞書的な意味を超えた語の背景にある語源や語史、文体の変遷と言った歴史的要素について掘り下げて説明し、日本語の連続性を意識させることも両言語を一つの「日本語」としてとらえる助けになるだろう。

また、学習者が設定するゴールに到達することを支援する教育についてはどのようなことが言えるだろうか。文法を例にとれば、国語教育では平安時代文法を軸としたいわゆる古典文法の習得が重視されている。母語話者ならば現代語までの橋渡しと、他の時代の古典語への知識の展開を、幅広い母語の既有知識に基づき自然に行える部分があるだろうが、第二言語学習者の場合は上級レベルでもそれは容易なことではない[4]。外国人研究者への教育提供を考えるにあたっては、言語は〔現代と過去を結ぶ道〕であるという彼らの認識に沿って、彼らが獲得した現代語の知識を出発点にして、前後の時代を関連づける形で変遷をさかのぼっていく形がより彼らの認識に合致していると考えられる。また、研究者である彼らが対象とする時代、資料は多様で、性格が異なる文章を深く正確に読む技術を身につけなければならないという

実情もある。古典文法そのものの習得以上に日本語の変遷についての知識が幅広い資料への対応力を高める点でも重要になってくる可能性は高い。〔「日本語」の世界観の獲得〕を支援することは〔原典理解に根差したオリジナリティーの追及〕を可能にするだけでなく、将来〔教える研究者〕としての幅を広げることにもつながる。この点について今後より研究がすすめられていくべきであろう。

　本章では、ビリーフと学習行動選択の関係を明らかにした。母語翻訳法で学んだ学習者たちが、この方法に対する「違和感」を解消するためにとった学習行動は、現代日本語を介した学習法に向かっていた。現代日本文化に接近する行動がとられた結果、頭の中を日本人に近づける努力がなされ、現代語知識の深まりとともに現代日本語によって古典日本語を理解したいというビリーフが形成されることがわかった。そして、学習行動もこの変化に合わせて母語翻訳法から現代日本語知識を使った読解法へと変化していくことが明らかになった。国内で学ぶ多くの学習者は、現代日本語を利用した学習には、母語翻訳法に比べ、メリットがあると確信していることが示された。
　では、このように、自ら学習行動を探索し、変化させていった学習者は、実際に古典日本語文をどのように読んでいるのだろうか。次章では、古典日本語文の認知過程について述べる。なお、学習法が変化した背景には豊かな状況モデル形成がかかわっていることが示唆された。この点については、第8章でさらに掘り下げて論じる。

[注]
1──どうしてここで日本人はこのような行動・言動を取るのかといった日本人的な思考の理解。例えば、敬語に代表される日本人特有の待遇に関する意識など。
2──教育の現場で母語翻訳法が用いられる理由の一つとして、学習者の現代日本語レベルが十分でないことが考えられる（第3章2.1）。しかし、将来、研究者を目指して留学するような学習者の場合は、授業を履修する一般の学生と比較すると、古典日本語学習を開始する時点で、かなり高いレベルの現代日本語能力を有していたと推測される。このような学習者が、学習開始時点で、「なぜ現代語と関連付けて説明しないのか」という疑問を持った可能性が考えられる。

3——古典日本語文章の状況モデルが実際にどのようになっているかについての議論は、第8章を参照。
4——この点は、第4章4.でも明らかになっている。

第 6 章　学習者の古典日本語文認知過程

1. はじめに

　古典日本語学習においては、文章を解釈する活動が学習の主要な位置を占める。前章で明らかになったビリーフから、学習者は現代日本語知識を利用しながら、古典日本語文の理解を試みていることが予測される。学習者は実際に古典日本語をどのように読んでいるのだろうか。

　第二言語学習者の古典日本語文読解に関する研究はなく、その過程の実態は明らかにされていない。そこで、本章では、古典日本語文の理解における語句の意味推測過程に着目し、読解において、外国人日本研究者が個別の語や表現の理解・推測の情報源としてどのような既有知識を用いるのか、その実態を明らかにすることを目的とする。具体的には、文中に現れる個別の表現の意味を理解・推測する際にどのような思考が行われるかに焦点を当て、その情報源となる知識と解釈が形作られていく過程、及びその思考の背景にある彼らの読解活動にかかわる認識について記述する。そして、この結果をもとに多様な背景を持つ学習者が集まる国内の教育機関における支援について考察・提案を行う。

2. 先行研究と本研究の関連

2.1 第二言語学習者の認知過程を踏まえた教育の必要性

　柏崎（2010）は、より良い教育のためには、その対象である学習者の心理を知ることが不可欠であるとする。そして、言語の理解、産出過程のメカニズムにかかわる心理の認知的側面に目を向け、学習者の内部で言語にかかわる情報がどのように処理されているのか、認知機能に属する言語の処理過程を検討する必要性を指摘している。この点について、現代語を対象とした研究は行われてきているが、古典日本語を対象とした研究は管見では行われていない。

2.2 読解におけるボトムアップ処理

　第二言語学習者の読解は、文脈全体の知識に基づいたトップダウン処理と感覚入力のデータ処理から始まり、個々の語や表現から個々の文の理解、さらに個々の文から全体を統合して文章を理解するボトムアップ処理を組み合わせた複雑な過程である（甲田 2009）。第二言語読解における未知語の意味推測について述べた山方（2007）は、初級の学習者にとって身近で、利用しやすく、実際に使用しているのはボトムアップの推測方法であるとし、L2 習熟度が低い学習者が、未知語そのものに焦点を当て、その情報や知識から意味を導き出す推測方法を最も良く使用していることを指摘している。筆者の経験に照らしても、入門クラスに出席している学習者[1]が読解の際に、コンテキストなどを利用するトップダウン処理よりも、語や句ごとに意味の理解・推測を行うよりボトムアップ的な処理に時間をかける様子はしばしば観察されている。語句の意味推測の点から、母語翻訳法とビリーフに見られた方法を比較すると、前者は個別の表現の処理過程で母語、共通語の知識を、後者は現代日本語の知識を理解・推測の情報源として用いることを促すもので、性質が異なる。彼らは実際に個別の表現の意味をどのように理解・推測しているのだろうか。

3. 調査

　古典日本語文の解釈過程を調査する方法として発話思考法を採用した。発話思考法とは、「課題遂行中の被験者自身の意識状態を声に出して言わせそれを記録する方法」(中島・安藤・子安・坂野・繁桝・立花・箱田, 1994: 696) であり、思考過程や思考内容等の認知的反応に関する情報を得るための方法として知られている。古典日本語文解釈という複雑な認知過程を把握するためには、心の中の活動をその活動が生起すると同時にその場で協力者に語ってもらう方法が適切であると判断した。ただし、心的活動のすべてが言語化され、語られる訳ではない点でこの方法で得られたデータには限界があり、また、思考を発話するという活動が協力者に負担になることが指摘されている (海保・原田 1993)。よって、本調査では、課題終了後にフォローアップインタビューを実施し、協力者作成のメモ、録画映像を用いて彼らの内省を促しつつ、言語化されなかった情報の収集を行った。分析には発話プロトコル、フォローアップインタビューのデータ、協力者作成のメモをもとに行い、録画映像、調査者 (筆者) の観察メモを補助的に用いた。

予備調査

　事前に予備調査として、外国人日本研究者5名を対象に発話思考法による古典日本語文解釈調査を行った。ここでは、個別の表現の意味の理解・推測を行う際に、現代日本語、古典文法・古典日本語語彙、個人の専門分野や母語に関係する既有知識を情報源として用いる様子が観察された。また、未知語を無視して読み飛ばす様子も観察された。協力者と調査者 (筆者) は、日ごろから交流があり、ラポールが形成されている。調査はリラックスした雰囲気を心掛けた。実際の調査過程では5秒以上の沈黙や言いよどみが複数回観察された。その場合は「今何を考えていますか」と控えめに発話を促したが、発話が出てこない場面があった。この間にも思考は行われていると考えられるため、本調査では、語られなかった情報にも注意を向け、フォローアップインタビューにおいて、意味の理解・推測に用いた既有知識を単語ごとに確認する作業を詳細に行うこととした。

調査期間・協力者の概要

調査は、2017年7〜11月にかけて都内で実施した。協力者は、2014年4月〜2017年3月にかけて筆者が国内の人文社会系大学院で担当した大学院生以上を対象とする超上級レベルの日本語クラス（文学、資料読解）の在籍者から募った。そして、古典日本語資料について2年以上の読解経験を持つ者を対象とした。これは、協力者が学習の初期段階にある場合、課題文を読み、理解する活動が十分に行えない可能性が考えられるためである。また、入門期の学習形態が実際の読解にどのように影響を与えているかについても観察できると考えた。協力者は、将来的に教育・研究の道に進むことを志している学習者10名（国内大学院に在籍、または研究滞在中。日本語能力試験N1取得者。）である（表6-1）。古典日本語入門期の学習形態はa. 母語／英語媒介の母語翻訳法による教育、b. 現代語媒介の国語教育に類似した方法による教育、c. 書籍を用いての独学、d. 母国の勉強会における原典資料の直接講読であった。協力者は日頃から筆者と交流がある研究者で、ラポールが形成されている者である。学習歴は初めて古典日本語を学習した時を基準に算出してもらった。

表6-1　調査協力者の概要

	国籍／第一言語	専門分野	身分	現代日本語学習歴	古典日本語学習歴	学習形態
A	イギリス／英語	歴史学	研究生	5年	2年	b
B	韓国／韓国語	歴史学	修士課程	15年	6年	d
C	アメリカ／英語	比較文化	修士課程	13年	3年	a
D	中国／中国語	日本語学	修士課程	10年	2年	a
E	中国／中国語	日本語学	修士課程	6年	3年	b
F	韓国／韓国語	宗教学	博士課程	10年	5年	d
G	中国／中国語	日本文学	博士課程	8年	6年	a
H	中国／中国語	美学	博士課程	15年	2年	c
I	エストニア／エストニア語	比較文学	研究生	7年	3年	a
J	韓国／韓国語	日本文学	博士課程	19年	6年	c

課題

文体の異なる下記二つの課題文[2]を解釈してもらった。課題を読む順番が

解釈に与える影響を考慮して、A～Eには竹取物語→方丈記の順で、F～Jには方丈記→竹取物語の順で課題に取り組んでもらった。課題文はともに高校の古典教科書で採用されているもので、調査シートはこれをもとに作成[3]した。フォローアップインタビューは、それぞれ文章の解釈終了ごとに行った。緊張感のない状態で解釈に集中できるようにするために、制限時間を設けなかった。また、個別の表現の意味を理解・推測する過程を調査することが目的であるため、辞書類の使用は不可とした。以下に課題文を示す。

課題文①『竹取物語』より「天の羽衣」の一部（75単語[4]）
　子の時ばかりに、家のあたり、昼の明さにも過ぎて、光たり。望月の明さを十合わせたるばかりにて、在る人の毛の穴さへ見ゆるほどなり。大空より、人、雲に乗りて下り来て、土より五尺ばかり上がりたるほどに立ち連ねたり。内外なる人の心ども、物におそはるるやうにて、あひ戦はむ心もなかりけり。

課題文②『方丈記』より「安元の大火」の一部（53単語）
　いにし安元三年四月二十八日かとよ。風激しく吹きて、静かならざりし夜、戌の時ばかり、都の東南より火いできて、西北に至る。果てには朱雀門、大極殿、大学寮、民部省などまで移りて、一夜のうちに塵芥となりにき。火もとは、樋口富小路とかや。

手続き
　思考を発話するという特殊な行為を行うため、協力者にリラックスして参加してもらえるよう配慮した。場所は協力者の所属大学の日頃使用している教室とし、調査者と協力者の計2名で個別に実施した。10分程度の雑談の後、以下の手順で調査を行った。
1. 調査の目的と方法の説明：古典日本語の文章を解釈している過程で、何を考えてどのように文章を理解しようとしているのか、どのように個別の表現の意味を理解・推測しているのかを調査していることを伝えた。解釈中に頭に浮かんだことをできるだけ声に出して欲しいこと、発話は何語でも構わないことを伝えた。また、録画、録音について必要性を説明

し、承諾を得た。
2. 思考を発話する練習（3題）：海保・原田（1993）の計算問題と筆者が用意した計算問題、漢字に関する簡単なクイズに取り組んだ。
3. 解釈の開始：課題文が印刷された調査シートとメモ用紙を配布した。教示は、次のように行った。
　「これからやっていただく調査は、古典日本語の文章を読む時にどのようなことを考えながら読んでいるのかを調べるためのものです。短い文章を読んでもらいますが、その時に考えていることは全部声に出しながら、読んでください。話す言葉は何語でもかまいません。メモ用紙は自由に使ってください。調査シートにメモをしてもかまいません。時間に制限はありません。書かれている内容がわかった、解釈ができたと思った時点で、教えてください。質問がありますか。」
4. 協力者の音声はICレコーダーで録音した。また許可が得られた協力者については、解釈中の様子を録画した。調査者（筆者）は協力者と同じ部屋で、協力者の視界に入らない位置から解釈過程を観察した。事前に作成した記録用シート（本文を単語ごとに区切ったもの）を手元に用意し、調査中に個別の意味の理解・推測にかかわる具体的な発話があった個所、及び解釈に時間がかかっている、または悩んでいる様子が確認された個所を発話内容と共に記録した。協力者が沈黙している場合には、「今何を考えていますか」と控えめに声がけを行い、発話を促した。
5. 解釈終了後に課題文を印刷した調査シート、メモ用紙を協力者から回収し、これらに残された協力者のメモ及び筆記跡が残されている部分を確認し、記録用シートに転記した。この記録用シートをもとにフォローアップインタビューを行った。インタビューでは、必要に応じて、録画映像や録音した音声を参照しつつ、古典日本語文の個別の表現などの入力情報の意味を理解・推測する際の情報源となった知識について確認、聞き取りを行った。また、特に発話やメモが残されていなかった部分[5]についても、この段階でどのように意味を理解・推測したかを単語レベルで詳細に確認し、記録用シートに記録した。
6. 全ての課題が終了した後、全体を通して解釈の際にどのような点が難し

かったか、二つの文章を比較してどう感じたか、自らがとった読解法についてどのように考えているかについて聞き取りを行い、読解活動全体についての彼らの認識にかかわるデータを収集した。緩やかな半構造化インタビューの形式を採用し、読解活動を振り返っての感想をできるだけ自由に語ってもらえるよう配慮した。

データと分析方法

　意味の理解・推測の情報源となる既有知識の分析に用いたデータは、発話思考法で収集した発話プロトコル（文字化したもの）、録画映像、調査シートおよびメモ用紙に残されたメモ、及びフォローアップインタビューのデータ（文字化したもの）である。発話中に現れた日本語以外の言語については、発話した本人に確認と翻訳を依頼した。一つの課題文の解釈にかかった時間は5〜30分、一つの課題文のフォローアップインタビューにかかった時間は20〜40分である。また、彼らの読解活動に関する認識の分析には、読解活動についての全体的な振り返りに関する聞き取りのデータを用いた。聞き取りにかかった時間は10〜20分である。

1. 理解・推測の情報源となる既有知識に関するデータの分析方法

　意味の理解・推測の情報源となる既有知識に関するデータの確認と整理は、以下のように行った。調査終了後、文字化した発話プロトコルをもとに入力情報の意味を理解・推測する際に用いられた既有知識に関する具体的なデータ[6]（例：原文の単語「いにし」に対して現代語の「いにしえ」が発話された）を調べ、単語ごとに整理する作業を行った。その際、発話プロトコルだけでは十分なデータが得られない個所には、フォローアップインタビュー時に採集したデータを用いて単語ごとに情報を補充した。プロトコルデータ、記録用シートに残された情報を全体的に見直し、確認する作業を経て、最終的に全ての単語について意味の理解・推測にかかわる個別のデータを統合・集約した。どのような既有知識がもとになって理解・推測が行われているかという観点からこれらのデータをグルーピングをし、単語カテゴリとしてまとめ、数量的分析を行い、語句の意味推測にかかわる全体的な傾向を分析した。

2. 読解についての認識に関するデータの分析方法

　課題終了後のインタビューにおける読解活動の全体的な認識にかかわる部分は、質的なデータを記述的に整理する目的に適するとされる KJ 法 (川喜田 2017) を参考にして整理し、数量的分析からは明らかにならない協力者個々の認識を分析した。文字化したデータを意味単位ごとに分割し、協力者が読解に対しどのような認識を持っていたかという観点から概念化を行い、名前を付けた。これらの概念をボトムアップ的な手法でカテゴリ化し、サブ・カテゴリを生成した。さらにこれらをメイン・カテゴリにまとめるというボトムアップ的な手法によりカテゴリ化を進めた。

4. 学習者の古典日本語文認知過程

4.1 理解・推測の情報源となる既有知識と解釈過程

　この手順で集められた単語ごとのデータを、意味の推測・理解の情報源となる既有知識の種類によってグルーピングした。予備調査で確認された、①現代語知識 (現代日本語の知識)、②古典語知識 (古典文法、古典日本語語彙の知識)、③専門知識 (時代背景や作品背景に関する専門分野の知識)、④母語知識 (母語に関する知識) の4つに焦点を置き、データを分類していった。①現代語知識に関するデータの分類過程で、漢字表記からの直接的な理解・推測に焦点化した情報 (熟語の中の一つの漢字に焦点を当て熟語全体の意味を推測する等) や、現代日本語語彙として漢語をとらえるのではなく漢字からの直接的な推測 (日本語の語彙としての知識はないが、漢字表記そのものから意味を推測できる等) を漢字表記からの理解・推測に特化したものとして別立てにし、⑤漢字知識とした。さらに、これらに分類されない日常生活から得た知識をもとにした情報を⑥生活知識とした。また、未知語について既有知識による理解・推測をほとんど行わず、読み飛ばす様子も確認された。これを⑦読み飛ばしとしてカテゴリ化した。結果、各単語の意味の理解・推測の情報源として用いられた既有知識は①〜⑥の6つがあることがわかった。各カテゴリの定義とプロトコルの例を以下に示す。対応関係を見やすくするために、プロトコル例における原文に相当する部分に下線を引いた。（ ）内は筆者による補足を示す。

①現代語知識：意味の理解・推測の際に現代日本語の知識を用いる。

 例）いにしっていうのは、これはいにしえからのあれなんだろうな。いにしえからみたいな意味なんだろうな。(B)

「いにし」の意味を「いにしえ」から推測している。「いにしえ」は古典語の「いにしへ」ともとれるが、Bはこれを現代語であると認識していた[7]。このような、現在も使用されている語の判断は協力者の認識によった。

②古典語知識：意味の理解・推測の際に、入門期教育で学習した古典日本語（古典文法、語彙）に関する知識を用いる。

 例）たたかはむ、はむ？　む、むは推量かな？　意志？　戦おう、戦いましょう（A）

「む」を推量、意志の助動詞「む」と認識し、最終的に意志の意味で解釈している。

③専門知識：専門分野の研究活動を通して得た知識を用いて意味を理解・推測する。

 例）安元三年？　あ、これ〇〇（協力者の研究テーマ）、専門とも関係あるんで、年を覚えてます。(B)

歴史学専攻の協力者による発話である。専門の知識を利用して意味の理解を図っている。

④母語知識：意味の理解・推測の際に母語の知識を用いる。

 例）毛の穴、毛の穴、毛の穴、んー、roots of the hair.（A）

「毛の穴」という語の意味を考える過程で母語が発話されている。この部分についてフォローアップインタビューでAは、意味が理解できなかったから英語で考えたと述べた。

⑤漢字知識：意味の理解・推測の際に漢字の知識を用いる。

 例）朱雀門、大極殿、大学寮、なんか…建物？　知らない。門とか殿とか。大きい建物。(I)

「門」や「殿」という単漢字から、これらが大きい建物であることを推測している。

⑥生活知識：意味の理解・推測の際に日本での日常生活から得た知識を用いる。

例）樋口富小路、あ、京都？の道の名前ですね。(F)

協力者は過去に京都に住んでいたことがあり、その知識をもとに推測している。

⑦読み飛ばし：その単語の存在が意識されない、またはその単語は文章理解に大きな影響はないと判断し、意味の理解・推測を行わない。

例）うー、わからない。もやもやです。でも次に行きます。(H)

課題文①「十合わせ」についての発話である。インタビューでHは「最初読んだ時わからなくて気になったけど、あと（文章の続き）読んだら全体わかっちゃったからもういいかなって。やめちゃった。」と語り、意味の理解・推測を行わなかったことを述べた。

以下に方丈記の一部に対応する発話プロトコル、単語カテゴリをサンプルとして示す。ゴシック体は本文中の単語、下線部は単語カテゴリの判断基準となった発話、その下に該当する単語カテゴリ名を示した。発話中の（ ）は発話者による翻訳を示す。

原文：いにし安元三年、四月二八日かとよ。風激しく吹きて静かならざりし夜…

プロトコル例　Jさん

いにし…いにしはいにしえ。いにしえの。いにしえかな。いにしえ。いに
　①現代語知識

しえ。えー。いにしえ。／ 安元三年、安元三년 (年)、中世 ／ 四月二八日
　　　　　　　　　　　　　　　　　　　　③専門知識　　　　　　①現代語知識

／ かとよ。か。か는 (は) 疑問形で、推測形？とよ。かとよ。とか。인가..인
　　　　　　　　　①現代語知識

가 언젠가… (とか、とかいつか) とかなんとか。とか。とかだろう。推測。とか

や。とかや。かとよ。／ 風激しく吹きて、風が激しく吹いて ／ 静かならざり
　　　　　　　　　　　　　　　　　　①現代語知識[8]

し夜、しずか、ならざりしよ、しずかな、①しずかな、しずかーしずか
　　　　　　　　　　　　　　①現代語知識

```
 一 / ざり、ざる、しずかではない、あ―바람이 세게 부니까 조용하지  않
     ②古典語知識
 다。(風が強く吹くから静かでない)。しずかでない / 夜、しずかでない夜に
                        ⑦読み飛ばし9          ①現代語知識
```

　このように、文頭から個別の表現についての意味の理解・推測が単語、文節、連文節単位で現代語知識に基づく現代語への読み替えを中心に解釈が行われる様子が観察された。

単語カテゴリ占有率

　既有知識利用の全体的な傾向を観察するために、これらの単語カテゴリについて、それぞれのカテゴリに属する単語の各文章全体に占める割合（以下、「単語カテゴリ占有率」）を算出[10]した（表6-2）。単語カテゴリ占有率は、それぞれの作品について「各単語カテゴリの出現数／各作品の総単語数」で算出した割合（%）である。

　どちらの文章も単語の意味特定に現代語知識が多用される傾向が確認できる。

表6-2　各文章における各単語カテゴリ占有率（%）

文章	協力者	①現代語	②古典語	③専門	④母語	⑤漢字	⑥生活	⑦読み飛ばし
竹取物語 （75単語）	A	76.7	12.0	6.7	3.3	0.0	0.0	1.3
	B	80.7	12.0	5.3	0.0	0.7	0.0	1.3
	C	76.0	16.0	0.0	0.0	4.0	1.3	2.7
	D	72.7	14.7	4.7	6.7	1.3	0.0	0.0
	E	68.7	9.3	4.0	8.7	2.7	0.0	6.7
	F	80.0	12.0	4.0	3.3	0.7	0.0	0.0
	G	72.0	9.3	0.0	11.3	11.3	0.0	5.3
	H	74.7	2.7	2.0	8.7	8.7	0.0	10.7
	I	74.7	10.7	0.0	0.0	2.7	0.0	12.0
	J	73.3	18.7	5.3	0.0	2.7	0.0	0.0

文章	協力者	単語カテゴリ						
		①現代語	②古典語	③専門	④母語	⑤漢字	⑥生活	⑦読み飛ばし
方丈記 (53単語)	A	75.5	7.5	13.2	0.0	1.9	1.9	0.0
	B	68.9	3.8	19.8	0.0	5.7	1.9	0.0
	C	69.8	5.7	5.7	0.0	12.3	2.8	3.8
	D	63.2	11.3	5.7	15.1	2.8	1.9	0.0
	E	49.1	16.0	5.7	15.1	4.7	1.9	7.5
	F	62.3	13.2	9.4	12.3	0.0	1.9	0.9
	G	63.2	6.6	0.0	21.7	21.7	1.9	5.7
	H	69.8	0.0	0.9	16.0	16.0	1.9	8.5
	I	63.2	4.7	0.0	0.0	11.3	1.9	18.9
	J	48.1	22.6	13.2	0.0	14.2	1.9	0.0

さらに二つの文章で、単語カテゴリ占有率に差があるのかを単語カテゴリごとに統計的に分析した。表6-2の占有率についてノンパラメトリックを仮定した対応のある2群の比較としてウィルコクソンの符号付き順位検定（Wilcoxon signed-rank test）を用いて検定し、更に検定の多重性を考慮してBonferroni法により有意確率の調整を行った。なお、有意確率は正確有意確率で計算を行い、検定は両側検定（Two-tailed）で行った。統計的検定の有意水準は0.05とした。二つの文章における検定の結果を表6-3に示す。

表6-3 文章における各単語カテゴリの占有率の比較の結果

単語カテゴリ	竹取物語群 (n=10)	方丈記群 (n=10)	P-value
①現代語知識	74.7 (68.7 – 80.7)	63.2 (48.1 – 75.5)	0.014
②古典語知識	12.0 (2.7 – 18.7)	7.1 (0.0 – 22.6)	1.000
③専門知識	4.0 (0.0 – 6.7)	5.7 (0.0 – 19.8)	0.164
④母語知識	3.3 (0.0 – 11.3)	6.2 (0.0 – 21.7)	0.438
⑤漢字知識	2.7 (0.0 – 11.3)	8.5 (0.0 – 21.7)	0.027
⑥生活知識	0.0 (0.0 – 1.3)	1.9 (1.9 – 2.8)	0.014
⑦読み飛ばし	2.0 (0.0 – 12.0)	2.4 (0.0 – 18.9)	1.0

表中の( )内の数値は（最小値 – 最大値）を示す。

有意差が確認されたのは、現代語知識、生活知識、漢字知識であった。①現代語知識については、方丈記群と比べて竹取物語群の方が現代語知識の占有率が有意に高かった（$P=0.014$）。⑤漢字知識については、竹取物語群と比べて方丈記群の方が漢字知識の占有率が有意に高かった（$P=0.027$）。そして、⑥生活知識については、竹取物語群と比べて方丈記群の方が生活知識の占有率が有意に高かった（$P=0.014$）。また、②古典語知識、③専門知識、④母語知識、⑦読み飛ばしについては竹取物語群と方丈記群で、占有率に差はなかった（$P=1.000$、$P=0.164$、$P=0.438$、$P=1.000$）。

　以上の分析から、竹取物語においてより現代語知識が利用されていることがわかった。現代語知識と漢字知識についての有意差の結果には、竹取物語が和文、方丈記が和漢混淆文であるという各文章の文体的特性が関係していると考えられる。また、方丈記においてより漢字知識、生活知識が利用されていることがわかった。竹取物語には「家」、「人」といった日本語学習者にも理解しやすい現代日本語と同形の一般的な語が多かったのに対し、方丈記には実在した街の「民部省」、「樋口富小路」といった固有の名称があったことの影響が考えられる。インタビューでGは「樋口富小路」について「ちょっと止まって、何かな。考えました。」とし、「上野広小路」という駅名からこれを地名であると推測していた。現代語による単純な読み替えから一歩踏み込んだ推測を行う必要が生じ、日常生活で出会う固有名称に関する既有知識が活性化されたと考えられる。

現代語参照法

　上記の分析から、個別の表現の意味を理解・推測する過程では、どちらの文章も現代語知識が最も多く用いられていることがわかった。このような現代語知識を頻繁に参照する読み方（以下、「現代語参照法」）を、協力者Aの発話プロトコルを元に課題文（原文）と解釈の対応関係の図式化を試みた（図6-1）。適宜助詞を補いながら現代語による解釈を作り上げている様子が確認できる。

　全体を通して発話中に母語が現れた箇所は、個別の意味の理解・推測に母語の知識を用いる場面、解釈を考えている思考過程（「これは何だろう」に当たる発話等）にとどまり、古典日本語文を現代日本語に読み替える形をベースにし、

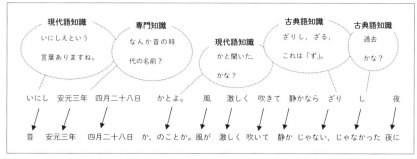

中段は原文、丸枠内は原文に対応する発話プロトコル、下段は解釈、矢印は原文と解釈の対応を示す。

図6-1 現代語参照法による古典日本語文解釈プロセス

現代語で対応しきれない部分にその他の既有知識を利用するという形で、現代日本語によって解釈の全体像が作り出されていく様子が観察された。

4.2 協力者の読解活動に対する認識

読解活動に対する認識を分析した結果、47のカテゴリ、12のサブ・カテゴリ、3つのメイン・カテゴリが生成された（表6-4）。

発話例を挙げつつ各カテゴリを説明する。発話例中の（ ）は筆者による補足を示す。

文章の記述、内容に対する印象についての認識

A）文章の記述、内容に対する印象のカテゴリには「1.文章の文法・単語・表記についての印象」、「2.文章のストーリーについての印象」、「3.文章と専門分野との関連についての印象」、「4.文章の描写方法についての印象」の4つのサブ・カテゴリがある。

「1.文章の文法・単語・表記についての印象」の発話例は「こっちのほう（竹取物語）は文法のほうも複雑。」（E）などである。単語や文法の難易についての印象が語られた。

「2.文章のストーリーについての印象」の発話例は「(竹取物語は架空の話だが方丈記の話題である) 火事はどこがやけたのか、どれぐらいの人が死んだのか、これは想像できますよね。」（D）などである。文章のストーリーについての印象

表6-4 カテゴリリスト

メイン・カテゴリ	サブ・カテゴリ	カテゴリ	指摘者数
A) 文章の記述、内容に対する印象	1. 文章の文法・単語・表記についての印象	易しい単語が用いられている（竹取）	1
		難しい単語が用いられている（竹取）	2
			1
		易しい文法が用いられている（方丈）	1
		難しい文法が用いられている（竹取）	1
		現代語と似ている文法が用いられている（方丈）	2
		文構造が単純である（方丈）	2
		ひらがなが多用されている（竹取）	5
		漢字・漢語が多用されている（方丈）	9
		基本的な助動詞が多く用いられている（竹取）	2
		誤読可能性が高い助動詞が多く用いられている（方丈）	1
	2. 文章のストーリーについての印象	ストーリーが非現実的である（竹取）	4
		事実・現実について書かれている（方丈）	3
		読み手の想像力を必要とする展開になっている（竹取）	2
		自分の経験と重なる内容がかかれている（方丈）	4
	3. 文章と専門分野との関連についての印象	竹取物語のほうが読み慣れた文体である（竹取）	1
		自分の専門と近い内容である（方丈）	1
		自分の専門と近い内容である（竹取）	1
	4. 文章の描写方法についての印象	文学的な表現が用いられている（竹取）	1
		比喩が多用されている（竹取）	1
		描写が丁寧である（竹取）	1
		情報伝達が目的のさっぱりとした書き方である（方丈）	3
B) 読解の際に感じる理解・推測の限界	5. ひらがな表記による混乱	文法的切れ目の推測ができない	7
		どのような漢字が当たるかわからない	9
	6. 古典語と現代語の対応関係に起因する理解・推測の限界	漢字の歴史的な読み方が現代語と乖離している	7
		古典語に対応する現代語に確信が持てない	5
		現代語による推測の限界を感じる	10
	7. 古典日本語文特有の性質に起因する理解・推測の限界	古典語助動詞だとわかっても、その意味が思い出せないため確かな解釈ができない	2
		主語が明示されていないため文意が取れない	4
		時代背景、文化の知識不足から十分なイメージができない	2

メイン・カテゴリ	サブ・カテゴリ	カテゴリ	指摘者数
C) 古典日本語文読解の方法に対する認識	8. 漢字への注目	漢字が先に目に入ってしまう	4
		漢字への警戒	4
		日本語の語彙としてわからなかったら個別の漢字から意味を推測する	9
	9. 現代語重視	現代語を読むような感覚で読む	10
		現代語との類似性・非類似性を意識して読む	4
		現代語の知識を使って読むと速い	3
		現代語でわかるところだけで理解の大枠を作る	4
		あえて母語を介在させないで読む	4
		母語は出てこない	2
	10. 古典文法知識活用個所の予見	意味がわからないところは古典文法を疑う	5
		ひらがなの部分は古典文法を意識する	1
		文末に集中して古典文法を意識する	4
	11. 読解経験から得た技術の利用	できるだけ情景をイメージする	4
		重要ではないところを読み飛ばす	6
		時間、場所、登場人物の確認	2
		わからないところは文脈で理解しようとする	2
	12. 最終段階での母語知識の利用	難しいところは母語の対訳を考え理解しようとする	3
		最後に母語に訳して最終チェックをする	1

カテゴリ中の（　）内は、指摘があった作品名を示す。

が語られた。

「3. 文章と専門分野との関連についての印象」の発話例は「こっち（竹取）がいつも読んでる文章に近い気がする。」(J) などである。研究で読み慣れている文章の文体との類似性に関する指摘や、文章の内容と研究テーマとの関連についての指摘があった。

「4. 文章の描写方法についての印象」の発話例は「事実、それをどういうふうに説明するかだと思うんですけど、時、場所、事件。(方丈記) そういうのがそのまま書いてある。」(F) などである。それぞれの文章の描写方法についての印象が語られた。

以上の点は、文章の読みやすさについての印象を反映している。表6-5に文章ごとに内訳を整理した。表中の（＋）は肯定的評価、（－）は否定的評価を

表6-5 文章の記述、内容に対する印象についての認識カテゴリの内訳

サブ・カテゴリ	竹取物語 カテゴリ	指摘者数	方丈記 カテゴリ	指摘者数
1. 文章の文法・単語・表記についての印象	易しい単語が用いられている（＋）	1	易しい文法が用いられている（＋）	1
	基本的な助動詞が多く用いられている（＋）	2	現代語と似ている文法が用いられている（＋）	2
	ひらがなが多用されている（－）	5	漢字・漢語が多用されている（＋）	9
	難しい文法が用いられている（－）	1	文構造が単純である（＋）	2
	難しい単語が用いられている（－）	1	難しい単語が用いられている（－）	1
			誤読可能性が高い助動詞が多く用いられている（－）	1
2. 文章のストーリーについての印象	ストーリーが非現実的である（－）	4	事実・現実について書かれている（＋）	3
3. 文章と専門分野との関連についての印象	読み手の想像力を必要とする展開になっている（－）	2	自分の経験と重なる内容がかかれている（＋）	4
	読み慣れた文体である（＋）	1	自分の専門と近い内容である（＋）	1
	自分の専門と近い内容である（＋）	1		
4. 文章の描写方法についての印象	文学的な表現が用いられている（－）	1	情報伝達が目的のさっぱりとした書き方である（＋）	3
	比喩が多用されている（－）	1		
	描写が丁寧である（＋）	1		

示す。

「1. 文章の文法・単語・表記についての印象」カテゴリでは、方丈記はプラス評価、竹取物語はマイナス評価にかかわる指摘が多くあった。中でも表記にかかわる部分は対照的な結果となっている。方丈記については「漢字が多い、というか名詞の形とか動詞も、漢字で書いてある方が理解しやすいっていうのがあるんですよね。」（F）などのように漢字表記が読み手の理解を助けていることが指摘された。一方、竹取物語については「全部漢字だったら迷い

なく後ろへ読みますが、でも、こういうふうな表記（ひらがなが連続する表記）がよくあります。一部だけ漢字とか。ひらがなが並んでくると難しく感じる。」(C) のようなひらがなの連続が読み手に困難を感じさせることがうかがわれる指摘があった。単語や文法の難易に関する評価は意見が分かれた。

「2. 文章のストーリーについての印象」カテゴリでは、方丈記は全てがプラス評価で、竹取物語は全てがマイナス評価であった。「現実的じゃない、それもあると思うんですよね。ただ読んだだけで昔の話だってだけなら、今読んでも理解ができるけど、このぐらいまで行くと。明るさ10倍。雲に乗って、とかこの部分からはやっぱり文学的テキストかなっていうのがやっぱりあって。」(F) のように、竹取物語の架空のストーリーがわかりにくいとする指摘が多くあった。「物語は何でも起こる可能性がある」(D) ところにストーリー把握の難しさがあるようだ。これに対し、方丈記については「その情景（火事）が前より（竹取物語の月に帰る話より）ずっと考えやすいから。」(E) のように、事実が話題であるため、自分の経験や知識からストーリーが想像できることが指摘された。

「3. 文章と専門分野との関連についての印象」カテゴリでは、協力者の専門分野に関係するプラスの指摘があった。仏教絵画を専攻するHは、竹取物語について「私の場合なんかこれ見て、また美術を考えちゃって。仏とか降りてくるとき来迎図というのがあって、仏とか菩薩とか、なんとなくそんな感じになっちゃって。イメージがすごくわいた。」と述べた。一方、歴史学を専攻しているBは、「研究テーマなので江戸時代の公家の教育。それはもともと、大学寮は公家の教育機関だから。この年に焼け落ちたって（知っていたからそれに関する記述かと思った）。」と述べ、方丈記にプラスの評価を示した。また、研究で読み慣れている資料と文体が近いという点で、竹取物語にプラスの評価があった。内容・文体に対する印象は、専門分野の影響を受けることがうかがわれた。

「4. 文章の描写方法についての印象」カテゴリでは、方丈記は事実を飾らずに簡潔に書く書き方についてプラス評価があった。一方竹取物語はマイナス評価にかかわる指摘が多くあった。「こっちのほう（方丈記）が叙述的ではなくて、基本的に事実のことを結構簡単にさっぱりと書くという書き方。こ

ちらのほう（竹取物語）が描写するということなので、意味を通してわかるのはこっち（方丈記）がたやすいかな。」(B) などである。また、竹取物語については「光とか説明するところは比喩的なところが結構あって、人の毛の穴が見えるとかそういう説明があって。［中略］こういう状況、想像しないとわからない。」(F) のような比喩表現が理解しにくいとする指摘があった。ただし、「これ（竹取物語）は見てて描写が丁寧なのですぐイメージできる。天から降りてくる人とか。」(J) のように竹取物語の丁寧な描写がわかりやすいという指摘もあった。全体的には、事実を装飾のない文章で記述する方丈記のほうが読みやすさの点で肯定的に評価されていた。

　総合すると、竹取物語はプラス評価にかかわるカテゴリは5つ、マイナス評価にかかわるカテゴリは7つであった。そして、方丈記はプラス評価にかかわるカテゴリは8つ、マイナス評価にかかわるカテゴリは2つであった。方丈記のほうが読みやすさの点で肯定的に評価できる要素が多いと言える。また、協力者に「どちらの文章がわかりやすかったですか」と全体の印象について尋ねたところ、10名中9名が方丈記のほうがわかりやすいとした。竹取物語を選んだ1名 (J) は理由として研究で読む資料に似ているからとした。全体的に、方丈記のほうがわかりやすいという印象が持たれたようだ。

読解の際に感じる理解・推測の限界
　B）読解の際に感じる理解・推測の限界のカテゴリには、「5. ひらがな表記による混乱」、「6. 古典語と現代語の対応関係に起因する理解・推測の限界」、「7. 古典日本語文特有の性質に起因する理解・推測の限界」の3つのサブ・カテゴリが含まれる。

　「5. ひらがな表記による混乱」の発話例は「ひらがなの区切りは、最初はあんまり詳しく（文法的な）区切りをしなかったので、どういう意味？って全然わからない。漢字のほうは区切り、すぐにわかります。これ（ひらがな表記の部分）は、えっと、どれとどれ？一つの言葉はどこまで？って分析しなければわかりません。」(E) のような文法的な切れ目の推測が難しいという発話や、「例えばここ（竹取物語の一部）は難しかった。ものにおそはるる、最初は恐るだと思ってたんですが、でも、襲うだと思って。」(C) のようなひらがなにど

のような漢字が当たるかわからず悩んだという発話があった。表記がひらがなであることによる混乱が指摘された。

「6. 古典語と現代語の対応関係に起因する理解・推測の限界」の発話例は、「(『西北(いぬゐ)』について)ふりがな読んだので場所の名前だと思った。方向でしたね。」(A)のような歴史的な読み方を示したふりがなとその漢字の現代語での読み方の乖離に対する戸惑いを示す発話や、「立連ねたり、(この言葉は)現代日本語にもあるかもしれませんがちょっとわからない。(この部分は現代語の)立つで、(でも)つらねが・・・。」(I)のような、語の一部分は理解できても全体は理解できないという、現代語からの推測の限界を指摘する発話があった。また、「かとよ、あんまりわからなかったけど『か』があるから、それと確定できないって意味かな、でもそれも変だなあって思って。」(H)のような古典語に対応する現代語の予想はついても確証が持てない迷いを示す発話があった。古典語の意味を現代語の知識を用いて推測・理解しようとすることの限界が指摘された。

「7. 古典日本語文特有の性質に起因する理解・推測の限界」の発話例は「そういう(助動詞の意味に関する)確かな記憶がしっかりしていたら、その知識をもっと使います。今日は確かな記憶がないので。」(D)のような、古典日本語文特有の助動詞の知識が不完全であるため、意味が確定できないことに関する指摘や、「一番難しかった悩んだところはたぶんここ。この主語は何かわからなかった。」(A)のような主語が明示されていないため行為主体が把握できなかったことを示す発話があった。また、「イメージできないんですよ。朱雀門は都のおっきな門だけど、すぐにはわかんない。(門の実際の姿が)思い浮かばないです。」(J)のような朱雀門が都の門であることまではわかっても、門そのものの外観や町の中での様子がはっきりとイメージできないといった、時代背景や文化についての知識不足から十分なイメージが得られないことについて限界を示す指摘があった。古典日本語文特有の性質に起因する理解・推測の限界が指摘された。

彼らの発話から、現代には存在しない言葉や文化を理解しようとする際の基軸は現代にあることがわかる。そして、現代の視点から古典日本語文の内容を理解しようとする際に生じる限界を彼ら自身が認識していることがわかる。

古典日本語文読解の方法に対する認識

　C）古典日本語文読解の方法に対する認識カテゴリには、「8. 漢字への注目」、「9. 現代語重視」、「10. 古典文法知識活用個所の予見」、「11. 読解経験から得た技術の利用」、「12. 最終段階での母語知識の利用」の５つのサブ・カテゴリが含まれる。

　「8. 漢字への注目」の発話例は、「文章を最初にわっと見たら、まず漢字。」(H) のような、漢字だけが先に目に入ってきてしまうことが中国語を母語とする協力者たちによって指摘された。しかし、同時に「漢字を見て、日本語の意味は中国語と通じるかもしれない。でも通じるかもしれませんが必ずしも正しいとは限らないので、前後の文脈を読んで（確認します）。」(D) のような中国語の意味にとらわれて意味把握を誤ることがないよう注意するという漢字への警戒を示す発話[11]も共通して確認され、漢語に対する慎重な姿勢がうかがわれた。また、「（望月という語を知らないが）最初の漢字がなくても意味がわかる。月。」(I) のように、日本語の語彙としてわからない場合に個別の漢字に注目して意味を推測することが指摘された。古典日本語文理解における漢字への注目が語られた。

　「9. 現代語重視」の発話例は「（現代語と古典語で細かい違いはあるが）でも結局現代日本語と思って（読解にあたる）。」(B) のような、古典語を大きく「日本語」としてとらえ、現代日本語を読むような感覚で読むという認識が語られた。また「（古典語の意味が）現代語からどれほど距離があるのかっていうそれを考えながら、これは（現代語と意味が）どのぐらい違うかなって（把握しながら読んでいく）。」(F) のような、現代語と古典語の類似性、非類似性を相対的に意識しながら読む読み方について指摘があった。さらに「私は（古典語を読む時はいつも）絶対現代日本語が（頭の中に）出てくる。古典日本語から現代日本語に訳す。（この方法は理解が）速いです。」(E) のような、現代語知識を利用して読んだ場合の処理スピードの速さについて指摘があった。また、「（現代日本語で）わかる部分を必死に考えて。前の分からない部分とつなげて、つながるように。」(E) のような現代語知識でわかるところだけで理解の大枠を作る作業が行われていることも語られた。さらに、「（古典語を読む時は）英語（母語）あまり考えないようにします。」(A) のような母語を介在させないで読む方法を

意識的にとっていることも複数指摘があった。このような方法を取る理由についてDは「私が重視しているのはこの（現代日本語と古典日本語の）つながりです。わたしからみれば、現代中国語（母語）と古典日本語のつながりは私にとって意味がないんです。」と述べ、古典語と現代語を連続させてとらえることにこそ意味があるという認識が示された。また「これ（二つの課題文）読んでいる時は、全然（頭の中に英語が想起されることが）なかったですね。」（C）のような、母語翻訳法で学んだにもかかわらず自らの読解活動に母語が出てこなかったことについて意外性を述べる発話もあった。母語翻訳法による学習をした協力者のうち中国語以外の言語を母語とする協力者のC、Iはともにこのような指摘をした。その理由を尋ねたところ、「（母語翻訳法で習った）でも、（考えてみれば日本語を解読するのに）ヨーロッパの言語は全然役に立たない。」（I）と述べ、これが自然であろうとの認識が示された。彼らが現代語の知識を重視し、活用していることが語られた。

「10.古典文法知識活用個所の予見」の発話例は「（現代語のように読んで）理解できないところは古典の文法を使おうって。［中略］理解できる部分は全然古典の文法考えない。で、なかなか難しいなって思うと、ここはきっと古典の文法だと思って。で、なんか、必死に考えて。」（J）のような、現代語による読み替えで意味がとりにくい部分に古典文法を使ってみるという指摘や、「漢字がないところは（古典文法の助動詞の知識を）使うことになると思います。」（C）のようなひらがな表記の所で古典文法を使うという指摘、さらに「それは（古典文法の助動詞の知識を使うのは）ほとんどそのような語尾（文末）の所。」（C）のように文末に現れる助動詞を意識して読むことが指摘された。彼らの発話から、古典文法の知識としては主に助動詞の知識が理解過程において中心的なものと位置づけられており、その知識を用いる場所に予測がたてられていることがわかった。

「11.読解経験から得た技術の利用」の発話例は「日本語もわかったけど頭の中で同時に（情景を）イメージする。」（A）のような、できるだけ情景をイメージをしながら読む方法についての指摘や、「これは何だろうなって思わなかったわけじゃないけど、ほかの部分で理解できたからもういいかなって（読み飛ばす）。重要じゃないかなって。」（H）のような重要性を判断して、重要では

ない部分は深入りせずに読み飛ばす方法が指摘された。また、「まずは時間が出てきて、あ、また物語かなと。時間、場所、人物とかそういう流れで読んでみた。」(E)のようにストーリーを追うために時間、場所、登場人物に注目する読み方について指摘があった。さらに「(望月という語がわからず、漢字表記から何らかの月であると理解したが) なんとなく文脈で理解して満月かなって。すごく明るいってことで、満月かなっと。」(J)のように、完璧には把握できなかった言葉や表現の意味を文脈を用いて補おうとするストラテジーについても語られた。読解経験から得た技術を古典日本語読解にも使用していることがうかがわれた。

「12.最終段階での母語知識の利用」の発話例は「難しいところ見ると英語で何かなと思って(対応する表現を考えた)。」(A)のような、現代語や古典文法の知識で補いきれないところについて母語で対訳を考え理解しようとするという発話や、「最後に3段階で(読解の最終段階の仕上げとして)、韓国語に読んでいきました。読んだら、現代日本語でやった時、理解した時に間違えたことに気付いて。」(J)のような現代日本語で解釈した後、仕上げとして母国語に翻訳をし、チェックをするという指摘もあった。このような指摘はJだけであったが、Jは「完璧な解釈」を作り上げなければいけない場合に、現代語で理解した後、母語に翻訳し、日本語で表現されることを韓国語で表現するとどうなるかを確認すると述べた。「普段はここまでしない」と述べ、目的による読解法の使い分けがうかがわれた。母語知識は最終的な段階で、わからない意味の推測や全体の確認に用いられていることがわかった。

読解の認識の分析から、現代語知識を重視し、漢字に注目する読み方が確認された。また、母語知識や古典文法の知識は限定的に用いられていることが示された。

5. 古典日本語文認知過程に基づく学習支援

5.1 古典日本語文理解における語句の意味推測の傾向

4.1の分析から、古典日本語文読解における個別の表現の理解過程では、現代語知識、古典語知識、専門知識、母語知識、生活知識、漢字知識の6つの

既有知識を情報源とする意味の理解・推測、及び読み飛ばしが行われていることがわかった。数量的な分析の結果、どちらの文章も現代語知識が多く利用されていることがわかり、現代語によって解釈の全体像を形作る現代語参照法の実態が明らかになった。これは、4.2で全ての協力者が示した、古典日本語文を「現代日本語を読むような感覚で読む」という認識と一致するものである。また、現代語を参照した読み方のプロセスを示した図6-1では、現代日本語知識で対応できない部分に他の既有知識を利用する様子が確認されたが、これは、「現代語による推測の限界」の認識とつながる。協力者によって取られているこのような方法は、海外の伝統的な母語翻訳法から見ると異質なものである。母語翻訳法で学んだ学習形態aの協力者からは、これが自然である、このように読むべきである、という認識が示されていたことから、協力者の中で現代日本語で古典日本語を解釈することの重要性が認識された結果、ある段階で母語翻訳法からの切り替えが行われたと推測される。また、ひらがなの連続がかえって意味推測を阻害しており、漢字の使用が古典日本語の意味推測を助けるという認識が共通して示されていた。漢字圏学習者だけではなく、非漢字圏学習者にとっても漢字は語句の意味推測において重要な意味を持つと言える。

5.2　外国人研究者の視点から見たわかりやすい文章

　統計的分析では文章によって用いられる既有知識に差が見られた。現代語知識は竹取物語のほうが、漢字知識は方丈記のほうが有意に高い結果となっていた。彼らが現代語知識を最もよく用いることは4.1で見たが、4.2の文章の記述、内容に対する印象の分析では、漢字表記が読みやすさに影響を与えることが示されていた。これは、現代語知識を多く用いる文章が単純に読みやすい訳ではないことを示している。国語教育において和文の竹取物語は小学校の段階から教科書で多く採用[12]され、古典教育では入門の定番と位置づけられるものである。外国人学習者向けの古典日本語教科書でも竹取物語を始め、国語教育で取り上げられる文学作品と類似したものが選ばれる傾向がある[13]。しかし、古典日本語文献を研究資料として扱う外国人学習者への教育は、国語教育と対象も目的も違う[14]ことを考えると、教材にふさわしい文

献も異なるはずである。本研究で示された、ひらがなを多用する和文よりも和漢混淆文のほうが語の意味推測の点では理解しやすい、という協力者の認識は、教材選定の一つの指標になる可能性がある。

5.3 現代日本語を積極的に活用した支援

　現代語知識を重視し、利用する傾向を踏まえ、国内で古典日本語文献を用いた研究を行う学習者への教室における支援について考察する。

語彙の学習支援

　現代語参照法がとられていたことから、古典日本語文の意味を理解するためには、この方法を適切に機能させる支援、すなわち学習者が現代語との紐づけをより適切に行えるようになるための支援が求められている。この方法で軸となるのは現代語の語彙知識である。古典日本語文献には日本語能力試験 N1 レベルではカバーされない語句が多くある。課題文中の「望月」、「塵芥」、「連ねる」は、協力者が意味推測に時間がかかった語であるが、これらが現代語として使われていることを知らない者がいた。古文特有の語句はもちろんであるが、それに加えてこのような現代語日本語教育では出会う機会が少ない語を取り上げ、対応する現代語を合わせて学習していく必要がある。

現―古の対応把握を促す支援

　図 6-1 で見られたような形で、教室において文を語句ごとに区切り、現―古の対応関係を一つ一つ確認することは有益だろう。これにより、現代語知識が利用可能な部分とそうでない部分が明確に把握できる。そして、ここには文法の知識が使えそうだ、というように意味推測に用いる既有知識について考える練習を行い、学習者自身である程度予測が立てられるように支援すれば、読みの効率化への貢献が期待できる。特に、古典日本語の体系的な学習を欠いている学習形態 c、d の学習者には、文の理解の仕方と新たに学ぶべき語句が明示される点でこの方法は有益だろう。また、日本で研究を行う学習者の場合、所属コミュニティーで現代日本語による解釈内容の発信が求められることが多い。現―古の対応を把握に基づき、現代語による解釈構築を

促すこの方法は、国内の学習者の実情にも即している。特に、母語の翻訳で学んだ学習形態 a の学習者にとっては、古典日本語を現代語で表すとどのようになるかが明示される点で助けになるだろう。以上の二つの点は、学習者が語句の意味と文構造を理解し、その内容を国内研究コミュニティーにおいて発信することについて、一定の有用性があると考えられる。

学習者の属性に応じた支援

　多様な背景を持つ学習者への対応を考えた場合、上記に加え、それぞれの属性に応じた支援も必要である。母語の観点では、中国語母語話者が漢字に注目しつつ、それに対し慎重な姿勢をとっていたことに注目できる。彼らの場合、漢語が多くなると文章が理解しやすくなるだけでなく、意味把握を誤る可能性を高めると認識し、警戒している点に、より正確に文章を読もうとする研究者ならではの姿勢がうかがわれる。教室では、中国語と日本語の意味の差を丁寧に扱うといった漢語に対する細やかな支援が必要になる。また、学習形態の観点では、過去に行ってきた学習の形態によって支援の際に重点を置くポイントが変わる可能性がある。そして、専門分野の観点では、日頃研究で読み慣れている文体と課題文の読みやすさの関係が見られたことから、この点を授業で取り上げる教材の選定に反映させることが考えられる。

　これらの中で、最も対応が難しいのは専門分野についてである。教室において一人の支援者が多様な専門性に個別に対応するのは困難である。しかし、これを無視した画一的な方法では、実情に即した支援は行えない。支援者には学習者の研究テーマや扱う資料を把握し、その時々の学習者の実情に合わせた教材選びを臨機応変に行う姿勢が求められる。専門に関する知識は支援者よりも学習者のほうがはるかに深い。支援者は言葉の理解について知識を、学習者は専門分野にかかわる知識を提供し、双方が共同して文章の理解を進める活動が求められる。授業に参加する個々の研究者一人一人の知識と支援者の知識を集めて、教室全体の理解につなげていく授業デザインが必要になると考えられる。

　本章では、古典日本語資料の読解経験を持つ学習者を対象に、古典日本語

文理解における語句の意味推測過程の実態、及び読解活動に対する認識を発話思考法とインタビューの分析を通して明らかにした。その上で彼らの認知過程を踏まえた支援について考察した。学習者の古典日本語文認知過程においては、母語知識の利用は少なく、現代日本語知識が最も多く利用されていた。母語による対照、翻訳によって古典日本語文章を理解する教育を受けた者も含め、実際の解釈において、母語ではなく現代日本語の知識のほうをより利用している実態が明らかになった。

　次章では、今までの調査・分析からその必要性が示された「現代語参照法」について、古典日本語の習得の点から考察を行い、彼らの理解について総合的に考察する。

[注]

1──「入門」という名称のクラスであったが、学習歴に関係なく、古典日本語読解能力が研究遂行には不十分であると認識している（自分は初級レベルだ、基礎の定着が不十分だと認識している）学習者が参加していた。古典日本語学習におけるレベル分けの基準は、今後の検討課題の一つである。

2──古典日本語文章における文体の全体像は、和文脈と漢文脈を両極に配置して、そのグラデーションによって描かれる（古田島 2013）。和文脈と漢文脈は異なった文体的特徴を持つため、本調査では、国語の古典教育、海外の入門教科書で入門文献として取り上げられているものの中から、「和文脈の色彩」が濃いものと「漢文脈の色彩」が濃いものの二つを取り上げた。

3──調査シートは、A4の紙に課題文が印刷されたもので、課題文①（竹取物語）と課題文②（方丈記）の、合計2枚である。課題文の表記はふりがなも含め高校国語科の教科書（竹取物語：『国語総合古典編』東京書籍、方丈記：『精選古典』大修館書店）に従った。

4──単語の認定は日本語歴史コーパス http://pj.ninjal.ac.jp/corpus_center/chj/ の区切りを参考にした。

5──例えば、本文をそのまま読み上げている部分や短い沈黙を経て後続部分の解釈に移ってしまった個所などが該当する。

6──調査では、例えば、協力者は寿司の「穴子」が好物で、「穴」という漢字を見るといつも寿司ネタの穴子が想起される、といった本文の解釈に直接関係しないものも観察されている。このようなデータはこの段階で整理し、本文解釈に直接かかわる情報のみをまとめた。

7──古典語の「いにしへ」は未知語であった。Bはこれに出会う前に現代語で書かれた小説や随筆などで「いにしえ」に出会っており、「昔っていう言葉の古っぽい、かっこい

い言い方」と認識していた。なお、協力者A、Jも同様の認識を示した。
8 ── このような、現代語への単純な置き換えとも受け取られる部分は、フォローアップインタビューで、どのような既有知識を情報源として意味を理解・推測したか確認した。
9 ── 助動詞「し」（過去の助動詞「き」の連体形）を認識せずに読み飛ばしている。フォローアップインタビューではJはこれについて、見えてはいたが考えなかったと述べた。
10 ── 算出に当たり、中国語母語話者の漢字知識については明らかに中国語の知識による処理が行われていると判断できた場合（中国語の語彙や慣用表現等を考えた、漢字の日本語読みは全く想起されず簡体字や中国語の発音が想起された、等）は母語知識としてカウントした。それ以外（簡体字が想起されると同時に日本語読みが想起された、中国語でもわかり同時に日本語でもわかった、等）の場合は漢字知識と母語知識それぞれに0.5ポイントずつカウントした。なお、韓国語母語話者についてもこれに準じた処理を行った。
11 ── 本調査に並行し、古典日本語資料読解経験がない中国人研究者（N1取得者：社会学専攻）2名と韓国人研究者（N1取得者：文化学専攻）を対象に同じ調査を行った。結果、前者には漢字表記への慎重な姿勢は観察されず、漢字だけを追って意味を取っていく、漢字表記に強く依存した形が観察された。また後者は、漢字だけに注目して読む読み方は観察されなかった。
12 ── 小学校国語科教科書における古典教材については、加藤（2013）に詳細な記述がある。
13 ── 筆者の聞き取り調査による。例えば、Shirane（2007）、足立（2003）等。
14 ── 国語教育では、現行の学習指導要領において伝統的な言語文化に関する指導の重視が明記され、児童生徒が「古典に親しむ」ことが目指されている。

学習者の古典日本語の理解

第 7 章　古典日本語の習得と現代語参照法による理解

1. 調査結果の総合的考察

1.1 現代語参照法

　第2章の調査の通り、主に海外では、母語による翻訳法が古典日本語教育の主流であった。それには一定の実績があり、それらを否定するものではない。しかし、この方法で学び、日本にやってきた学習者には、古典日本語を母語の翻訳によって理解することに違和感が持たれており、この違和感は母語翻訳法による教育システムの中では解決されないことがわかった（第4章）。また、第5章では、母語翻訳法で学んだ学習者が、この方法から、現代日本語を参照して意味を理解する方法へ学習方法の切り替えを行っていることが明らかになり、「現代日本語によって古典日本語を学びたい」というビリーフが持たれていることがわかった。そして、第6章では、古典日本語文の実際の理解過程では、母語の知識はほとんど用いられず、現代日本語の知識が最も多く利用されていることが明らかになった。これらの結果には、「現代日本語の知識を参照して読解する」ことに対する学習者の強い確信が示されていると言える。この方法が、古典日本語の理解に大きな利益を生むことを彼らは経験的に知っていると考えられる。彼らの学習法選択の背景には何があるのだろうか。

1.2 第三言語の習得における第二言語の影響

　母語以外の言語の習得は、従来広く第二言語習得研究の枠組みで議論されてきたが、近年は、第3の言語の習得を、「第三言語習得研究[1]」として独立させた研究がなされるようになってきた。この分野では、学習者の母語（L1）と、第二言語（L2）、第三言語（L3）を厳密に区別し、この三者の関係を主に研究対象とする。近年では、L2がL3習得に大きな影響を与えることが明らかになっており、Hammarberg（2001）は、その要因として、L2とL3の関係が類型学的に近い場合にL2の影響が好まれるという「類型学的類似性（typological similarity）」、学習者が高いL2能力を持つ場合L2の影響が好まれるという「習熟度（proficiency）」、そして、学習者がL2使用環境にあるなどでL2がアクティベートされやすい場合にL2にアクセスしやすいという「最近の使用（Recency）」の三つを挙げている。学習者の母語と、現代日本語、古典日本語の関係を、広く第三言語習得がいうL1、L2、L3の関係ととらえれば[2]、第4章から第6章で見られた現代語使用の傾向は、これら3つの要因の影響として説明でき、学習者が現代日本語知識を利用する方法は理にかなっていると言える。そもそも、第三言語習得研究は、話される言語（Spoken language）である現代語を対象としたものであるが、Wood（2011）は、話されない言語である古典言語の教育についてこの考えを援用している。スペイン系アメリカ人へのラテン語教育について述べたこの研究では、学習者の現在の第一言語である英語を用いた教育ではなく、学習者が過去に使用していたスペイン語とラテン語との類型学的類似性を利用した教育によって、ラテン語能力を向上させた事例を報告している。このように、古典言語の教育のよりどころとしても第三言語習得の知見は用いられてきているが、第三言語習得の分野においても、古典言語の理解における古典言語と既得言語の影響関係については、まだ明らかにされていない。

1.3　古典日本語習得過程にかかわる学習者要因と学習環境要因

　学習者の古典日本語の習得には、どのような要因が影響を与えているのだろうか。第3章から第6章までの調査研究は、国内学習者の古典日本語習得過程にかかわる学習者要因と学習環境要因の一部を明らかにしている。これ

らを林（2006）[3]に従って項目別に整理すると、以下のようになる。

【学習者要因】
1. 動機・態度
   日本での学位取得を目指す、将来日本研究者になる、等の動機を有している。
2. 学習ストラテジー・学習スタイル
   現代語を参照した読解、学習を行っている（第4章、第6章）。
3. ビリーフ
   現代語を参照して学習したい、そうすべきだというビリーフを有している（第5章）。
4. 母語
   国内に留学する学習者の国籍は多様であるため、学習者の母語は共通していない。
5. 教育経験
   現代日本語については、独学を含め、長い学習経験を有する（第6章3.）。

【学習環境要因】
1. 教授法
   確立した方法はないが、国内の授業実践報告からは、現代語媒介の国語教育に類似した方法がとられていると推測される（第2章2.）。
2. 教材
   日本語母語話者向けの古典教材や、研究で必要な資料が用いられている（第3章1.1）。
3. 教育機関／時間数
   国内では体系的教育があまり提供されておらず、独学、勉強会、チューターによる指導が行われている（第3章1.1）。
4. 他の学習者
   研究環境では、日本語母語話者の学生と共に研究を行っている。
5. インフォーマル場面での目標言語との接触

古典日本語を話し、聞く環境ではないが、現代日本語環境（JSL 環境）にあるため、現代日本語との接触は頻繁に行われている（第 5 章 4.）。
6. インフォーマル場面での目標言語話者との接触
古典日本語話者ではないが、現代日本語環境（JSL 環境）にあるため、現代日本語話者との接触は頻繁に行われている（第 5 章 4.）。

以上の結果を海外教育機関における習得の場合（第 3 章 2.3）と比較すると、JSL 環境と JFL 環境の違いが学習法選択に影響を与えている要因の一つであることがわかる。では、この学習者を取り巻く環境は、学習者の考えにどのような影響を与えているのだろうか。

1.4 学習者の社会的アイデンティティー

第二言語習得研究の分野では、第二言語学習者の個別特性の一つとしての社会的アイデンティティーに注目し、その重要性を指摘した研究が多くある（Larsen-Freeman 2001、Peirce 1995、Siegal 1996 等）。

第二言語学習者の社会的アイデンティティーは、第二言語のコミュニティーにおける学習者の生き方の変化に影響され、母語話者とのインターアクションを通して構築されていく動的、可変的なものである（嶋津 2006）。第 5 章では、母語翻訳法から現代語参照法へと学習行動を自ら変化させるプロセスが示されていた。現代語参照法を行うには、高い現代語能力が必要である。彼らの場合、生きた日本語コミュニティーの中で学ぶことで、現代語能力を獲得していったわけだが、この過程では常に「ネイティブの感覚」が意識され、「頭の中を日本人に近づける努力」がなされ、その過程で現代日本語の感覚は研ぎ澄まされていき、日本人的な思考様式も獲得されていた。この一連の過程は、異文化との接触により、新しいものの見方を学び、それを理解する新しい自分（複アイデンティティー[4]：Pluri-Identities）を創り出すプロセスであると解釈できる。池野（2017）は、人がある言語を使用する場合、その言語ごとに自己理解、文化理解の形は変わるとし、文化の数だけアイデンティティーが存在するとしている。さらに、池野は、ものごとを「日本語で理解する時、その人は日本語による概念、イメージと共に、日本語コミュニケーションを行

うという役割や習慣を負っている」とし、このような日本文化の影響を受けた社会的アイデンティティーを「日本語アイデンティティー」と規定している。また、窪田 (2005) は、外国語学習について、外国語の「実践の共同体」への参加を通して学習者の中に形成される新しい社会的アイデンティティーを「学習言語のアイデンティティー」と呼び、これについて認識を深めることが自分自身 (母語) のアイデンティティーを再認識する機会になることを指摘している。学習者の場合は、日本語の「実践の共同体」への参加を通し、母語話者レベルを目指して日本語・日本文化を学習することで、高いレベルの「日本語アイデンティティー」が形成されていったと言えるだろう。この形成過程では、母語話者の持つ日本語アイデンティティーに究極的に近いものが目指されている。そして、これは母語話者への同化が行われるわけではなく、池野 (2017) や窪田 (2005) が指摘するように、彼らの中に異文化を理解するアイデンティティーが新たに一つ獲得されたことを意味する。

　Peirce (1995) は、第二言語学習について「自己投資 (investment)」という概念を提示し、学習者の社会的アイデンティティーとの関係性を指摘している。Peirce によれば、学習者が第二言語学習に時間や労力を投資するのは、これによって得られる資源 (教育、友人関係、金銭等) があると認識しているからで、更にそれが最終的には自分の文化的資本を増やすと考えているからだとする。そして、この「自己投資」は、「実践の共同体」における学習者自身の地位の確立と結びついている点で、自らがこうなりたいと望む「社会的アイデンティティーに対する自己投資 (嶋津 2006)」でもある。

　国内の研究環境では、学習者は現代日本語による研究環境に置かれ (第3章)、周囲の日本人学生と自分を常に比較せざるを得ない状況にあった (第4章)。このような環境で、社会生活、研究活動を送ることを考えた場合、「現状をうまく生き抜く」という現状対処的な理由だけをとっても「日本語アイデンティティー」に投資する価値はあると言える。第二言語の習得は学習者を取り巻く環境とは切り離せない関係にある。このような現実の要請という点も、学習者が現代語を参照する方法に学習行動を変化させた要因の一つであると考えられる。しかし、学習者が、母語翻訳法から現代語参照法へと学習行動を変えていく背景には、「必要に迫られた」以上の、「このように読むべきだ」

というより積極的な価値判断が存在している。第5章では、以下のようなビリーフが示されていた（第5章 5.3）。

1) 彼らは、古典日本語学習を通し、自力で原典の深い理解（状況モデル形成）ができるようになりたいと考えており、それは研究者として必須のことだと考えている。
2) 彼らは、古典日本語文章の深い理解には現代語の深い知識を用いる必要があると考えており、自身の現代語の深い知識を活用し、推論活動を行いながら主体的に文章にかかわっていく方法で資料読解を行いたいと考えている。
3) 彼らは、言語を過去の研究対象に接近するための重要な道具ととらえており、学習において現代語と古典語を一つの言語として包括的に理解する視点の獲得を重視している。

これらは、全て、古典日本語の理解において現代語知識が有益であるという認識を示している。つまり、学習者の学習法選択の背景には、置かれた環境の要請だけでなく、古典日本語の理解についての学習者自身の積極的な価値判断がかかわっているのだ[5]。彼らの学習行動の選択には、現代語を介した場合の理解と、母語を介した場合の理解の違いが影響を与えていると推測される。

2. 言語間の違いと情報内容・情報構造の違い

　古典日本語文章の内容を、母語によって解釈するか、現代日本語によって解釈するかが、母語翻訳法と、現代語参照法との本質的な違いである。これは、古典日本語文章の内容（意図）をある言語によってどのように伝達するか、という問題でもある。解釈に用いる言語によって、理解は変わるのだろうか。言語が違っても、多くの場合、ほぼ同じ発話の意図を伝達することは可能である。しかし、言語間では、概念として伝える情報内容、情報構造についての違いがある。この点についてバイリンガルの言語処理に関する研究がある。

個別言語が固有に必要とする情報

　言語によって、言語処理の際に、必要とする情報には違いがある。バイリンガルの言語処理について、De Bot（2003）は、L2の処理について、Levelt（1993）の言語処理モデルにおける概念処理の段階に言語による違いが現れるとし（図7-1）、概念処理には、伝達のゴールを設定するマクロ・プランニングと、話者の伝達の意図の精緻化をはかるミクロ・プランニングの二つの段階があるとしている。日本語の習得の場合について小柳（2004）は、言語固有のプランニングとして、ミクロ・プランニング段階において、話者の視点や態度を形態素や統語レベルで符号化する処理があるとしている。

　例えば英語では、現在・過去・未来というテンスの情報や単数・複数の情報を必要としており、言語処理の際にはそれらの情報を保持しなければなら

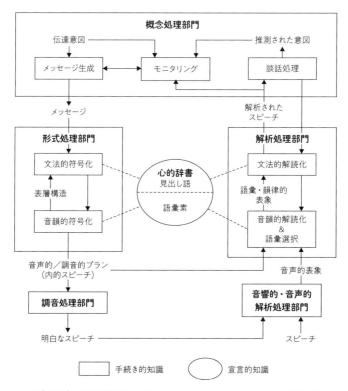

図7-1　Levelt（1993）の言語処理モデル　　　　　　　　（訳は小柳（2004）による）

ないが、日本語ではそうではない。一方、日本語では、ウチソトの関係、上下関係などについて、文法化された構造があるので、その情報が必要である。ウチソト関係などを必要としない言語では、それは全く伝えられないか、あるいは別の形でわざわざ表現しなければならないが、一般的な産出においてはそれらの情報伝達は行われない。

文化的差異に基づく意味の区切り方の違い
　個別の語の意味について、言語教育の便宜上「等しい」とくくられて提示されるものであっても、それが言語間で全く同じ意味だとは限らない。例えば、「手」は hand と翻訳されるかもしれないが、それぞれの持つ文化的背景から、それらが、あるコンテキストの中では「ほぼ同値」なものを示すことが可能であっても、その「意味するもの（概念）」は完全に同じではないことがある。また、英語の come が日本語では「来る」と同値であるが、しかし英語では聞き手主体に発話するので、日本語で「すぐ行きます」を英語では"I will come soon."ということが多いだろう。これらは、現実の世界をどのように解釈する（区切る）かの違い、つまり、世界分節の仕方の違い（平子 1999）であると言える。言語世界観説に基づく言語観に立てば、英語と日本語ではその言葉が切り取る意味世界が違うため、類似した対象を指す言葉であっても、別々の意味世界を創造している。このような文化的差異に基づく意味の区切り方の違いが、それぞれの語に存在していると考えられる。
　以上のような点が、現代日本語によって古典日本語を理解することに影響を与えていると推測される。

2.1 言語の学習・教育とは何か
　言語学習は一気に達成されるものではなく、必要とする目標言語の知識・能力が、言わば段階的に少しずつ「理想の」状態にまで移行していく過程である（武井 2005）。そして、言語の獲得・学習においては、語彙が重要な役割を果たしている（門田 2003）。Potter 他（1984）では、外国語学習段階によって、語彙の理解の形は変化するとされている。外国語学習の初歩では、目標の言語（L2）の語の理解は母語の辞書（L1）に関連づけて行われる。すなわち、L2

のある語は、母語の同値語を経由して、その概念の把握に至るが、次第にそれが変化し、L2 の辞書情報が独立し、上級者あるいは学習が完成した段階では、直接 L2 の辞書にアクセスし、L2 の語から直接その概念把握に至るとされている。外国語の単語と意味概念との関係を示した心的モデルとして、Word Association Model と Concept Mediation Model という二つが提案されている（図7-2）。つまり、初歩段階では、L2 は L1 に翻訳して理解されるが、上級レベルになれば、L1 に翻訳しなくても、L2 を直接 L2 として理解できるようになるということである。しかし、上級レベルに至るまでの、その途中の過程では、L1 と L2 の辞書は、部分的に関連づけられるものや、直接概念に至るもの中間的な状態となっている。すなわち、第二言語の習得においては、目標言語 (L2) の辞書をいかに L2 として正確なものにしていくか、言い換えれば L2 語彙とその意味概念との関係がどれだけ緊密になるか（門田 2003）が問題になる。

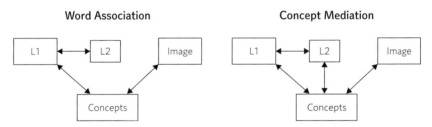

図7-2 Potter 他（1984）の -Word Association Model と Concept Mediation Model（Kroll 1993にもとづく）

　以上を踏まえると、古典日本語上級者の場合は、古典日本語 (L3) から概念への直接のリンクが確立されている状態であると考えられる。そして、古典日本語を学ぶ段階にある学習者の場合、この直接リンクの確立が目指されることになる。母語翻訳法と現代語参照法は、この、直接リンクの構築を目指す学習過程で取られる方法（学習法）としてとらえることができる。母語翻訳法は、母語 (L1) を経由させて概念把握に至る方法であり、現代日本語と参照法は、主に現代日本語 (L2) を経由させて概念把握に至る方法であると考えられる。Potter 他（1984）に習い、母語翻訳法、現代語参照法による古典日本語

の単語と意味概念との関係の図式化を試みたのが図7-3である。

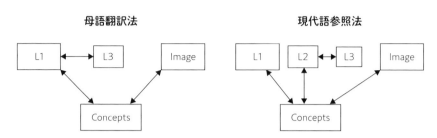

図7-3 母語翻訳法、現代語参照法による古典日本語の単語と意味概念との関係

2.2 第二言語教育と翻訳

　第二言語習得研究の分野では、外国語教育の立場から文法訳読法が否定されるのと軌を同じくしてL2学習における翻訳活動の存在が軽視されてきた。このため、第二言語習得研究の立場から翻訳を扱った研究はほとんどない（クック2010）。しかし、外国語教育における翻訳の果たす役割は確かに存在しており（クック2010）、近年は外国語教育の立場からもその効用が見直されてきている（山田2015）。そもそも古典日本語文は過去の言語で書かれたものであるため、現代語の日本語教育に見られる直接教授法の適用は難しい。古典日本語を学習している段階の学習者にとっては、解釈の際に母語であれ現代語であれ、何らかの言語による翻訳が学習活動として明示的にかかわることは避けられない。つまり、古典言語の場合、現代語学習に比べ、翻訳という行為が学習・教育においてより大きな部分を占めているのだ。このような翻訳の視点から古典日本語の教育や学習を研究したものは見あたらないが、図7-3で見た通り、学習過程における古典日本語の理解は、翻訳をベースにした二つのルートが考えられる。この点で、古典日本語の二つの翻訳（母語翻訳と現代語翻訳）を比較し、検討することには、外国人学習者の古典日本語学習を考えるにあたって、大きな意味があると言える。

3. 仮説

　一般的に考えて、古典日本語の習得のために、母語以外にいわば別の言語である現代日本語を習得し、第二言語によって新たな第三言語を理解するというのは、いかにも負担が大きく、遠回りの方法と見られる。教育の方法は、社会、学生、教師、学習環境といった現場の様々な要因の影響を受けて決定されていくものであるため、母語翻訳法もそれが効果的に働く現場があることは十分に考えられる（第3章2.3）。しかし、国内で日本研究を行う学習者たちは、これまで見てきたように、実際に現代日本語能力を高めるべく行動し、古典日本語の学習方法を変化させていた。これまでの結果を総合すると、学習法変化の背景には、彼らが置かれている環境の要請だけでなく、彼らの積極的価値判断があることがわかった。この背景には、現代語を用いて古典語を理解する場合と、母語を用いて理解する場合における理解の違いが存在していることが推測される。学習者のこの方法に対する強い確信の根拠は、現代語知識を用いた結果得られる理解像にあるのではないだろうか。以上のことから、次のような仮説を立てた。

　　仮説：高校を卒業したレベルの日本語母語話者の理解を基準とした場合、現代日本語の知識は、学習者の学習過程において古典日本語の理解にプラスの影響を与えている。

　この仮説を検証するため、第8章では、学習者が作成した現代語訳の調査と、翻訳理論に基づいた翻訳文の分析を行う。

[注]

1 ── Third Language Acquisition（TLA）。例えば、日本語母語話者が第二外国語を学習する場合などは、母語に次いで英語を学習した後、フランス語や中国語といった英語以外の言語を学習することが一般的である。この場合のフランス語や中国語は学習者にとっての第三言語に当たる。

2 ── 厳密に言えば、日本語の場合は、現代日本語の習得それ自体が第三言語（もしくはそ

れ以上）の習得であることが多い。学習者は、日本語の学習を開始する前に、英語やスペイン語などの言語を既に学習している場合が多い。

3——詳細は第2章4.を参照。
4——文化と人の複合化によって形成されるアイデンティティーの複数化（池野2017）を指す。近年、異文化理解教育の分野ではどのようにしてこの形成を促すかについて研究がなされている。
5——第5章のビリーフの他にも、第6章で「あえて母語を介在させないで読む」方法についての言及（第6章4.2）がある。

第 8 章　学習者の心的辞書とコード化に用いる言語の違いによって生じる理解の違い

1. 学習者の心的辞書における古典日本語形容詞と現代語形容詞の関係

　学習者は、古典日本語の語彙の意味を考える際に、実際に現代日本語知識を用いていることがわかった（第6章）が、現代日本語の語彙は、古典日本語の理解にどのように影響を与えているのだろうか。ここでは、第7章で提示した仮説の検証として、学習者対象に古典日本語文章の一部を現代語に訳す調査を行う。得られたデータを質的、量的に分析し、学習者の心的辞書における古典日本語語彙と現代語語彙の影響関係を明らかにする。

1.1　古典日本語形容詞学習に関する先行研究と本研究の位置づけ

　古典日本語語彙の理解に現代日本語語彙がどのように影響しているかは、国語教育において、主に学習参考書の分野で検討され、学習語彙の体系が整備されてきた[1]。しかし、これは日本語母語話者の立場からのものであり、外国人学習者の立場からこれを直接的に検討した研究は管見では見当たらない。学習者のための学習語彙大系の整備を視野に入れて、古典日本語語彙と現代日本語語彙の影響関係を調べていく必要がある[2]。

　春口（2007）は、古典文法授業の中間テストで出題した短文の現代日本語訳について、学習者が犯した助動詞に関するミステイクを分析しており、そこ

には、古典日本語語彙の理解に現代語語彙が影響していると見られる例がある。ただし、これは授業で学んだ助動詞の確認テストの分析であり、学習者は試験範囲の古典語助動詞を事前に十分に学習しているという状況下での分析である。学習者の心的辞書において古典日本語と現代日本語がどのように結びついているかを調べるためには、特別な準備がない状態で訳出されたものを観察する必要がある。

古典日本語の語彙学習の中心的な存在は形容詞である（鈴木2006）。ここでは、入門期の語彙学習において、学習優先度が高いと考えられる古典日本語の形容詞について検討する。

1.2　形容詞訳出調査

学習者を対象に、古典日本語文献の一部を現代語によって解釈する調査を行う。その結果を量的・質的に分析することを通して、学習者の心的辞書における現代語知識と古典語語彙がどのような関係にあるのかを明らかにする。

対象者

対象者は日本語能力試験N1相当の能力を有する学習者[3]27名である。うち15名は古典日本語学習の経験があり、12名はその経験がない（これから学習を開始する）者である。協力者の国籍は韓国、中国、オランダ、エジプト、ドイツ、ロシア、台湾である。

調査の内容

『高等学校新訂国語総合―古典編』（第一学習社）の『竹取物語』「かぐや姫のおひたち」の一部を読んで現代語訳する調査を行った。『竹取物語』の冒頭部分は多くの高等学校国語教科書に採用され、入門期の教育に使用されている。古典日本語学習の未経験者にまとまった内容の文章をすべて現代語訳することは負担が重く、大部分が未回答となる可能性が考えられたため、下記の3点に留意して現代語訳する部分をあらかじめ限定した[4]。さらに全体を通して話の筋が追えるよう、現代語訳対象外の部分については『新編日本古典文学全集』（片桐他1994）および、宮腰（1983）を参考に現代語訳を付した調査用紙

を作成した。

- 現代語に全く存在しない語（意味語）が含まれる部分、一文の中で主語の入れ替わりや主語の省略があるなどの文構造が複雑な部分は、採用しない。
- 話題転換や場面転換にかかわる部分は、それをまたぐ形で採用しない。
- 一度に現代語訳する個所は、連続3文までとする。

また、本文の表記は『高等学校新訂国語総合─古典編』に従ったが、漢字のふりがなについては対象が外国人学習者であることを考慮し、筆者の判断で適宜追加をした。また、語義の理解に歴史・文化にかかわる知識を必要とする語[5]については『高等学校新訂国語総合─古典編』、『新編日本古典文学全集』及び、宮腰（1983）で提示されているものを参考に注を付けた。

調査を開始する前に歴史的仮名遣いと用言の活用（現代語との違い）を簡単に説明した。また、回答に際し辞書類の使用は不可とした。調査時間は20分間で、筆者が調査用紙を配布し、回収する形を取った。ただし、遠方の協力者については事前説明の内容を文書化したものとともにメールにて調査用紙を送付[6]し、回答を得た。

分析方法

調査対象個所に含まれる形容詞は、「あやし[7]」、「苦し」、「腹立たし」、「うつくし」、「をさなし」、「かしこし」、「限りなし」、「久し」、「あし」の9語である。協力者作成の現代語訳から、これらの語に相当する部分を抽出し、『新編日本古典文学全集』、『全訳古語辞典』（旺文社）、宮腰（1983）の現代語訳と照合した。そして、各語について正しく訳出された率（以下、「正訳率」）を算出した。「正訳」の判断は、具体的に以下の3点に基づき行った[8]。

1. 『新編日本古典文学全集』、宮腰（1983）で採用されている現代語訳と一致しているか。
2. 『新編日本古典文学全集』、宮腰（1983）の語釈の内容と一致しているか。
3. 『全訳古語辞典』（旺文社）で規定されている意味[9]と一致しているか。

また、対象の語について訳出がなされていない（未回答）場合は誤訳としてカウントした。さらに、各語について、協力者の訳を質的に分析した。これらの結果をもとに形容詞のグルーピングを行い、学習経験の有無と各グループの正訳率について分散分析を用いて検討した。

結果
1) 正訳率

　各語の正訳率を表8-1に示す。各語は正訳率によって大きく3つのグループに分けられた。80％以上の高い正訳率を示した語は「苦し」、「あやし」、「腹立たし」の3語（グループ1）で、20％以下の低い正訳率を示した語は、「をさなし」、「うつくし」、「かしこし」の3語（グループ2）であった。また、約20％～50％の中間に当たる正訳率を示した語は、「久し」、「あし」、「限りなし」の3語（グループ3）であった。

表8-1　形容詞別の正訳率

対象語	経験者	未経験者	総合
苦し	100.0%	100.0%	100.0%
あやし	80.0%	83.3%	81.5%
腹立たし	86.7%	75.0%	81.5%
久し	46.7%	58.3%	51.9%
あし	46.7%	41.7%	44.4%
限りなし	20.0%	25.0%	22.2%
をさなし	20.0%	16.7%	18.5%
うつくし	20.0%	8.3%	14.8%
かしこし	6.7%	0.0%	3.7%

2) 協力者の訳の質的分析

　正訳率によって分けたグループごとに、協力者の訳を質的に検討した。

【グループ1】80％以上の高い正訳率を示した語群：「苦し」、「あやし」、「腹

立たし」このグループで、誤訳に相当したものは、全て該当部分の現代語訳を書いていないもの（未回答。12.3%）であった。協力者の訳の例を以下に示す。（下線は筆者。〇は正訳、×は誤訳を示す。）

- あやし
  本文：あやしがりて寄りて見るに、筒の中光たり。
  協力者訳：あやしく思って寄ってみたら、筒の中が光っていた。（〇）
- 苦し
  本文：この子を見れば、苦しきこともやみぬ
  協力者訳：この子を見ると、苦しいこともやんで（〇）
- 腹立たし
  本文：腹立たしきことも、慰みけり。
  協力者訳：腹が立つようなことがあっても慰められた。（〇）

 上記の例を見ると、ほぼそのままの形で古典語が現代語に移行されていることがわかる。

【グループ2】20%以下の低い正訳率を示した語群：「うつくし」、「をさなし」、「かしこし」(本文における意味はそれぞれ「かわいらしい」、「小さい」、「程度がはなはだしい」)
 協力者の例は、以下の通りである。

- うつくし
  本文：三寸ばかりなる人、いとうつくしうてゐたり。
  協力者訳：三寸ぐらいの美しい人がいた。（×）
- をさなし
  本文：いとをさなければ籠に入れて養ふ。
  協力者訳：とても幼かったので、かごに入れて養う。（×）
- かしこし
  本文：いとかしこく遊ぶ。
  協力者訳a：とても賢く遊ぶ。（×）

協力者訳 b：とても<u>たのしく</u>遊ぶ。（×）

　「うつくし」、「おさなし」の例に見られるような、古典語に形式上対応する現代語をそのまま書いた誤訳が誤訳全体の 44.4％ を占めていた。また、「かしこし」の協力者訳 b のように、本文の形容詞の形からは想像しにくく、意味からも関連が見いだせない、全くの別語が訳語として当てられているもの[10]も 18.5％ あった。

【グループ 3】約 20％〜50％ の中間に当たる正訳率を示した語群：「久し」、「あし」、「限りなし」
　協力者の例は、以下の通りである。

- 久し
  本文：竹を取ること久しくなりぬ。
  協力者訳 a：竹を取ることが<u>久しく</u>なった[11]。／竹を取ることが<u>長く続いた</u>。（○）
  協力者訳 b：<u>久しぶり</u>に竹を取った。（×）
- 限りなし
  本文：うつくしきこと<u>限りなし</u>。
  協力者訳 a：<u>限りなく</u>うつくしい。（○）
  協力者訳 b：いい事とは<u>限らない</u>。（×）
- あし
  本文：心地あしく、苦しき時も
  協力者訳 a：心地が<u>悪く</u>、苦しい時も（○）
  協力者訳 b：<u>うれしく</u>、苦しい時も（×）

　このグループは古典語に対応する現代語の形容詞が存在している（「久しい」、「限りない」、「悪しい」）が、これとは異なるさまざまな語が訳語として選ばれており、それらが誤訳全体の 39.5％ を占めた。グループ 1 と 2 では、現代語に形式上対応する形容詞がそのまま訳語として用いられる傾向があった

が、これとは対照的な結果である。例えば、「久しい」、「限りない」については、「久しぶり（6例）」、「限らない（2例）」のように形式の一部が類似しているが、意味の異なる別語の使用が確認された。また、「あし」については、ここに示した「うれしい（2例）」の他に、「いい（1例）」、「喜び（1例）」のような反対の意味を持つ語も確認された[12]。形式の点でも、意味の点でも親近性が高い現代語があるにもかかわらず、それが訳に反映されない結果となった。

上記の結果で注目すべきは、現代語に、形式の点でも意味の点でも親近性が高い語が存在しているにもかかわらず、正訳率が高くなかったグループ3の語である。このグループの例に見られた、「久しぶり」や「限らない」という語は、外国人学習者対象の日本語教育では、学習の初期で導入される基本的な表現・文型である。

3) 古典日本語形容詞に対応する現代日本語形容詞の旧日本語能力試験級

協力者は、第二言語として現代日本語を学んでいる日本語学習者であるため、彼らの理解には日本語教育を通して得た知識が影響している可能性が考えられる。旧『日本語能力試験出題基準』[13]（以下『出題基準』とする。）を用いて、各形容詞の現代語に当たる語の該当級を調べた。各語の正答率とともに示す（表8-2）。

表8-2 形容詞グループと旧日本語能力試験級

グループ	対象語	現代語	旧能力試験級	経験者	未経験者	総合
1	苦し	苦しい	2	100.0%	100.0%	100.0%
1	あやし	あやしい	2	80.0%	83.3%	81.5%
1	腹立たし	腹立たしい[14]	2	86.7%	75.0%	81.5%
2	をさなし	おさない	2	20.0%	16.7%	18.5%
2	うつくし	うつくしい	3	20.0%	8.3%	14.8%
2	かしこし	かしこい	2	6.7%	0.0%	3.7%
3	久し	久しい	1	46.7%	58.3%	51.9%
3	あし	あしい[15]	級外	46.7%	41.7%	44.4%
3	限りなし	限りない	級外	20.0%	25.0%	22.2%

結果、各グループの古典日本語形容詞には現代日本語形容詞との関係において以下のような特性があることがわかった。

- グループ1：古典日本語形容詞に、形式、意味の点で親近性が高い現代語形容詞が存在するもの（同語幹同義：古典語と現代語の語幹が一致し、かつ当該文脈において古典語と現代語の意味が一致するもの）で、旧JLPT2級以下［中上級］の語。「苦し」、「あやし」、「腹立たし」
- グループ2：古典日本語形容詞に、意味は異なるが形式の点で親近性が高い現代語形容詞が存在するもの（同語幹異義：古典語と現代語の語幹は一致するが、当該文脈において古典語と現代語の意味が一致しないもの）で、旧JLPT2級以下［中上級］の語。「をさなし」、「うつくし」、「かしこし」
- グループ3：古典日本語形容詞に、形式、意味の点で親近性が高い現代語形容詞が存在するもの（同語幹同義）で、旧JLPT1級以上［上～超上級］の語。「久し」、「あし」、「限りなし」

4）グループ別正訳数の数量的分析

それぞれの形容詞グループの正訳数についての記述統計量を表8-3に、正訳数の平均を図8-1に示した。正訳数について2（学習経験）×3（形容詞グループ）二要因分散分析を行った。学習経験は被験者間要因、形容詞グループは被験者内要因であった。その結果、形容詞グループ要因の主効果は有意であったが（$F(2.25)=86.45$, $p=.00$）、学習経験の主効果は有意でなく（$F(1.25)=0.10$, $p=.66$）、交互作用も有意ではなかった。形容詞グループ要因の主効果へのライアン法による多重比較の結果、形容詞グループ1の正訳数がグループ2とグループ3より高く、形容詞グループ3の正訳数がグループ2より有意に高かった。以上の結果から、グループ1＞グループ3＞グループ2の順に正確な訳出がされやすいことが示唆された。また、形容詞の現代語訳には学習経験の有無によって影響が見られないことがわかった。

表8-3 形容詞グループ別正訳数の平均と標準偏差

形容詞グループ		学習経験	
		有	無
1	M	2.67	2.58
	SD	0.47	0.64
2	M	0.47	0.25
	SD	0.62	0.43
3	M	1.13	1.25
	SD	0.88	0.92

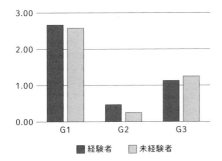

図8-1 形容詞グループ別正訳数の平均

考察

　古典日本語形容詞が、対応する現代日本語形容詞と形式と意味において親近性が高い場合、正訳率が高く（グループ1）、反対に、現代語と形式の点では親近性は高いが、意味の点ではそうではないものの場合、正訳率が低くなっていた（グループ2）。この結果は、学習者の古典日本語形容詞の理解には、それに対応する現代日本語形容詞の意味、及び形式の親近性が影響していることを意味している。現代語知識と古典語語彙の意味理解における影響関係を見ると、グループ1は、現代語知識の正の転移が、グループ2は、現代語知識の負の転移が行われたと解釈できる。

　また、古典日本語形容詞が、対応する現代日本語形容詞と形式と意味において親近性が高いにもかかわらず、正訳率が高くない語群（グループ3）があ

った。これらの現代語の旧日本語能力試験級は、「久しい」は1級、「限りない」と「あしい」は級外相当である。現代日本語語彙そのものが、外国人学習者にとっては難易度が高い（学習語彙としての優先度が低く、導入の時期が遅い）ものであることがわかる。また、「久し」を「久しぶり」とし、「限りなし」を「限らない」とする例が確認された。これは、意味の点からも品詞の点からも異なる別語であるが、これらの表現は日本語教育では初級から中級にかけて導入される、外国人学習者にとってはなじみのある表現である。以上のことから考えると、第二言語として現代日本語を学んだ者にとっては、単に対象とする古典日本語形容詞が現代語と形式・意味において親近性を有しているかどうかだけではなく、日本語教育上の難易度も、理解に影響していると言える。対応する現代日本語の語彙そのものの難易度が高い場合は、意味、形式の点で親近性が高い場合であっても、学習者の心的辞書内では関連づけは行われない。このような場合には、形式上の類似性を持つ、日本語教育上の難易度が低い別の語や表現に関連付けが行われ、古典日本語語彙の理解がなされる。

以上のことから、古典日本語形容詞の理解は、対応する現代語形容詞の形式、意味の親近性に加え、対象となる現代語形容詞の日本語教育における難易度の影響を受けていることが示された。

1.3　古典日本語形容詞の学習語彙

1.2で提示した形容詞のグループ分けをもとに、下記の作品について語彙の調査を行い、その結果を質的、量的に分析する。そして、この結果をもとに、古典日本語形容詞と現代日本語形容詞の影響関係を整理し、外国人学習者のための学習語彙の実態を明らかにする。

対象作品

『国語総合―古典編』（7社）の中から、和歌、漢文を除く古典日本語作品で3社以上の教科書に共通して採用されているものに、海外の教材や授業実践でも多く用いられている『源氏物語』[16]の冒頭部分（筑摩書房『新編古典』「光源氏の誕生」）を加えた、合計24編を分析の対象とした[17]。分析には、『高等学校国

語総合古典編』（三省堂）[18] を用いた。

分析対象作品　「　」：教科書の作品名、（　）：『新編日本古典文学全集』該当箇所
- 『宇治拾遺物語』：「児のそら寝」（十二 児の掻餅するに空寝したること）／「絵仏師良秀」（六 絵仏師良秀、家の焼くるを見て悦ぶ事）
- 『十訓抄』：「大江山」（三ノ一）
- 『竹取物語』：「かぐや姫の生い立ち、かぐや姫の成長」（かぐや姫の発見と成長）／「かぐや姫の嘆き」（かぐや姫の発見と成長）
- 『伊勢物語』：「芥川」（六 芥河）／「あづさ弓」（二十四 梓弓）／「東下り」（九 東下り）／「筒井筒」（二十三 筒井筒）
- 『徒然草』：「つれづれなるままに」（序段）／「花は盛りに」（第一三七段）／「丹波に出雲といふ所あり」（第二三六段）／「九月二十日のころ」（第三十二段）／「名を聞くより」（第七十一段）／「奥山に猫またといふものありて」（第八十九段）／「ある人弓を射ることを習ふに」（第九十二段）
- 『土佐日記』：「門出」（一 船路なれど馬のはなむけ）／「帰京」（四 帰着―荒れた家を見る悲しさ、小松）
- 『平家物語』：「祇園精舎」（巻一 祇園精舎）／「木曽の最期」（巻九 木曾最期）
- 『奥の細道』：「旅立ち」（一）／「平泉」（二八）／「立石寺」（三一）
- 『源氏物語』：「光源氏の誕生[19]」（きりつぼ）

調査の方法

　対象作品から形容詞を抽出し、対象となる語について『新編日本古典文学全集』、宮腰（1983）、及び、『全訳古語辞典』（旺文社）[20] を参照し、意味を特定する。次に、古典日本語形容詞と形式上対応する現代語形容詞を特定し、これらを 1.2 のグループ分けに従い、日本語教育における難易度（学習レベル）の観点と、対応する現代日本語形容詞の意味、形式の親近性の観点から分類する。なお、形容詞の抽出に際しては松浦・片岡・安倍（1991）を参考にした。

結果

　形容詞延べ183語（異なり94語[21]）を抽出した。グループ分けの結果、いずれにも属さない語群があったため、グループ4、グループ5として新設し、新たに5つのグループをまとめた。

- グループ1：古典日本語形容詞に、形式、意味の点で親近性が高い現代語形容詞が存在するもの（同語幹同義：古典語と現代語の語幹が一致し、かつ当該文脈において古典語と現代語の意味が一致するもの）で、旧JLPT2級以下［中上級］の語。
- グループ2：古典日本語形容詞に、意味は異なるが形式の点で親近性が高い現代語形容詞が存在するもの（同語幹異義：古典語と現代語の語幹は一致するが、当該文脈において古典語と現代語の意味が一致しないもの）で、旧JLPT2級以下［中上級］の語。
- グループ3：古典日本語形容詞に、形式、意味の点で親近性が高い現代語形容詞が存在するもの（同語幹同義）で、旧JLPT1級以上［上～超上級］の語。
- グループ4：古典日本語形容詞に、意味は異なるが形式の点で親近性が高い現代語形容詞が存在するもの（同語幹異義）で、旧JLPT1級以上［上～超上級］の語。
- グループ5：形式上相当する現代語形容詞が存在しない、または現代語が存在しても古典日本語から現代語への変化が大きく、形式の親近性が認められないもの。

　分類にあたり、古典日本語形容詞に対応する現代語が日本語教育上形容詞以外の品詞として扱われている場合も、形式上対応が明らかな場合はそれを対応する語とみなした。現代語の意味は、一般な用法を確認する意図で『新明解国語辞典』（三省堂）を、また、日本語教育上の基本義を確認するために『日本語教育語彙表 Ver.1.0』をあわせて参照した。品詞は、これらに加え『デジタル大辞泉』（小学館）、松下（2011）を参照した。分類結果を表8-4に示す。

表8-4 グループ別古典日本語形容詞一覧

( )は用例数。古典日本語形容詞の表記は出典に従った。[ ]内は、本文における意味を示す。

グループ	古典日本語形容詞[意味22]	現代語	旧JLPT級	古典日本語形容詞[意味]	現代語	旧JLPT級
1	赤し	赤い	4	高し	高い	4
	あやし	あやしい[23]	2	近し	近い	4
	うれし(2)	うれしい	3	辛し	辛い	4
	多し(6)	多い	4	遠し(5)	遠い	4
	をさなし	おさない[24]	2	なし(20)	ない	4
	重し(3)	重い	4	長し(2)	長い	4
	同じ	同じ	4	腹立たし	腹が立つ(腹立たしい[25])	2
	難し(4)	難い	2	深し(3)	深い	3
	悲し(6)	悲しい	3	太し	太い	4
	軽し	軽い	4	細し	細い	4
	暗し(4)	暗い	4	めづらし	めづらしい	3
	苦し	苦しい	2	よし(9)	よい	4
	恋し(3)	恋しい	2	若し	若い	4
	白し(2)	白い	4			
2	あやし(2)[異常だ、並々でない/不思議だ]	あやしい	2	かしこしB[恐れ多い]	かしこい	2
	うつくし(3)[かわいらしい]	うつくしい	3	かなし[いとおしい]	かなしい	3
	おとなし[思慮分別がある]	おとなしい	2	めでたし(3)[立派だ]	めでたい	2
	幼し[小さい]	幼い	2	よし[教養があり、上品である]	よい	4
	おもしろし[趣深い]	おもしろい	4	をかし(2)[趣深い]	おかしい	3
	かしこしA[程度がはなはだしい]	かしこい	2			

グループ	古典日本語 形容詞 [意味]	現代語	旧JLPT級	古典日本語 形容詞 [意味]	現代語	旧JLPT級
3	悪し (4)	悪しい	級外	しげし	しげい [26] (繁)	級外
	いたし [程度がはなはだしい]	いたく	級外	そこはかとなし	そこはかとない	級外
	言ふかひなし (3)	(言う＋甲斐なし [27])	級外	たぐひなし	たぐいない	級外
	あつし [28]	あつい [29] (篤)	級外	たくまし	たくましい	1
	色濃し	色濃い	級外	頼もし	頼もしい	級外
	限りなし (5)	限りない	級外	情け深し	情け深い	1
	かひなし	甲斐ない	級外	久し (4)	久しい	1
	か弱し	か弱い	級外	ほどなし	ほどない	級外
	口惜し (3)	口惜しい	級外	間近し	間近い [30]	級外
	限なし (2)	限なく [31]	級外	むつまじ	むつまじい	級外
	心なし	心ない	級外	やむごとなし (4)	やんごとない	級外
	心細し	心細い	1	ゆかし	ゆかしい	級外
	心もとなし	心もとない	級外	わづらはし	わずらわしい	1
	さがなし	さがない	級外			
4	あさまし (3) [意外だ]	あさましい	級外	はしたなし [体裁が悪い]	はしたない	級外
	あぢきなし [苦々しい]	あじけない	級外	まばゆし [目を背けたいほど程度がはなはだしい]	まばゆい	級外
	いやし [身分が低い]	いやしい	級外	めざまし [気にくわない]	めざましい	1
	かたじけなし [恐れ多い]	かたじけない	級外	やすし [心が穏やかである]	安い [32]	級外
	心苦し [辛い]	心苦しい	級外	ゆゆし [たいそうである]	ゆゆしい	級外
	心にくし [奥ゆかしい]	心憎い	級外	わびし (2) [辛い]	わびしい	級外

グループ	古典日本語形容詞[意味]	現代語	旧JLPT級	古典日本語形容詞[意味]	現代語	旧JLPT級
	頼りなし[よるべがない]	頼りない	級外	わりなし[分別がない]	わりない	級外
	はかばかし[頼もしい]	はかばかしい	級外			
5	あいなし	／	／	ものぐるほし	／	／
	明し	／	／	ものはかなし[33]	／	／
	いみじ (5)	／	／	ものわびし[34]	／	／
	心深し	／	／	もの心細し	／	／
	ずちなし	／	／	疾し	／	／
	猛し (2)	／	／	要なし	／	／
	またなし	／	／	わろし (2)	／	／

　グループ別に延べ語数、異なり語数をまとめ (表8-5)、これをもとに、延べ語数について各グループが全体に占める割合を表す図8-2を作成した。グループ1が一番多く、グループ3、5、4、2の順で多いことがわかった。

表8-5 延べ語数と異なり語数

グループ	延べ語数	異なり語数
1	83	27
2	17	11
3	45	27
4	18	15
5	20	14
合計	183	94

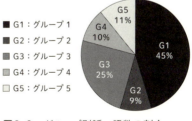

図8-2 グループ別延べ語数の割合

　以上、実際の作品の語彙の分析を通し、古典日本語形容詞は、対応する現代日本語語彙との関係から5つのグループに分けられることが明らかになった。また、各グループに属す語の実態が示され、外国人学習者のための学習語彙が明らかになった。

考察

　今回のグループ分けの基準を整理した (表8-6)。1.2では、グループ1、2、3の正訳率を、分散分析を用いて分析した結果、グループ1＞グループ3＞グループ2の順に正訳が得られやすく、現代語と古典語の意味、形式上の親近性に加え、日本語教育上の難易度が学習者の古典日本語形容詞の意味の理解に関係していることがわかっている。

表8-6　各グループの対応表―旧JLPT級と現代語の意味・形式との関係

	同語幹同義	同語幹異義	対応する現代語がない
旧JLPT2級以下（中上級）	グループ1	グループ2	グループ5
旧JLPT1級以上（上～超上級）	グループ3	グループ4	

　これを踏まえ、今回新たに立てたグループ4、5について考えると、グループ4はグループ2よりも旧JLPT級が高いことからグループ2よりも正訳が得られにくいことが推測される。さらに、グループ5は対応する現代語がないことから、意味の理解に現代語語彙の知識を利用することができず、各グループの中で一番正訳が得られにくいと推測される。すなわち、学習者にとっては、グループ1＞グループ3＞グループ2＞グループ4＞グループ5の順に語義をとらえやすいと推測できる。心的辞書の内容の観点で見れば、この順番は、現代語語彙との関連づけの強さを表していると言える。古典日本語を学習する段階にある学習者の心的辞書は、古典日本語語彙と概念間の直接リンクが十分に確立されていない、中間的な状態になっている（第7章）。その実態はグループ1のように現代日本語と強く関連付けられているものから、グループ5のようにそうではないものまで関連付けの強さに幅があることがわかった。

　古典日本語学習入門期で使用される文献に出現する形容詞は、全体の45%をグループ1が占める。現代語日本語教育で得た中上級レベルの知識からの類推により意味の特定が可能な語が多く存在していると言える。また、全体の25%を占めるグループ3は、古典日本語形容詞が現代語と高い親近性を持

つため、日本語母語話者向け古典教育では取り上げられない語である。しかし、対象が学習者の場合は対応する現代語の難易度が高い（これに属する語の約88％が級外相当）ため、対応する現代語そのものを知識として持っていない可能性が高い。これらと対応する現代語との親近性を認識するためには、一般的な日本語教育が想定しているレベル以上の語彙力が必要であり、この点に超上級レベルの現代語語彙教育の必要性がある。

　対応する現代語が存在するが意味が現代語と違っているもの（グループ2、4）はそれぞれ9％、10％を占めた。これらは日本語母語話者向け古典教育で「古今異義語」としてまとめられ、重点的に取り上げられているものである。しかし、グループ3同様、グループ4の語は対応する現代語の知識を学習者が持っていない可能性がある。グループ4の約95％が級外相当であることからも、グループ4はグループ2と分けて考える必要がある。また、グループ5は全体の11％を占めた。これらの語は初学者にとって未知語である可能性が高いため、重点的に学習する必要がある。

1.4　学習者の古典日本語語彙の理解と現代語語彙の知識

　以上の二つの調査の結果から、学習者の古典日本語語彙の理解は、対応する現代日本語語彙の親近性、日本語教育上の難易度の影響を受けており、現代日本語上級者であっても、心的辞書における両者の関係は、緊密なものからそうではないもので段階があることがわかった。第6章では、古典日本語の習得過程で実際に現代日本語の知識が利用されていることが明らかになったが、以上の形容詞の調査結果を合わせて考えると、古典日本語の理解に現代日本語知識がどれだけ利用できるかは、学習者の心的辞書における両者の緊密度によると言える。

　第3章の調査で示された母語翻訳法に対する教師認識には、現代日本語の負の転移を懸念する声[35]があった（第3章2.2）。確かに、各語の理解に見られる影響関係には、正の転移（グループ1）と負の転移（グループ2）が確認されたが、調査の結果、負の転移が見られる可能性がある語は全体の9％、正の転移が見られる可能性がある語は45％であった。このことから、高い現代日本語能力を持つ学習者の場合は、少なくとも形容詞の理解においては、現代語

の知識利用はプラスの影響が多いと考えてよいだろう。ただし、海外などで、学習者のレベルが旧JLPT2級以下の語も学習できていない場合[36]は、教師認識にあったような悪い影響が強く出ることも十分に考えられるため、注意が必要である。

2. コード化の違いによって生じる文章理解の違い

　1. では形容詞の分析を通し、学習者の心的辞書における古典日本語語彙と現代語語彙の影響関係が明らかになった。では、学習者の母語による理解と、現代日本語による理解では、古典日本語文章の理解はどのように違ってくるのだろうか。ここでは、学習者の母語の代表として英語を取り上げ、古典日本語文章の英訳、現代語訳を翻訳理論に基づいて比較・分析し、文章の全体的な理解像（状況モデル）がどのように異なるのかを明らかにする。そして、その結果を言語によるコミュニケーションの視点から分析し、それぞれの言語によるコード化によって生じる理解の実態を明らかにする。

2.1　先行研究と本研究の位置づけ
言語によるコミュニケーション研究

　ソシュールは言語を記号ととらえ、記号には語義のようなその記号が持つ情報の内容である記号内容（シニフィエ）と、表記や発音といった語形にかかわる記号表現（シニフィアン）の二つの面があるとした（ソシュール1972）。池上他（1994）によれば、これらの記号を結合させ、文を作り「表現」が形成されるが、コミュニケーションとはこうして形成された「表現」の伝達行動としてとらえることができる。言葉によるコミュニケーションは図8-3のように示され、理想的なコミュニケーションは以下のように定義されている（池上他1994: 55）。

　　　理想的なコミュニケーションでは、「発信者」が「伝達内容」を共通の「コード」に従って「メッセージ」とし、その「メッセージ」が「経

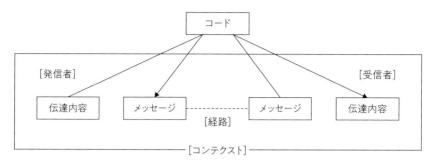

図8-3 言語によるコミュニケーション

路」を通って「受信者」に達し、<u>「受信者」は共通の「コード」に従って「メッセージ」を解読して「発信者」の有していたのと同じ「伝達内容」を得る</u>。

（下線筆者）

文章理解における状況モデル

　読解研究の分野では、文章を理解する際のモデルとして提唱されたものにKintsch（1998）の状況モデルがある。テキストの理解は、表層テクスト形式と呼ばれる単語や句の表層的言語的段階から、これを統語的、意味的に理解した命題的テクストベースと呼ばれる概念的な段階、さらにこれに加え読解を行う者の既有知識を含めた文で表される状況までを含めた理解である状況モデルと呼ばれる全体表象的な段階があるとされている（甲田 2009）。これによれば、文章全体の理解は文字情報から構築される表象に既有知識や推論を含めて構築されることになるため、状況モデルがどのように形成されるかは、文章の性質や読み手によって異なる。第二言語学習者の文章理解については、物語文の状況モデルを比較した牛窪・髙村（2017）の研究があり、文章の理解像として構築された表象がどのように異なるかが学習者の作絵の分析から示された。

　以上の議論を総合すると、第二言語学習者の古典日本語文解釈における理解を、古典原文が持つ内容（発信者の伝達内容）とその翻訳（コード化）によるメッセージを受け取る学習者（受信者）とのコミュニケーションととらえた場合、受信者である学習者が原文の深い理解を必要とする日本研究者である点を踏

まえると、池上他が言う「理想的なコミュニケーション」は、古典原文（発信者）の物語世界に限りなく近い状況モデル形成を可能にする意味情報が、学習者（受信者）に伝達されることによって成立すると考えられる。そして、彼らが現代語参照法をとることは、このコミュニケーションにおける現代日本語による翻訳（コード化）の有用性を示唆していると考えられる。

　では、古典日本語文を英語によってコード化したもの（英訳）と現代日本語によってコード化したもの（現代語訳）では、どちらが古典原文の日本的要素を彼らに伝えているのだろうか。この点について、2.2、2.3、2.4において文学作品を対象とした調査を行う。その結果を記号文化論の立場から池上他（1994）のコミュニケーションモデルを用いて検討し、古典原文と外国人研究者との間に成立しているコミュニケーションの実態を明らかにする。

　なお、以下、調査により日本的要素の伝達を調べていくが、ここで言う「日本的要素の伝達」とは、テキストにおける古典世界の歴史的、文化的な要素の解明と完璧な再現を前提としたものではない。作品に描かれている世界が実際に古典世界の人々にとってどのようなものであったのか（作品の舞台、成立年代、当時の人たちによる受容の実態、描写が何を伝えようとしているのか等）はまさに学習者たちが今後研究していくテーマでもある。本研究は、完成された日本研究者ではなく、古典日本語を学習する段階にある学習者が対象であるため、そもそも文献に対する理解は限定的であるという前提に立つ。英訳と現代語訳を比較・検討する際は、第3章3.3で留学生への指導経験を持つ専門分野の教員が示した「日本の高校を卒業したレベル」を想定し、このレベルで、どちらがこのレベルの日本語母語話者の理解に近い内容を伝えているか（日本語母語話者であればつかめるはずの内容がどの程度伝達されているのか）について検討する。また、以下の調査では、調査対象資料として『今昔物語』、『大鏡』、『徒然草』、『万葉集』を扱う。これらは、文体的特徴から見れば文学的文章[37]に分類されるが、文献の研究資料としての学術的価値は、文学研究に限定されたものではない[38]。以下の分析は文学専攻に限定した視点に立つものではないことを始めに明記しておく。

2.2 作絵の調査
調査の概要

下記の書籍から、『今昔物語集』巻 27 に収められている「高陽川狐女変馬尻乗語第四十一」の一節の現代語訳と英訳を課題文とし、そこからイメージされる情景を絵に描いてもらう調査を行う。

- 原文、現代語訳：『新編日本古典文学全集今昔物語集四』小学館（1999）
- 英訳：*TALES OF TIMES NOW PAST: Sixty-Two Medieval Japanese Collection*, University of California Press / by Ury, M. (1979)

手順は、日本語学習者の物語文読解における状況モデル形成を作絵によって調査した牛窪・高村（2017）によった。協力者は英語を母語とする日本に関する分野を研究対象とする学生 6 名で、JLPTN2 以上である（表 8-7）。

表 8-7 協力者の概要

		国籍	専門分野	JLPT 級
1	A	アメリカ	翻訳	N1
2	B	アメリカ	日本語学	N1
3	C	アメリカ	日本文学	N2
4	D	カナダ	翻訳	N1
5	E	アメリカ	経済	N2
6	F	アメリカ	芸能	N2

リラックスして作絵に集中できるよう、調査場所は協力者が日ごろ使用している教室とし、制限時間は設けなかった。英訳、現代語訳がそれぞれ印刷された調査用紙を作成した。課題文を読んで、下線部についてイメージされる情景を絵に書いてもらった。辞書の使用は可とし、調べた語は○で囲み、採用した意味を記入してもらった。なお、課題文は同一作品の翻訳であるが、課題間の干渉を避けるために教示の際にその点を明示せず、それぞれ独立したものとして提示した。また、各課題終了後にフォローアップインタビュー

を行い、絵で表現しきれない情報の収集を行った。インタビューは許可を得て録音、文字化した。以下に原文と課題文を示す。

【原文】
　即チ打返テ京ノ方へ来タルニ、女ノ童立テリ。打過ルヲ見テ、童、「其ノ御馬ノ尻ニ乗セ給ヘ」ト打咲テ不嗷ズ云フ様、愛敬付タリ。滝口、「疾ク乗レ。何チ行カムズルゾ」ト問ヘバ、女ノ童、「京へ罷ルガ、日ノ暮ヌレバ、御馬ノ尻ニ乗テ罷ラムト思フ也」ト云ヘバ、即チ乗セツ。乗スルマヽニ、滝口儲タリケル物ナレバ、指縄ヲ以テ女ノ童ノ腰ヲ鞍ニ結付ツ。

【英訳課題文】
As he was riding back toward the capital the girl was standing there. She saw him pass and said with a smile, "please, sir, let me ride on the crop of your horse." She spoke prettily and looked altogether charming. "Hurry and get on," the guardsman said. "Where are you going?" he asked. The girl said, "I'm going up to the capital, but it's past sundown, so I'd like to ride there on the crop of your horse." He lifted her on forthwith, and as he did so he took a bridle rope which he had prepared in advance and lashed her to the saddle.

【現代語訳課題文】
　そのまま引き返して京の方に帰ってくると女の童が立っていた。滝口が通り過ぎるのを見て、女の童が「御馬の後ろに乗せてくださいな」と笑みを浮かべて人なつこく言う様子はかわいらしい。滝口が「早くお乗り。どこへ行くの」と尋ねると、女の童は「京へまいるのですが、日が暮れて来たので、御馬の後ろに乗せてもらってまいろうと思いまして」と言うので、すぐに乗せてやった。乗せるや否や、かねて用意のこととて、馬の口縄で女の童の腰を鞍に結わえ付けた。

分析手法

　作絵の分析には画像の文法（松永2015）を用いる。画像はそれ特有の合成規則と意味単位を持っており、固有の文法を持つとされ、「画像的な結合関係（それらの結合のしかた）」と「画像的な要素（分節化された個々の要素のあり方）」にわ

け、画像を解釈することができる。「画像的な結合関係」の同定は画像に現れている人物、動物等の画像的な諸要素を言語的な表現によって置き換えることで行う。この場合、画像における画像的諸要素が互いに持っている関係と言語的諸要素が互いに持っている関係（空間的位置関係）は同じになる。この同定により、要素同士を結びつけて意味を作りだす画像の合成規則が明らかになる。また、「画像的な要素」の同定は画像から関係付けられる個々の要素を取り出すことで行う。この場合、関連付けられる個々の要素間の関係は画像的ではないが、個々の要素それ自体が一つの画像であることがはっきりし、画像の構成要素の描かれ方が明確になる。

結果

英訳と現代語訳についての作絵が合計12枚得られた。以下に画像の文法による分析結果を示す。

1）画像的な結合関係

図8-4〜8-9に協力者の作絵と画像的な位置関係を示す。

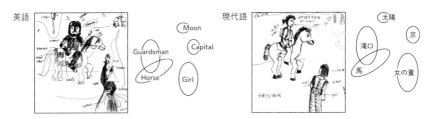

図8-4 Aの作絵と画像的な結合関係

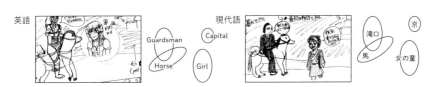

図8-5 Bの作絵と画像的な結合関係

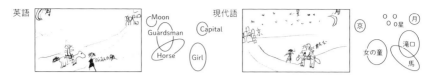

図8-6　Cの作絵と画像的な結合関係

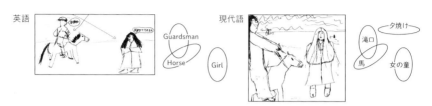

図8-7　Dの作絵と画像的な結合関係

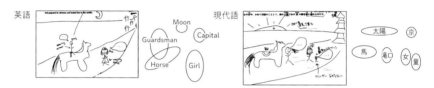

図8-8　Eの作絵と画像的な結合関係

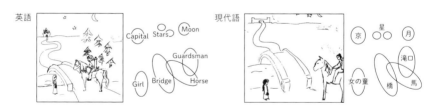

図8-9　Fの作絵と画像的な結合関係

　図8-5、8-9は英訳と現代語訳の作絵の画像的な結合関係が同じ構造に、図8-4、8-7は類似した構造になっていることがわかる。図8-6は英訳と現代語訳で反転した構造になっているが、それぞれの要素の結合関係は対応している[39]。また、図8-8では、英訳と現代語訳の画像的な結合関係が異なり、現代語訳のほうに登場人物が一人多くなっている。この点を確認したところ、Eは「間違えました。」と述べ、現代語訳には登場人物が3人いると読み間違えて

いたことがわかった。また、図8-4、8-8の現代語訳では沈む太陽が描かれている。これについてEは、「日が暮れてきただから。だんだん、だんだん。」と述べ、英訳の"it's past sundown"とは状況が違うと指摘した。類似の指摘はDにもあり、現代語訳の作絵に夕焼けが描かれている（図8-7）。以上、協力者による文章の読み取りの差が認められるものの、英訳、現代語訳の作絵における画像的な結合関係は、全体的に類似傾向にあることがわかった。

2) 画像的な要素

作絵における画像的な要素を抽出した。例として、図8-10に協力者Aの画像的な要素を示す。

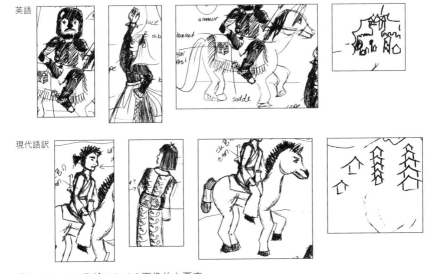

図8-10 Aの作絵における画像的な要素

同様に他の作絵についても比較、分析した結果、以下の点について特徴的な違いが見られた。

- 「the capital」と「京」
  課題文には、登場人物の女性がこれから向かう先として「the capital」と

「京」という表現がある。原文は「京」であり、京都を指している。英訳についてEは建物が密集している絵を描き、「なんか大きい町だと思いました。ヨーロッパの。」とし、現代語訳については三重塔のような絵を描き、「これは京都。武士とか、着物とか。古い時代の日本です。」と述べた（例1）。A（図8-4）、B（図8-5）の現代語訳の作絵においてもこれと似た建物が確認できる。

例1　Eの画像的な要素

・「the guardsman」と「滝口」

課題文には馬に乗った男性が登場する。これは滝口の武士ともいわれる平安・鎌倉時代、蔵人所の被管として置かれた内裏勤番の武士で、寛平年間（889〜898）に創設されている[40]。6名中5名がこれは武士であるとしながらも、日本人の名字の可能性があると述べた。Bの英訳では馬に乗っている中世騎士風の男性が、現代語訳では着物を着て髷を結っている日本人男性が描かれている（例2）。このような書き分けはA（図8-4）、F（例3）にも認められる。

例2　Bの画像的な要素

Fのみ滝口について正確な知識を持っていたが、作絵について「アジア人だからこんな感じかなと思った。」と述べ、その外見はよくイメージできなかったとした。英訳の作絵は騎士風であるのに対し、現代語訳の作絵は髪を頭

頂部でまとめたアジア風の男性が描かれている（例3）。またC、Eは滝口の服装が「正確に想像できなかった」(C)、「よくわからなかった」(E)と述べた。全ての協力者が「滝口」を武士であると認識していたが、その画像的な要素は武士とは印象が異なるものであった。

例3　Fの画像的な要素

英語

現代語訳

- 「the girl」と「女の童」

女性の描き方にも違いが見られた。Bの英訳の作絵はドレスを来た西洋風の女性が、現代語訳は着物を着用した少女が描かれている（例4）。このような描きわけがA（図8-4）、F（図8-9）の作絵にも観察された。なお、単純化された人物を描いたC、Eは着物姿が想像できなかったと述べた。

例4　Bの画像的な要素

英語

現代語訳

また、例4の現代語訳の女性は英訳よりも幼く見える。Bは「こっち（英訳）は10代、こっち（現代語訳）は童だからもっと若い。8歳ぐらいかな。」と述べた。このような年齢の違いを指摘した協力者は6名中5名で、具体的には「the girl」は12〜20歳、「女の童」は8〜13歳とされ、「the girl」が年上である点が共通していた。

以上のような画像的な要素に現れた違いは、原文の「京」、「滝口」、「女の

童」という語が英語に置き換えられることによって、原文の語が本来持っていた意味論的な意味とは異なる意味が受信者である彼らに伝達されたことを意味する。

• 鎌倉時代の日本の描写

原文の舞台は鎌倉時代である。インタビューでは平安末期、鎌倉、江戸が指摘されたが、確信を伴ったものではなく「明治時代より前の着物を着ていた時代」(C) の例として示されるにとどまった。A、Fは、現代語訳は『今昔物語』で舞台は鎌倉時代ではないかと指摘した。彼らの現代語訳の作絵（図8-4、図8-9）を見ると着物の時代の昔の日本を描こうとしているのがわかる。しかし、個々の画像的な要素は鎌倉時代の日本を伝えるものになってはいない（例5）。

例5　A、Fの画像的な要素

A：滝口

F：滝口

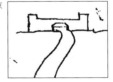
F：京

画像的な結合関係の分析から、画像の結合関係は類似傾向にあることがわかった。これは「警護を行う男性が都へ行く途中、女性に話しかけられた」というストーリーの伝達の点では、どちらの翻訳も原文とほぼ同じ水準が保たれたことを示している。語の意味伝達の点では、原文のストーリーにおいて「京」、「滝口」、「女の童」という語が果たす役割（語用論的な意味）は、英語に置き換えた場合でも同じように伝達されたことを示している。どちらの言語によるコード化も原文が持つストーリーは伝達可能であると言える。また、画像的な要素の分析から、個々の画像の要素は、英訳は西洋風で、現代語訳はより日本らしいものであることがわかった。これは英語の「capital」、「the guardsman」、「the girl」という語から、それぞれ「日本史上の京の都」、「日本

の武士」、「日本の着物を着た幼い少女」という意味が伝達されなかったことを示している。

　ここで、協力者の現代語訳の作絵が、「日本風」ではあっても、「日本のもの」を純粋に表しているとは言えない点に注目したい。以下に、本調査と平行して補助的に行った日本語母語話者を対象とする調査（日本の高校を卒業した日本語を母語とする大学院生3名[41]対象）で得られた現代語訳の作絵を示す（図8-11）。

　これらの作絵は、AとBの作絵の「滝口」、「女の童」、そして、Cの作絵の「京」の描かれ方から、舞台が日本であることが伝わる。この点を学習者の作絵（図8-4～8-9）と比較すると、例えば図8-11のBの「女の童」が図8-7の「女の童」とよく似ていることなどからもわかるように、学習者の現代語訳の作絵の方が英訳の作絵よりも、これらの日本語母語話者の作絵に近いものであることがわかる。

図8-11　日本語母語話者の現代語訳の作絵

考察

　学習者の現代語訳の画像的な要素は、学習者が思う「日本の姿」であり、純粋な日本の姿とは言えないものである。しかし、少なくとも日本的な要素の描画が試みられていることから、解釈によって取り出し得る日本的な要素は伝達されたと言える。語の意味論的意味の伝達の点では、英語より現代語によるコード化のほうがこのような日本的な要素の伝達が可能である[42]。ただし、現代語訳の作絵に外国人学習者のイメージの限界（文化圏の混乱[43]、日本の歴史・文化知識の混乱[44]）が示されている点には変わりはない。教室内の一般的な読解活動では、なかなか学習者の頭の中の語のイメージを確認する作業ま

では行われないが、このあたりに外国人学習者特有の問題点がある。教育の視点から見れば、この点を意識した支援が現場で必要である。

2.3 翻訳ストラテジー調査

ここでは、古典日本語の英訳、現代語訳について、そこで用いられている翻訳ストラテジーを調査する。「Ⅰ散文の調査」では、『大鏡』、『徒然草』を扱う。「Ⅱ韻文の調査」では、『万葉集』の和歌を扱う。

分析手法

Fernández-Guerra（2012）には、文学的なテキストについて、翻案、借用、語義借用、補償、圧縮・削除・省略（いわゆる暗示化）、描写、等価、明示化・拡張、一般化、逐語訳、調整、特定化、置換、転写、変種の15の翻訳ストラテジーが提示されている。これに基づき、現代語訳と英訳について翻訳分析を行う。さらに、この結果について、調査Ⅰでは、ジュネット（1985）に基づいた語りの水準を分析する。また、調査Ⅱでは、ヤーコブソン（1973）の、文学的言語における詩的機能の視点から考察を行う。

Ⅰ．散文の調査
調査の概要

高等学校国語科の教科書で、入門文献として取り上げられている2作品（A、B）を対象とした。下記の二つの古典日本語文章について、それぞれの現代語訳、英訳に見られる翻訳ストラテジーを調査し、それぞれの訳が投射する物語の構造にどのような違いが生じているかを明らかにする。

A.『大鏡』より「南院の競射」

藤原道長の権勢その由来を中心に描いた歴史物語『大鏡』の中から、道長と伊周の弓競べの様子を描いた場面（いわゆる「南院の競射」、「弓競べ」と呼ばれる部分）を取り上げ、その英訳、現代語訳に使用されている翻訳ストラテジーを比較、分析する。『大鏡』はその作品の性質から、文学作品としてだけでなく歴史的史料としても研究されているため、これを取り上げた。分

析に用いた資料の詳細は以下の通りである。

　古典原文：『新編日本古典文学全集　大鏡』小学館（1996）
　現代語訳：『新編日本古典文学全集　大鏡』小学館（1996）
　英訳：*Okagami-The Great Mirror　Fujiwara Michinaga*（966–1027）*and His Times　A Study and Translation* / by Helen Craig McCullough（1980）

原文
　帥殿の、南院にて人々集めて弓あそばししに、この殿わたらせ給へれば、「思ひかけずあやし。」と、中関白殿思し驚きて、いみじう饗応し申させ給ふて、下臈におはしませど、前に立て奉りて、まづ射させ奉らせ給ひけるに、帥殿の矢数いま二つ劣り給ひぬ。中関白殿、また御前に候ふ人々も、「いま二度延べさせ給へ。」と申して、延べさせ給ひけるを、安からず思しなりて、「さらば延べさせ給へ。」と仰せられて、また射させ給ふとて、仰せらるるやう、「道長が家より帝・后立ち給ふべきものならば、この矢当たれ。」と仰せらるるに、同じものを中心には当たるものかは。次に、帥殿射給ふに、いみじう臆し給ひて、御手もわななく故にや、的のあたりにだに近く寄らず、無辺世界を射給へるに、関白殿、色青くなりぬ。

B.『徒然草』第 52 段
　吉田兼好によって書かれた平安末期の随筆である『徒然草』から石清水八幡宮参拝のエピソードについて記した第 52 段を取り上げる。この段は、仁和寺の僧の石清水八幡宮参拝について語る説話型部分（原文①）と、それに対する作者の主張を直接に記した内省的部分（原文②）に分けられる。内省的部分は現在形で語られ、説話型の部分は伝聞回想を示すとされる助動詞「けり」によって語られている。

　原文、現代語訳：『新編日本古典文学全集　徒然草』小学館（2006）
　英訳：*Essays in idleness: the Tsurezuregusa of Kenkō* / by Donald Keene（1981）

原文（下線部筆者）

①仁和寺にある法師、年よるまで岩清水を拝まざりければ、心うく覚えて、あるとき思ひ立ちて、ただ一人、徒歩より詣で<u>けり</u>。極楽寺、高良などを拝みて、かばかりと心得て帰りに<u>けり</u>。さて、かたへの人にあひて、「年ごろ思ひつること、果たしはべりぬ。聞きしにも過ぎて尊くこそおはしけれ。そも、参りたる人ごとに山へ登りしは、何事かありけん、ゆかしかりしかど、神へ参るこそ本意なれと思ひて、山までは見ず。」とぞ言ひ<u>ける</u>。

②少しのことにも、先達はあらまほしきこと<u>なり</u>。

結果

1）暗示化のストラテジー

翻訳分析の結果、英訳において物語の構造に関係する暗示化が見られた。以下に A,B 二つの文章に見られた暗示化について述べる。

(1) A『大鏡』における敬称の暗示化

Fernández-Guerra (2012) は、明示化の対極にあるストラテジーとして圧縮 (compression)、削除 (reduction)、要約 (condensation)、省略 (omission) をあげ、これらは主にその情報が読者の誤読につながらない範囲で不必要だと考えられた場合に用いられるとしている。そして、これらの使用は文化的な語 (cultural terms) の翻訳にはあまり見られないとしている。Vinay and Darbelnet (1958/1995) は暗示化を「SL[45] では明示的なものを TL[46] では暗示的にして意味伝達は状況や文脈に頼る文体上の翻訳技法」と定義しており、これらのストラテジーも広くこの暗示化に含まれると言える。

Aの原文では登場人物を指す際、敬称を含む呼称（官位）が用いられている。藤原道隆は「中の関白殿」または「関白殿」、藤原伊周は「帥殿」、藤原道長は「入道殿」、「この殿」とされている。例 1 では、原文の「帥殿」が英訳で「Korechika」という実名に置き換えられているが、このような呼称を実名に置きかえることで「殿」という語で表されていた対象に対する語り手の敬意が暗示化される。そもそも、平安時代は貴族が名前で呼ばれることは礼儀に

反するとされ、官位で呼ばれるのが一般的であったため、実名の使用そのものが、当時の文化的背景を暗示化するものであるといえる。また、例1の下線部のような呼称を代名詞に置きかえる操作も同様の効果を生む。

例1
原文：帥殿の、南院にて人々集めて弓あそばししに、この殿わたらせ給へれば、
英訳：He appeared at the Southern Palace one day while Korechika was holding an archery contest.
現代語訳：帥殿が父おとど（道隆）の南院で人々を集めて、弓の競射をなさった時に、この殿がおいでになりましたので、

　また、原文では、貴族である道隆、伊周、道長の行為には全て敬語動詞が用いられている。翻訳ではこれらの表現の暗示化が確認された（例2）。

例2
原文：また射させ給ふとて、仰せらるるよう、
英訳：As he prepared to shoot again, he said,
現代語訳：また射ようとしておっしゃるには、

　例2は、改めて弓の試合を延長することが決まった際に道長が弓を射る準備をして話す、という場面である。貴族である道長の行為は「仰せらるる」と尊敬の表現を伴って書かれているが、英訳ではそれが暗示化されている。また、以下のような例において、英訳から得られる情報と現代語訳から得られる情報には大きな違いがある。

例3
原文：御前に候ふ人々
現代語訳：御前にお付きしている人々
英訳：some others（他の人々）

例3の現代語訳では、ここでの「人々」が、道隆、伊周よりも下級者であることが明示的に示されている。また、「候ふ」は謙譲語で、語り手から道隆、伊周への敬意を示している。しかし、英訳ではこのような、物語の語り手の登場人物への敬意は全て暗示化される。その結果、ここでも英訳からは、身分の高い人々の話を、敬意をもって語る語り手の存在そのものが見えなくなってしまう。

このような敬称、敬語に関する暗示化は、英訳においては言語構造上、不可避なものであり、これによって言語構造、言語習慣を反映した自然な訳が成立している。しかし、これらが全て暗示化されることで、語り手の存在を示す要素が消え、身分の低い語り手が身分の高い人々のエピソードを人々の前で語るという作品の戯曲的構成が字面上見えなくなってしまう。一方現代語訳は、敬体について、現代の言語習慣に即した削除が部分的には行われているが、敬称、敬体そのものは訳出されているため、語り手の存在は保たれている。

(2) B『徒然草』における伝聞回想、及び内省部分の主張の暗示化

助動詞の「けり」は、『全訳古語辞典』(旺文社 2013) によれば、気づき（…たのだ。…たなあ。）、伝聞（…たという。…たそうだ。…とさ。）、回想（…た。…たのだった。）、詠嘆（…たことよ。…ことよ。）の大きく分けて4つの意味があるとされている。伝聞は、「人づてに聞き知った過去の事実を伝聞として述べる意を表す」とされ、回想は「以前から現代まで続いていることがらや伝承を回想する意を表す。」とされている。助動詞「けり」の各用法の厳密な線引きや定義は現在も多く議論されているところではあるが、52段の「けり」は、作者である吉田兼好が、仁和寺の法師についてのエピソードを過去にあった話として回想し、説話的に記述している部分であり、伝聞回想ととらえて問題ないだろう。この「けり」の訳出を比較すると、現代語訳は伝聞回想が訳出されているのに対し、英訳ではそれが暗示化されていることがわかる（例4）。

例4
原文：仁和寺にある法師、年よるまで岩清水を拝まざりければ、心うく覚え

て、あるとき思ひ立ちて、ただ一人、徒歩より詣でけり。
現代語訳：仁和寺にいる僧が、年をとるまで石清水八幡宮にお参りしたこと
　　　　がなかったので、情けないと思って、ある時、思いたって、たっ
　　　　た一人、徒歩で参拝したのだった。
英訳：A certain priest in Ninnaji, regretting that he had never worshiped at Iwashi-
　　　mizu, through now advanced in years, made up his mind one day and set off
　　　alone on foot on his pilgrimage.

　原文の「詣でけり」は、現代語訳では「参拝したのだった」と回想の意味を訳出し、ここで語られていることが過去の出来事であり、作者の回想であることがはっきりと示されている。一方、英訳では単純な過去形で表されている。ここで語られる仁和寺のある僧の参拝が過去の出来事である点は明らかであるが、それが作者の回想である点は暗示化されている。また、本文の最後は、作者が主張をする内省的部分である。この一文は、現在形で書かれている（例5）。

例5
原文：少しのことにも、先達はあらまほしきことなり。
現代語訳：ちょっとしたことにも、その道の先導役は、あってほしいもの
　　　　である。
英訳：Even in trivial matters a guide is desirable.

　現代語訳、英訳ともに現在形で訳出されている点は同じである。原文は文末を「ことなり」で結び、断定の「なり」で作者の主張を明示的に示している。現代語訳でもこの部分は「である」とされ、断定の意味が訳出されている。一方、英訳ではこの部分は"desirable"となっており、作者の強い主張というよりも、先達の存在は望ましいというより客観的な表現にとどまっている。

2）現代語訳、英訳の物語言説における語りの水準

ジュネットは『物語のディスクール』(1985)において、物語（レシ）には物語言説（レシ）、物語内容（イストワール）、物語行為（ナラシオン）の3つの相が識別されるとしている。物語言説の生産にかかわる問題として位置づけられるものに、語り手（及び聞き手）が位置づけられる世界（水準）と物語世界との関係を扱う、「語りの水準」に関する領域がある（土田・青柳・伊藤1996）。語りの水準は、物語世界外的、物語世界（内）的、メタ物語世界の3つに大きく区別される。

『大鏡』は、雲林院の菩提講聴聞に参詣した大宅世継、夏山繁樹、若侍の3人が登場し、この3人の座談、問答によって歴史が語り進められる。作者は純粋な聞き手として、それを傍らで観察しながら記録するという戯曲的構成になっている。このため、原作の語りの水準は複層化した入れ子構造になっている（図8-12）。

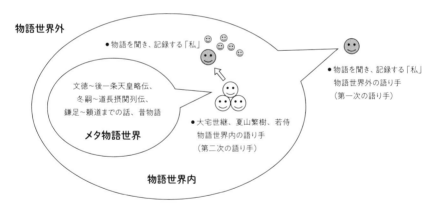

図8-12 『大鏡』の語りの水準

現代語訳は、敬称、敬語をほぼ保ったまま訳出されているため、物語世界内の語り手3人（南院の競射について語っているのは世継）が自分たちよりも官位の高い天皇、摂関家に関するエピソードを語るという登場人物間のヒエラルキーが保たれている。さらに、現代語訳は以下のように丁寧体を補足することにより、物語世界内の語り手が物語内の聴衆に語りかけるという語り物の構

成が明示的に示されている。敬語体系を持つ日本語では、このような調整が可能になる。

例6
原文：人々集めて弓あそばししに、この殿わたらせ給へれば
現代語訳：人々を集めて弓の競射をなさった時に、この殿がおいでになりましたので

　一方、英訳はこれらの敬語にかかわる表現が全て暗示化されることで、メタ物語世界での登場人物に対する、物語世界内の語り手の敬意を示す要素が消え、天皇、摂関家に関するエピソードはあたかも作者＝物語世界外の語り手によって客観的に記述されているかのような印象を与える（図8-13）。

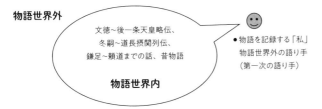

図8-13　『大鏡』の英訳の語りの水準

　敬語体系によって人物間のヒエラルキーが繊細に表現されている古典日本語文を英訳する場合、このような語りの水準を明示する要素が失われていくことが明らかになった。
　また、『徒然草』の原文の物語構造は、作者の吉田兼好が仁和寺のある僧の石清水八幡宮参拝のエピソードを回想して述べ、それについての主張を最後に語る形である。

図8-14 『徒然草』の現代語訳の語りの水準

　現代語訳では、「けり」、「なり」の訳出により、原文の語りの水準が保たれているのに対し、英訳ではこれらの暗示化により、語りの水準は次のように変化している。

図8-15 『徒然草』の英訳の語りの水準

　このような物語の構造は、日本語母語話者であれば敬語、助動詞の使用状況から自然に読み取れるものであるが、英訳した場合には読み取りが困難になる。現代語訳のほうが語りの水準を読み取りやすいことがわかった。

Ⅱ. 韻文の調査
調査の概要
　韻文の代表として和歌を取り上げる。『万葉集』巻14-3373番歌の英訳、現代語訳において用いられている翻訳ストラテジーを調査し、和歌の音韻や和歌の音数構造といった詩的な要素が、それぞれの訳でどのように表現されているかを明らかにする。
　『新編日本古典文学全集萬葉集四』（小学館1999）から、校訂者による校訂を経た漢字かな交じり文を原文とする。これに対する翻訳として、万葉集の英

訳である下記の3冊における3373番歌の英訳（英訳1〜英訳3）と、『新編日本古典文学全集萬葉集』の現代語訳を取り上げる。

［英訳出典］
英訳1：*The Manyoshu: a new and complete translation* / by H. H. Honda, Hokuseido Press（1967）

英訳2：*The Man'yo-shu: A Complete English translation in 5-7 rhythm* / by Teruo Suga, Kanda University of International Studies（1991）

英訳3：『英訳万葉集 ＝ An English translation of MANYOSHU 巻14』岡節三著『英訳万葉集巻14（東歌）』刊行委員会（1990）

［現代語訳出典］
現代語訳：『新編日本古典文学全集萬葉集四』小学館（1999）

原文：多摩川にさらす手作りさらさらになにそこの児のここだ悲しき

英訳1：Fair as cloth bleached in limpid Tama is she,
　　　　and I love her with all my heart

英訳2：Like the hand-spun cloth
　　　　Bleached in the Tama River
　　　　Why do I log for
　　　　The lassie white as the cloth
　　　　All the more day after day?

英訳3：The homespun clothes,
　　　　While bleached in the River of Tama,
　　　　In flowing froths
　　　　Now flap to remind me anew
　　　　Of my lass I love so true.

現代語訳：多摩川に　さらす手作り布の　さらさらに　なんでこの娘は　こうもいとしいのか

結果

1）短歌の音数形式の変化

　原文は、五音節句と七音節句との繰り返しによる音数律が基本的構成となっている和歌の中でも、五句構成の短歌形式の歌である。各句に注目すると、モーラ数は5、7、5、7、7である。古来の歌は、本来声に出して詠むものであった。藤原俊成が『古来風体抄』において、「うたはたゞよみあげもし詠じもしたるに、なにとなくえんにもあはれにもきこゆる事のあるなるべし。もとより詠歌といひて、こゑにつきてよくもあしくもきこゆるものなり。」と述べている（橋本・有吉・藤平 2001）ことからも、声の調べが歌の本質と見なされていることがわかる。このような声に出して読み上げた時の音声的な響き、すなわち歌論でいう「調（しらべ）」は、和歌が和歌であるために、欠くことのできない要素である。しかし、英訳である英訳1〜英訳3は、シラブル（音節）を音の単位とする英語による表現になっているため、原文の短歌形式とは全く異なった形式になっている。つまり、英訳では短歌が短歌として成立するための、5モーラ、7モーラ、5モーラ、7モーラ、7モーラで区切られた合計31モーラによる言語表現、という音韻形式が暗示化されてしまっている。これに対し、現代語訳の場合は、第2句と第5句を除くすべての句で原文と同等のモーラ数が保たれている。また、一首全体の構成を見ると、英訳2と英訳3は5行で構成されている（英訳1は2行構成）。この5行構成が、原文の5句構成との形式的な対応が試みられていると見ることもできる。しかし、原文において各句で表現されている内容と、英訳2、英訳3において各行で表現されている内容は、対応していない。つまり、英訳では、原文が短歌として持っている音数的な制約に伴って形成される句のまとまりを5行の分かち書きによって再現することが試みられてはいるが、原文が持っている意味的なまとまりは反映されていない。

2）「さら」の同音反復の暗示化

　この歌は、巻14に収められた東歌の一首である。東歌とは、東国の人々に共有されていた歌謡で、多くは労働や儀礼などの場で歌われた民謡や酒宴の席で歌われた歌などである。原文では、「さら」という音が3回繰り返され

ている。この韻律の反復は、現代語訳では保持されているが、英訳1〜3では暗示化されている。これにより、原文が持っていた民謡らしいリズムが暗示化され、歌の本質である調が失われている。

3)「さら」という音韻の暗示化に伴う意味の暗示化
　第2句「さら」について、『新編日本古典文学全集万葉集四』の解説はこう述べる。
　　サラの同音反復の序だが、手作りのさらさらした手触りの感じも込められている
「多摩川にさらす手作り」は、一般的に第3句の「さらさら」を導くための序言葉的な表現であるとされている。そして、第3句の「さらさら」は、「更に更に」という意味と、手作り布のさらさらした感じがこめられた掛け言葉的な表現となっている。つまり、この歌は、語の一部として「さら」という音を持つ、意味が異なる3つの語を、「さら」という音によって結びつけているのだ。一首全体を見ると、このような複雑な意味の重ね合わせを持つ上3句が、この歌で最も言いたいこと、すなわち、下の句の愛情表現を修飾する構成をとっている。「さら」という音によって、多摩川の清らかな水流にさらす布、手造り布のさらさらとした手触り、一段と深まる愛情、という3つの意味がリンクされ、「この児」への清らかで、深い愛情が伝達される仕組みになっている。つまり、「さら」という音が、個別の語の意味伝達の点でも、上句と下句の関係性を強調するという点でも、重要な役割を担っていることがわかる。3つの英訳において「さらす」は「bleached」として訳出されている。また「更に」は英訳1では訳出されていないが、英訳2では All the more day after day、英訳3では remind me anew として意味の訳出が試みられているが、手作り布のさらさらした手触りは暗示化されている。一方、現代語訳では、「さらさらに」という形で手作り布のさらさらした手触りと「更に」の意味を伝えている。現代日本語は、「更に」も「さらさら」も語彙として持っている。そのため、現代語訳に見られるように「さらさらに」として音と二つの意味の同時処理が可能である。しかし、英訳では音と意味の関係は暗示化され、更に、手触りとしての「さらさら」という意味も暗示化され

ている。

　このような言語表現によって歌の一種全体がとっている歌の姿（歌論でいう「姿（すがた）」、「様（さま）」）は、優れた和歌を評価する際の重要な要素とされている[47]が、これも英訳では暗示化されている。文学作品としての短歌においては、31音構成という縛りの中で内容（歌論で言う「心」）を伝達するために選ばれた語が、相互に関係しあって生じさせる詩的テクストの効果が重要になるのだが、英訳ではこの歌の姿が原文とは異なったものになっている。

考察

　現代語訳は、短歌の音韻形式そのものが保持されている点、原文の短歌形式の句切りに合致した内容表現が行われている点、語の音と意味の関係性が保持されている点で、より短歌としての原文の実態を反映していると言える。そして、英訳1〜3は、短歌が短歌であるために必要な、音数形式が保持されていないため、短歌の持つリズムが伝わらなくなっている。英訳では「さら」という音が全て暗示化されているが、この歌では、「さら」という音の繰り返しと、そこに込められた意味が歌意の中核をなしている。短歌のモーラ数、さらという音の響きそのものは、形式であり、これ自体に意味はないが、この形式が伝える、短歌という形式、民謡調のリズム、さわやかな音韻の響きは、この歌を「和歌」として理解するためには重要な要素である。

　ヤーコブソン（1973）は、文学的言語（詩的言語）の特徴として、詩的機能について述べている。一般の言語が指示機能によって意味伝達を目的とするのにたいして、詩的機能においては言葉の意味内容にではなく、いわば「意味を捨象した言葉の形式そのものに価値がおかれる（土田・青柳・伊藤 1996）」。音韻や構造といった意味を欠いた形式的な要素から、詩的意味が創造される。翻訳ストラテジーの分析から明らかになった和歌に関する以上の点は、ヤーコブソンのいう詩的機能にかかわる事項である。現代語訳の場合は、この和歌の詩的機能が保持されているのに対し、英訳の場合は、暗示化されていることがわかった。このような、言語の形式が伝える意味には、例えば他にも、ひらがな書きの和文が伝える柔らかな印象や、和漢混淆文が伝える力強い漢文調の響きなどがある。これらは、高校を卒業した日本語母語話者であれば、

音や表記から自然に読み取ることができるものである。以上のことから、言語の形式が伝達する意味は、現代語訳は再現性が高い一方、英訳では再現に困難があることがわかった。このような英語では再現が難しいものとは、言語と結びついた日本的要素である。これは、日本語以外の他の言語に翻訳した時点で暗示化されるため、他の言語に置きかえると伝達されなくなる。現代日本語を介することによって、このような日本的要素の理解が可能になる。英訳と現代語訳には、それぞれに独自の異なる価値があることは言うまでもないが、研究者が研究対象として和歌を読む場合は、言語と結びついた日本的要素の理解が重要になってくると考えられる。

2.4 コード化の違いが文章理解に与える影響
日本的要素を伝えるコミュニケーション

以上の結果を、古典原文（発信者）と学習者（受信者）とのコミュニケーションの視点から総合的に考察する。翻訳分析の結果を池上他（1994）のコミュニケーションのモデルに当てはめた結果が下図である。英語によるコード化（図8-16）と現代日本語によるコード化（図8-17）を行った場合では、現代語訳のほうがより原文の伝達内容を保持した形でコミュニケーションが成立していることがわかる。つまり、コード化に用いる言語によって発信者と受信者の間に成立するコミュニケーションは異なるのだ。そして、より原文に近い状況

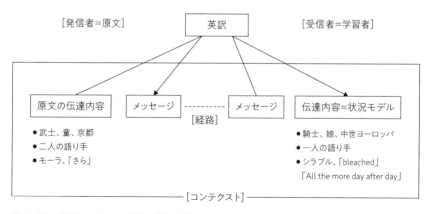

図8-16 英語によるコード化を行った場合のコミュニケーション

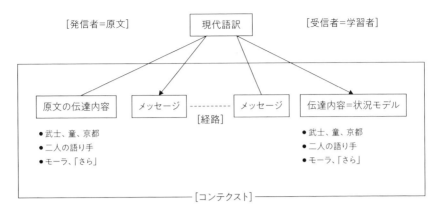

図8-17 現代日本語によるコード化を行った場合のコミュニケーション

　モデル形成が可能になる現代語によるコード化に基づいたコミュニケーションのほうが、研究資料として古典日本語文献を扱う学習者にとっては、「理想的なコミュニケーション」であると言える。

　以上、現代日本語によるコード化のほうが、英語によるコード化に比べ、より原文の日本的要素に関係する情報を伝えるコミュニケーションを実現していることが明らかになった。しかし、英語によるコード化を行った場合でも、原文の内容に近い状況モデル形成を行うことはある程度可能であると考えられる。文章理解の研究においては、書かれた言語表現だけでなく、そこに読者の既有知識を働かせて読むことで、文章の全体的な理解が行われている（甲田2009）ことが指摘されている。つまり、文章に書かれた内容の理解は、学習者が事前に持っている既有知識によって決定されるというわけだ。第8章2.2の作絵の調査では、言語表現から純粋に想起されたイメージが作絵に現れていたが、実際の資料読解現場では、程度の差はあれ、資料についての何らかの既有知識が読者側に持たれている可能性がある。例えば、「これは日本の平安時代の資料だ」ということが事前にわかっていれば、そのように思って読むはずなので、仮にその資料が英語で書かれたものであっても、作絵の調査で見られたような西洋風の作絵にはならないと考えられる。また、『大鏡』の戯曲的構成、『徒然草』が回想の記録である点を英訳の読者が事前に知識として押さえていれば、語りの水準に関する誤解も起こりにくい[48]と言

える。このような、語の意味や、語りの水準については、読み手の既有知識を動員すれば、英訳であっても、暗示化された内容を補って文章を理解することができる。しかし、和歌の翻訳分析から、日本語の音韻や表記といった、日本語という言語の形式と結びついた日本的要素の理解は、英訳では困難があることがわかった。これを理解するためには、現代日本語を介する必要がある。

学習者の古典日本語の理解

　学習者の古典日本語の理解は、コード化に用いる言語によってどのように異なるのだろうか。翻訳ストラテジーの分析では、以下の三つの点において、現代語によるコード化と英語によるコード化の違いが示された。

1）語の意味
　第8章2.2で行った作絵の調査では、例えば、「女の童」の英訳の「the girl」に対応する作絵として、西洋風のドレスを着た若い娘が描かれていた。「女の童」の最も近い英語での言い換えである「the girl」の場合は、「女の童」が「若い」、「女性」である点は伝達されるが、この語に含まれている日本文化的な要素（着物を着た昔の日本の少女）は伝達されず、現代語では伝達されることがわかった。

2）物語の構造
　第8章2.3で行った翻訳ストラテジーの調査では、『大鏡』、『徒然草』において、それぞれ敬語、モダリティーにかかわる要素が英訳で暗示化された結果、語りの水準が原文と変化していたことから、英訳では原文の物語の構造が伝達されない一方、現代語訳では、これらが保持されることから、原文と同じ物語の構造の伝達がなされていることがわかった。

3）言語と結びついた日本的要素
　第8章2.3で行った詩的言語の翻訳ストラテジー調査では、『万葉集』の和歌について、英訳では31モーラという和歌の音数形式、「さら」という音韻、「さら」に掛け言葉として込められた「さらさらとした手触り」という意味が暗示化されていたことから、英訳では、和歌の詩的機能が伝わらないことが

わかった。このような日本語のリズムや響き、表記といった言語と結びついた日本的要素は、日本語以外の言語では再現が難しいことがわかった。

　文章の理解が、状況モデル（Kintsch 1998）の形成までを意味する[49]ことを考えると上記のうち、1）と2）は、言語のそのものから得られる情報を考えた場合、現代語に確かに優位性がある。しかし、これまで述べたように、これは読み手の既有知識によって補うことも可能なものである[50]。英語によるコード化を行った場合でも、日本文化にかかわる意味について、既有知識や詳細な解説といった外部からの情報の補充があれば、翻訳によって暗示化された要素が補われ、現代語による場合と同じレベルまで理解を深化させることが可能になる。しかし、3）は、日本語という言語形式そのものが生み出す意味であるため、現代語によるコード化によってのみ理解が可能なものである。この点で、3）は原文と読み手のコミュニケーションの中核を形成していると言える。

　日本的要素を伝えるコミュニケーションについての分析結果をもとに、原文の内容とその理解の関係を、発信者と受信者である読み手のコミュニケーションとしてとらえ、現代語、母語を介することで理解が深化するプロセスをモデル化した（図8-18）。

　この矢印は学習者の理解が深化するプロセスを示しており、この円は原文の日本的要素を段階的に示している。学習者の母語を介した場合は、文字情

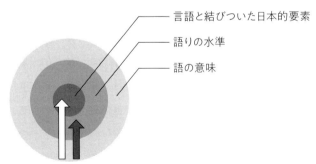

図8-18　原文（発信者）と読み手（受信者）のコミュニケーションにおける学習者の理解

報にプラスして既有知識で暗示化された情報を補うことで、学習者の理解は、語の意味、語りの水準にまで深化する。一方、現代語を介した場合は、言語そのものから日本文化的な要素を取り出すことができるため、原文の文字情報を頼りに、語の意味、語りの水準が理解でき、さらに、言語と結びついた日本的要素の理解まで深化する。以上のことから、現代日本語を通した場合と母語を通した場合とでは、学習者の理解は異なることが明らかになった。そして、現代語を介することは、学習者と原文間のコミュニケーションを言語と結びついた日本的要素の理解のレベルで実現することが明らかになった。現代日本語を介して古典日本語を理解することによって、学習者の理解はより深化していたのである。

　本章では、形容詞の訳出の調査から、学習者の心的辞書において、現代日本語語彙の知識が古典日本語語彙の理解に与える影響として、親近性と日本語学習上の難易度が関係していることが明らかになり、さらに語彙調査の結果から、現代語の知識の利用がプラスに働く語彙が多いことが明らかになった。また、作絵の調査、翻訳ストラテジーの調査から、英語よりも現代日本語によるコード化のほうが、原文の日本的要素を反映させた状況モデル形成が可能で、学習者にとってより日本的要素を伝達するコミュニケーションを実現していることが明らかになった。以上のことから、「高校を卒業したレベルの日本語母語話者の理解を基準とした場合、現代日本語の知識は、学習者の学習過程において古典日本語の理解にプラスの影響を与えている」という仮説は検証された。

　次章では、学習者の古典日本語の学習と理解に関するこれまでの研究から明らかになった学習者の習得の実態を踏まえて行った教育実践について報告する。

[注]

1──古典日本語の学習語彙の体系は、日本語母語話者の立場から見た現代語と古典語の影響関係をもとに整備されている。例えば、鈴木（2006）など。

2 ── 第4章では日本語母語話者向けの書籍を用いた学習者の語彙学習は困難を伴うものであることが示されていた。この背景には外国人学習者と日本語母語話者の心的辞書の内容の違いの影響があると推測される。

3 ── 原則としてN1取得者を対象とした。JLPTの受験経験はないが、人文社会系大学院に在籍し日本語による日本研究を行っている者については筆者が簡単な面接を行い、N1相当として認められるものについては協力者に含めた。

4 ── 調査対象となった部分を以下に示す。
  1. あやしがりて寄りて見るに、筒の中光りたり。それを見れば、三寸ばかりなる人、いとうつくしうてゐたり。
  2. 妻の女にあづけて養はす。うつくしき事かぎりなし。いとおさなければ篭に入れて養ふ。
  3. 心地あしく、くるしき時も、この子を見れば、くるしき事もやみぬ、はらだたしきことも慰みけり。
  4. 竹を取る事ひさしくなりぬ。
  5. いとかしこく遊ぶ。

5 ──「髪上げ」、「裳」、「帳」が該当する。

6 ── 古典日本語学習経験がある協力者のうち1名が該当する。

7 ──「あやし」は本文では「あやしがる」の形で現れる。「あやしがる」で一語とする区別もあるがここでは形容詞「あやし」に接尾辞「がる」が接続した形として取り上げた。

8 ──「苦し」と「うつくし」については、本文中に同じ意味で2回出現している。1名の協力者が、1回目に出現した両語には正訳を記述していたが、2回目に出現した両語には、正訳を含む複数の意味を併記していた。これについて事後に口頭で確認を行ったところ、どちらも同じ語であると認識していることが確認されたため、正訳としてカウントした。

9 ── ここには様々な時代の意味・用法が掲載されているが、判断に際し、作品の時代背景、文脈を考慮した。

10 ── ここに示したものの他に「かしこし」には「いろんなものを使って」、「かわいく」等、「をさなし」には「安全」、「元気に」等があった。「うつくし」にはこのような例がなかった。

11 ── この表現は宮腰（1983）の現代語訳に採用されている。

12 ── ここに示したものの他に「限りなし」には「〜だけだ」、「かなり」等があった。「あし」には「うれしい」、「よくない」があった。また、「久し」には、「たまに」、「昔」等があった。

13 ── これは、現行の日本語能力試験には対応していないが、日本語教育における学習語彙を規定するものの一つである。なお、現行の日本語能力試験（JLPT）では、語彙について出題の基準は非公開となっている。

14 ──「腹立たしい」は現代語では「腹立たしい」が相当し、これは『出題基準』には掲載されていない。しかし、今回の調査では協力者訳として「腹が立つような」としたもの

が複数存在し、これも同義であるため「正訳」とした。『出題基準』では、いわゆる慣用表現の類は掲載されていないが、「腹」は2級、「立つ」は4級に相当する。よって、今回の分析においては「腹立たし」は2級相当とした。

15 松下（2011）では、「悪しい」を見出し語として立てている。
16 河上（2011）、Shirane（2007）等。
17 外国人学習者対象の入門期の授業実践や教材では、高校生用国語教科書掲載の文献が多く用いられており（第3章）、独学で学ぶ学習者にも高校生用の書籍が用いられていた（第4章）。
18 「かぐや姫の嘆き」はこれに掲載がないため『精選国語総合古典編』（筑摩書房）を用いた。また、「あづさ弓」、「奥山に猫またといふものありて」、「丹波に出雲といふ所あり」は、『国語総合　古典編』（数研出版）を用いた。
19 『新編古典』（筑摩書房）掲載。
20 ここには様々な時代の意味・用法が掲載されているが、判断に際し、作品の時代背景、文脈を考慮した。
21 同一表記でも意味が異なる語（例「かなし」）は、それぞれ別語としてカウントした。『奥の細道』の「平泉」、「立石寺」には該当する語がなかった。
22 『全訳古語辞典』による意味。
23 神秘的な感じがする（『デジタル大辞泉』）
24 年齢が若い（『デジタル大辞泉』）、まだ年が行かず、独り立ちできない状態だ（『新明解国語辞典』）
25 「腹立たし」に対応する現代語は「腹立たしい」（級外相当）であるが、1.2の調査では対応する現代語訳は「腹が立つ」が多くあった。旧出題基準にはいわゆる慣用表現は掲載されていないが、「腹」は2級、「立つ」は4級であるため、ここでは「腹が立つ」を2級相当とした。
26 「繁い」、「繁く」、ともに級外相当。
27 「言ふかひなし」に対応する現代語は『デジタル大辞泉』、松下（2011）、『日本語教育語彙表』にはないが、これを「言う」と「かひなし」の複合と考えた場合、「言う甲斐がない」と理解することができる。現代語の「言う」は4級相当、「甲斐ない」、「甲斐」は級外相当であるため、「言ふかひなし」は級外相当とした。
28 『全訳古語辞典』では「あづし」の表記も掲載している。
29 「あつし」はシク活用のため、対応する現代語は「篤しい」となるが、『新明解古語辞典』、『デジタル大辞泉』では、「篤い」が見出し語として立てられているため、現代語形としてこれを記載した。
30 「間近い」、「間近」、ともに級外相当。
31 「隈なく」は『デジタル大辞泉』では副詞として取り上げられている。
32 旧JLPT4級の「安い」は「cheap」であるため、これは級外相当とした。
33 「はかない」は級外相当。
34 「わびしい」は級外相当。

35 — 現代語の知識は古典日本語の理解に悪影響を与える、等。
36 — 海外教育機関の学習者の日本語教育レベルは、初級は20.5%、中級43.2%、上級29.5%となっていた（第3章2.2）。JFL環境における中級、上級学習者の現代語運用能力の実態は明らかではないが、旧日本語能力試験級と学習段階との兼ね合いで考えると、中級後半レベルから正の転移の影響が増えると推測される。今後、調査すべき点である。
37 — 情報伝達の文章ではないという点で文学的文章に分類される。
38 — これらは、国語教育では文学作品として提示されるものであるため、文学の印象が強いかもしれないが、例えば、『大鏡』は、摂関政治を知るうえで貴重な歴史資料であるし、また『万葉集』は、現存する奈良時代の最も大きく、貴重な生活言語の集合体であるため、文学の和歌研究だけでなく、言語学、歴史学、政治学（律令体制）、民俗学（古代風習）、宗教学（神道）等に広くかかわる。このように、資料として用いられる分野は多様である。また、このような文学的文章の文学性がどのように歴史や政治に影響を与えたかのような、超領域的な研究も学習者の研究テーマとしてよく耳にしている。
39 — これについてCは「特に意味はない」と述べた。現代語訳作絵中の星についても「意味はない。」と述べた。
40 — 『日本大百科全書』小学館（1999）による。
41 — 専門分野は日本研究ではない。
42 — 日本の高校を卒業した日本語を母語とする成人5名に図8-4～図8-9を見せ、どちらが日本について描いた絵だと思うか尋ねたところ、4名が全ての図について現代語の作絵を選んだ。1名は、図8-7で英語の作絵を選択したが、それ以外は現代語の作絵を選択した。
43 — 例えば図8-4 現代語訳の「滝口」は日本の着物ではなくモンゴルのデールを思わせる服を着ている。
44 — 例えば図8-5 現代語訳の「滝口」は江戸時代の町人風の男性である。
45 — Source language　起点言語
46 — Target language　目標言語
47 — 例えば、和歌の優劣を競った歌合わせの判詞などにもこれについての評価は現れている。すぐれた歌について、藤原公任は『新撰髄脳』において「凡そ歌は心深く、姿清げに、心におかしき所あるをすぐれたりといふべし」（佐々木1958）としている。
48 — ただし、このような文化や歴史に関する既有知識は、個人でその量と質に差があるため、書かれた言語表現そのものに、文化や歴史を規定する要素があれば、理解の助けになるだろう。また、研究者が扱う文献資料は、常に研究の蓄積があり、注釈書が整備されているものとは限らない。翻刻が行われていない資料であったり、文書の断片であったり、成立や作者、語りの構造そのものが議論されるものであったりする。このような場合には、原文に書かれている情報をできるだけ保持した、現代語による理解は、有用である。
49 — 状況モデルについては、第8章2.1を参照。

50——Kintsch（1998）の状況モデルにおける既有知識の役割については、甲田（2009）に詳しい解説がある。

IV

教育実践

第 9 章 国内教育機関における古典日本語授業の実践

1. はじめに

　筆者は、国内の教育機関において日本研究を専門とする若手の外国人研究者（大学生、大学院生）を対象に、古典日本語の基礎と読解を学ぶクラスを担当している。1章から8章までの研究結果をどのように授業に生かすことができるだろうか。ここでは、試みとして筆者が2022年度に行った15回の授業実践について報告する。

2. 実践の背景

　第2章で見た通り、外国人研究者のための古典日本語教育は、母語話者向けの国語教育における「古典」の学習事項が前提として想定されていることがうかがわれる[1]。筆者にも、国語科の教科書で扱われる平安朝の和文の文学作品を集中的に取り上げ、文毎に品詞分解し、現代日本語訳させる授業を行った経験がある。しかし、「研究者である彼らが本当に必要とするもの」を教えられているのだろうかという疑問を常に感じていた。授業の対象者が日本語母語話者ではない点、学習の目的が研究資料の読解である点を考えると、日本人としての教養を目的とした国語教育とは別の切り口で古典日本語を学ぶアプローチがあるはずである。

2.1 さまざまな専門分野と扱う資料の多様性

　第二言語学習者であり、研究者でもある学習者を対象に授業を実施するにあたって、まず考慮しなければならないのは、彼らの専門分野、及び扱う資料の多様性である。表9-1に受講者の専門分野と扱う資料を示す。

　彼らの専門は、文学、歴史学、芸術学や翻訳など多岐にわたっている。また、扱う資料のジャンルも時代も多様であり、特定の時代に限定せずに横断的に資料を扱う者が多くいる[2]。古典日本語は、時代やジャンルによって文法や表記、文体に違いがあるため、授業においてはこの多様なニーズへの対応が課題になる。例えば、文法の点では、漢文体の文章で使われる助動詞と和文体の文章とでは使われる助動詞は異なる。また、平安文学は和文が中心であるが、近世の御定書や近世以降の手紙文では候文が使用され、近代以降の政治や思想に関する文章はいわゆる近代文語文と呼ばれる漢文訓読に近い文体が使用される。表記については、歴史的仮名遣い以外にも変体仮名や旧漢字など現代語と異なる表記が存在しているため、このような事項にも目を配

表9-1 受講者の専門分野と扱う資料

受講者	専門分野	研究で扱う予定の資料、今後扱いたい資料
A	比較文化	紀行文全般（時代を通じて）
B	翻訳、言語学	古典日本語で書かれた資料全般
C	歴史学	研究テーマに関係する資料[3]（時代を通じて）
D	文学	研究テーマに関係する資料（時代を通じて）
E	芸術学	歌舞伎の脚本、江戸時代の書物
F	翻訳、日本語教育	日本語の多様性がわかる資料
G	日本文学	1890年以降の文章
H	日本文学、ジェンダー研究	研究テーマに関係する資料（時代を通じて）
I	芸術学	仏教関係の資料（時代を通じて）
J	日本文学	内村鑑三の著作
K	創作文芸	日本語の多様性がわかる資料
L	国際政治学	明治以降の政府関係文書
M	哲学	研究テーマに関係する資料（時代を通じて）

る必要がある。

2.2 時間的、環境的な制約

　彼らが古典日本語の学習に割ける時間は限られている。多くの学習者が、大学、または大学院の過程で研究と平行して現代語と古典語を学ばなければならない状況にある。また、国や地域によって古典日本語の授業の開講状況には差があるため、学びたいと思った時に、自分に合った学びの場が容易には得られない場合もある[4]。この点は、国内の日本語母語話者が学校教育を通して何年もかけて古典日本語を学ぶことと比べると大きな違いである。彼らの学習には、時間的、環境的制約が存在することを考えた場合、「今この授業で学ぶべきこと」として、学習項目に優先順位をつけることが必要になる。15回という限られた時間の中で、専門に応じた古典語の知識を網羅的に扱うことはそもそも厳しく、その知識を定着にまで持っていくことはさらに難しい。そうであるならば、「初心者のドライバーがなんとか自動車が運転できる」ようなイメージで、「読解に役立つ知識と道具」を厳選して示し、それを使えるようにすることが有力な選択肢としてあがってくる。

3. 実践の目的

　本授業は、古典日本語で書かれた研究資料の読解を行うための基礎力を養成することを目的とする。ここで言う基礎力とは、学習者が研究資料を前にしたときに、「どこから手をつければ良いかわからない」という状況を回避し、「こうすれば読める」という見通しが持てること[5]を意味する。時間的、環境的制約の下に置かれた学習者が、研究資料を前にして、出発点を誤って膨大な時間を無駄な作業に費やすこと[6]がないよう、具体的に何をすれば良いのか、Web上のツールを利用することや人に尋ねることも含めて、すべき作業を学習者自身が把握し、知識と道具を駆使した上で研究資料の読解ができるようになることを目指す。古典日本語読解についての対処法を身につければ、将来、どのような資料に出会っても、自力で向き合うことができるのではないだろうか。彼らにいくつもの「技」を持たせることがこの授業の目的である。

3.1 実践において留意する点

以上の目的の下、本実践では、本研究を通じて明らかになったことを踏まえ、以下の点に留意して授業計画を立てた。

1) 授業運営において現代日本語を積極的に活用する。(第6章5.3)
2) 彼らがもつ現代日本語の知識（日本語教育文法）を出発点にして、古典日本語を学べるようにする。日本語教育文法と学校文法を明確に関連付けて示す。(第5章5.4)
3) 現代語参照法を十分に機能させるために「現代語と日本語の対応」を視覚的に示し、その対応関係を意識化させる。(第6章5.3)
4) 学習者の専門分野にできるだけ配慮し、読解の材料を決定する。研究者である学習者の知識を授業に生かしながら、教師と協同して授業を運営する。(第6章5.2)
5) 日本語の変遷の知識が研究資料への対応力を高めるという立場から、読解で扱う文章の時代、ジャンルに可能な限り偏りが出ないようにする。(第5章5.4)
6) 文法規則の解明、文章の内容把握に留まらないコミュニカティブな方法を探し、取り入れる。(第2章3.)
7) 彼らが今後自力で資料読解を行っていく将来を見据え、卒業後（帰国後）も使える道具や手段を積極的に提示する。(第4章4.、及び5.)

3.2 古典日本語の文法体系についての本実践の立場

本実践では、古典日本語の文法体系として、一般に「古典文法」、「文語文法」と呼ばれているもの（以下、古典文法とする。）を採用する。古典文法は、日本語教育文法とは関係が希薄なため、日本語教育関係者から「日本語教育文法のように留学生が負担なく学べる新たな文法体系を考案したらどうか」、「日本語教育文法の枠組みで、古典日本語を説明したらどうか」という声が寄せられることがあった。品詞の概念や活用形、動詞のグループ分けなど日本語教育を通して現代日本語を学んだ学習者にとって、異なる文法体系を一から学ぶことは確かに負担が大きい[7]。しかし、この点について筆者は、日本研究

者である彼らにとっては、文法学習の一時的な負担よりも、この文法体系を知るメリットの方が遥かに大きいと考えている。例えば未然、連用といった活用形や動詞のグループ分けなど、長い歴史の中で行われてきた分析方法は、各種の辞書や注釈書の記述を理解するのに欠かせない知識である。また、彼らが今後日本人研究者たちと交流する際に、「日本人研究者の常識」を知っていることそのものにも、意味がある[8]と考えられる。

4. 実践の内容

4.1 各回の授業の内容

　受講者は13名で、日本研究を行う若手外国人研究者である（表9-1）。彼らの現代日本語レベルは上級レベル[9]で、その大半は、ここで初めて古典日本語を学ぶ者[10]である。国籍は、中国、台湾、韓国、フランス、アメリカ、カナダである。授業は100分×15回で、各回のはじめの15分〜20分を暗記文（4.4で述べる）の確認と解説にあてた。前半7回は文法を中心とした学習を行い、後半8回は読解を中心とした学習を行った。第1回〜第6回までは教科書は使わず、筆者が作成した文法説明と練習問題のプリント[11]を使用して授業を行った。第7回以降は、受講生が研究者であることを考慮し、文法説明が詳しい『詳説古典文法』（筑摩書房2018）を文法の教科書として採用し、必要に応じて参照した。また、副教材として、『原色 シグマ新国語便覧【増補三訂版】』（文英堂2007）を使用した。読解の本文は、全集や文庫を使用した。また必要に応じてインターネット上に公開されている写本や版本などを閲覧した。なお、本授業は、正課外の授業であるため、成績評価は必要とされなかった。学生と相談の上、試験は実施しないこととし、その分の時間を読解にあてた。

　スケジュールは以下の通りである。〔　〕は文章のジャンルを表わす。

　　第1回　　イントロダクション
　　　　　　　①日本語の通時的変遷の解説
　　　　　　　②学校文法と日本語教育文法の比較、関連付け

　　　　　③現代語と古典語の比較：『曾呂利物語』巻四—三　通読
　第2回　古典日本語の表記
　　　　　①和文、漢文、和漢混淆文の概要
　　　　　②現代語と異なる表記
　　　　　　歴史的仮名遣い、旧漢字、句読点、踊り字、濁点・半濁点、くずし字等
　　　　　③文字、語彙の調べ方、及び語彙を調べる練習
　第3回　品詞の分類、用言の概要、活用形、動詞
　第4回　動詞の復習、品詞分解の方法・練習
　第5回　現代語訳の方法、係り結びの法則、品詞分解と現代語訳の練習
　第6回　形容詞、形容動詞、用言の復習
　第7回　助動詞の概要、助動詞　き・けり・つ・ぬ
　　　　文法の復習：『曾呂利物語』巻四—三　精読
　第8回　文法の総復習、読解の方法
　第9回　和文『古今和歌集』仮名序　紀貫之
　第10回　和漢混交文〔随筆〕『徒然草』第52段　吉田兼好
　第11回　和文〔歌物語〕『伊勢物語』6段
　第12回　近代文語文〔論説〕『学問のすゝめ』第一五編 福沢諭吉
　第13回　近代文語文〔随筆〕『聖書之研究』より「出征軍を送りて感あり」内村鑑三
　第14回　候文〔手紙文〕文久3年坂本乙女宛　坂本龍馬の手紙
　　　　　〔法令〕伴天連追放令、武家諸法度元和令、大日本帝国憲法
　第15回　敬語の用法、和文〔歴史物語〕『大鏡』競べ弓
　　　　　近代詩、近代短歌、和歌

文法中心授業（第1回〜第7回）
　文法の授業で最も重視したのは、現代日本語と古典日本語を比較する視点を得ることである。第4章の分析から国内学習者の古典日本語学習において、「日本人とのバックグラウンドの違い」が学習上の困難を引き起こす要因に

なっていることがわかった。日本語教育文法により現代日本語を学んだ学習者が、学校文法の知識なくして古典日本語の文法を学ぶことには困難が伴う。これを踏まえ、授業では、まず、現代日本語について日本語教育文法と学校文法の関係を明確に示し、現代日本語を2つの文法体系によって理解する練習から始めた。以下、各回の授業内容について具体的に述べる。

　第1回では、奈良時代から昭和初期までの日本語の表記・文体の変遷を、写本や版本の画像を示しながら確認し、万葉仮名から現代日本語へと続く日本語の変化の概要をつかんでもらった。その上で、日本語教育文法と学校文法のすりあわせを行った。2つの文法体系の成立背景と概念を示し、現代語を2つの文法の概念を用いて分析できるよう指導した。日本語教育文法は実用面を重視し、日本語を「かたまり」として把握しようとする方向性を持つのに対し、学校文法は日本語の通時な変化を説明できる点が特徴であり、日本語を「細分化」して把握しようとする方向性を持つ。この点を理解してもらうために、授業では、現代語の助動詞を含む例文[12]を2つの文法体系で分析する練習を行った。まず、例1、2のような単純な文を複数示し、教師が分析して見せ、学校文法では助動詞が文意の決定に大きな役割を果たしていることを理解してもらった。続いて、例3のようなやや複雑な形式を複数示し、日本語教育において「表現」として理解してきた語の連続を学校文法で分析するとどのようになるかを一緒に考えた。その後、同様の方法で短文を分析して説明する練習を行った。

　例1　過去の助動詞
　　ご飯を食べた。（た form）
　　ご飯を食べ／た。（動詞「食べる」の変化形＋過去の助動詞「た」）
　例2
　　ご飯を食べよう。（Volitional form）
　　ご飯を食べ／よう。（動詞「食べる」の変化形＋意志の助動詞「よう」）
　例3
　　学校に行かなければならない。
　　（動詞のない form の一部＋ければならない。「なければならない」＝ must、have to）

学校に行か／なけれ／ば／なら／ない。
(動詞「行く」の変化形＋打消しの助動詞「ない」の変化形＋助詞「ば」＋動詞「なる」の変化形＋打消しの助動詞「ない」)

授業では、この分析を行う段階で、現代語に残っている古典語(助動詞「まい」、「ず」、「ぬ」など)の身近な例[13]を取り上げ、語史を確認した。また、日本語母語話者は国語教育において学校文法を通して日本語を学んでいることを伝え、合わせて、彼らが将来日本人の研究者たちと交流する際には、この文法体系がベースになっている点に留意するよう伝えた。その後、『曾呂利物語』巻四―三(高田2017)を通読した。古典語に関する知識がない状態で文章を読み、現代日本語にはない語彙や表現を探し、意味を推測する活動を行った。入門期に江戸時代の文章を用いて導入を行うのは目新しい試み[14]であるが、これは彼らのビリーフ[15]にヒントを得たものである。この段階で、いくつかの助動詞の意味、及び現代語との対応を確認した。なお、助動詞の学習と文法の復習を行う回(第7回)において、再び『曾呂利物語』に戻り、学習した文法が理解できているかを確認した。

第2回では、古典日本語に特徴的な表記を確認した。各種の文体で書かれた写本、版本の画像を実際に確認し、視覚的に特徴をつかんでもらった後、歴史的仮名遣い、旧漢字、変体仮名、異体字、句読点など個別の事項の説明を行った。その後、文字や語彙を調べる方法を、具体的なツールを示しながら解説し、実際に調べる練習を行った。例えば、旧漢字については、Microsoft IMEパッドや電子辞書、及びiPad、iPhoneのキーボード繁体手書による手書き入力の方法や、インターネット上の各種辞書を紹介し、実際に古典語の文章の中から旧漢字を探し出して新字体を調べる練習を行った。そのほか、冊子体の辞書、事典、コーパス、くずし字認識のツールなど、読解に役立つツール[16]を紹介した。わからない文字や語彙の意味を調べたいときに、辞書類をどのように使用していくかについても具体的に示した。

第3回では、古典日本語文法における品詞の分類(用言、体言、連体詞、副詞、接続詞、感動詞、助動詞、助詞)を示し、その後、日本語教育文法の枠組みと比較しつつ、用言の概要を説明した。活用形については、各活用形の機能を解説

した後、以下に示すようなごく短い例で古典語を現代語と対照させて示すことで、各活用形が実際に文中でどのような形で用いられるかを確認した。その際に、係り結びや接続助詞、準体法といった基本的な文法の説明を行った。

　例）連体形：花咲く時／花咲くなり。／花咲くに／　花ぞ咲く。／花咲くは

　学習者は、古典日本語の学習に多くの時間を割けないため、係り結びや助動詞などの重要事項は、このような例や、暗記文 (4.4) を活用し、本格的な読解の学習に入る前から、スモールステップで「少しずつ何度も見せていく」形をとった。動詞は、現代語から古典語に、古典語から現代語に変換する口頭練習を行い、現代語と古典語のつながりが類推できるようにした。その後、音に注目させて活用語尾の変化の感覚をつかんでもらった。
　第4回、第5回では品詞分解と、読解の助けとなる現代語訳の作成、及び係り結びの法則について学び、練習を行った。古典語の動詞のグループは、現代語の動詞のグループから類推できるよう指導した。品詞分解と現代語訳については、学習に入る前にクラスで以下の2点を確認した。

1) 現代語訳に対する立場

　文法訳読法による教授では、原文の翻訳文の作成がゴールであり、翻訳文の出来によって外国語能力が評価される[17]。しかし、このクラスでは、解釈において、原文が伝達する内容を頭の中で如何に再現できるかという点に重点を置いている[18]。このため、本実践では、学習者にレベルの高い現代語訳を作成することは求めず、現代語訳はあくまで「解釈の補助」として用いることとした。今までの研究から、現代語の知識を古典語の解釈に利用することは、文章を深く理解するのに役に立つことが明らかになっているため[19]、解釈を行う際に現代語の知識を利用することは推奨する。なお、係り結びや連体形による終止など現代語には訳出できない事項[20]があることについて、例を挙げながら確認し、既成の現代語訳を参照する場合[21]は、この点に注意するよう伝えた。

2) 現代語訳の作成方法

　学生は、研究者として実際に現代語訳の作成を求められる場面もある[22]。クラスでは、研究場面における現代語訳作成を想定し、以下の点を現代語訳作成の基本的な方針とした。

　散文の場合は、原文に書かれていない表現を大幅に足すことや、書かれている表現を大幅に省略することは基本的に行わず、文の構造に沿って古典語に対応する現代語を参照しながら作成する。ただし、以下に示す操作は必要に応じて行う。

①現代日本語として完成した文を作るために、助詞や形式名詞を補う。(例：花咲く→花が咲く／詠むは→詠むことは)
②主語や目的語などが省略されていてわかりにくい場合、必要に応じて省略されている語を（　）書きで補って書く。
③現代語にはない文法や表現を訳出する場合は、最も近い現代語の表現で代用する。(例：絶対敬語、係り結び等)

　特に韻文の場合は、上記の方法で作成した現代語訳が意味を成さないことがある。その場合は、意訳を付したり、解説を追加したりすることがある。
　なお、各専門分野や流派によって細かいルールが存在することがあるため、最終的にはその分野の専門家に確認するよう伝えた。
　品詞分解と現代語訳の作成練習は、「現代語による解釈を行う練習」の一環として行った。具体的な手順は以下の通りである。

①読んで意味がわからないと感じるところを中心に品詞分解を行い、語彙、文法を確認する。
②古典語に対応する現代語を参照しつつ解釈の大枠を作る。その後、必要に応じて修正を加え、文として成立する形に整える。
③この文（または部分）が言いたいことは何であるのかを自分の言葉で説明する。

その際、係り結びの強調のニュアンスなど②の作業で言語化できなかった事項も含めて行う。

　①の品詞分解は、5章で明らかになった読解のプロセスにおいて、現代語の読み替えがうまく機能しなかった部分についてのみ行われていたことを踏まえ、そのような部分に限定して行うこととした。さらに、授業では現代語訳作成の後、③の解釈を説明するところまでを一連の流れとして行った。

　第6回では、形容詞、形容動詞を扱った。動詞と同様、現代語と古典語の変換練習を行った後、活用語尾の音の変化に注目し、活用の感覚をつかんでもらった。なお、形容詞は現代語の形容詞と意味が異なるものが多い[23]。第8章1.3で整理した学習語彙の一覧を参照しながら、意味の特定に注意するように伝えた。用言の復習問題に取り組んだ。

　第7回では、助動詞の概要説明を行った後、個別に「き」、「けり」、「つ」、「ぬ」を取り上げ、意味・用法を確認した。この段階で助動詞活用表の見方も確認した。その後、第1回の授業で扱った『曾呂利物語』をもう一度読み、これらの助動詞を文中から探し、意味や活用形を確認する活動を行いつつ、文法事項、及び内容の確認を詳細に行った。なお、文法学習として個別の助動詞を取り上げたのは、この4つだけである。これ以外の助動詞は、4.4で述べる暗記文や文章読解の際に、出てきたものをその都度取り上げ、文法の教科書で意味・用法を確認する形をとった。

読解中心授業（第8回～第15回）

　第8回～第15回は、文章の読解中心とした授業を行った。第8回では、文法の総復習と読解の方法について説明した。現代語参照法をベースに解釈を考える方法を視覚的に示し[24]、文章の解釈を考えてくることを予習として課した。第9回～第12回の教材は、教師が選んだ。この段階では、受講者はまだ助動詞に十分に慣れていないため、教科書の活用表を用いながら活用形や意味・用法を丁寧に確認した。扱った助動詞は表9-2の通りである。これ以外の助動詞については、暗記文を活用した。同様に、助詞についても、文章や暗記文の中で出てきた助詞をその都度教科書で確認する形で学習を進め

表9-2 読解の授業で学ぶ初出の助動詞

文章	助動詞
『曾呂利物語』巻四―三	ず、ん(む)、たり(存続)、なり(断定)
『古今和歌集』仮名序 (小沢・松田1994)	り、せ
『徒然草』第52段 (神田他2006)	き、まほし
『伊勢物語』6段 (片桐他1994)	まじ
『学問のすゝめ』第一五編 (福沢1942)	べし

た[25]。

　第13回以降は学習者の属性に応じた支援[26]を行うために、読解の文章は学生の希望を聞き、選定した。具体的に挙げられたものは、近代文語文、候文、漢文の基本知識が学べる文章、法令関係の文書、御伽草子、和歌、近代詩であった。彼らが研究者として今後様々な資料を扱っていくことを想定し、日本語の変遷が追えること、日本語の多様性が見える文章であることを考慮して、学習者と相談の上授業で扱う文章を決定した。

　第13回は、近代文語文として、内村鑑三『聖書之研究』(家永1993)の一部を取り上げた。授業では、まず、内村鑑三を専門とする学生が教師役となって内村鑑三の略歴を10分程度でレクチャーし、その後読解に移った。読解は教師が主導し、「嗚呼」、「乎」、「非ず」など、漢文訓読体に特徴的な表記や助動詞を確認し、内容確認を行った。その後、近代文語文の持つリズムや言葉選びについて話し合った。学生からの話題提供を受け、この文体を「もし英語で翻訳するならどのように訳すか」についても話し合いを行った。

　第14回では、候文の基本を学習したい、大日本帝国憲法の条文を読んでみたいという希望を受け、これらを「法令」としてまとめて学習した。まず、自作のプリントで候文の文型、用字法を整理した後、バテレン追放令 (五味他2007)、武家諸法度 (五味他2007)、大日本帝国憲法 (国立国会図書館憲法条文・重要文書webサイト) からそれぞれ2〜3条を取り上げ、候文の用法、濁点を用いないカタカナによる表記、漢文の返り点の用法などを確認した。また、漢文訓読を意識して、バテレン追放令の一部を書き下す練習も行った。合わせて、インターネットで公開されている写本や版本の画像も確認し、御触書と法令の

形式も確認した。また、手紙文で使用されている候文を確認するために、坂本龍馬の手紙（宮地2003）を扱った。学生からは、オンラインゲームの中で候文が用いられていることについて話題提供があった。

第15回では、短詩型の文学を読みたいとして、具体的に古典和歌、近代短歌、宮沢賢治の詩が挙げられた。また、古典語の敬語の体系を知りたいという希望も寄せられた。これを受けて、授業の前半は敬語法の概要を解説し、『大鏡』（橘・加藤1996）の「競べ弓」の読解を行った。そして、後半は近代短歌3首（与謝野晶子1985、石川啄木の作品）（久保田1993）、『万葉集』（小島他1994）と勅撰和歌集から和歌7首（小沢他1994）、宮沢賢治「雨ニモマケズ」（宮沢・天澤1997）を取り上げ、解釈を行った。また、和歌については、作品解説、内容解説に加え、万葉仮名、和歌技法（枕詞、掛詞、歌枕など）について知りたいとの声をうけ、簡単に解説を行った。宮沢賢治を研究する学生から、彼の略歴、人柄について説明と話題提供があり、それについて話し合いを行った。

なお、このほかに、漢文訓読の基礎が知りたいという要望が複数あった。このコースでは、時間の関係上、漢文そのものの読解を扱うことができなかった。第12回〜14回の授業で、資料に出てきた漢文訓読体の表現を用いて、漢文の基本構造、用字法のごく初歩的な事項を紹介するにとどまった[27]。

4.2 各回を通じて指導した点

彼らが今後多様な資料を扱っていく可能性を踏まえ、授業において、語史、文体の変遷、ジャンルによる使用語彙の特徴等、日本語の通時的変遷にできるだけ言及するようつとめた。古典文法は、平安時代中期の日本語を規範として作られたものであるため、時代が変われば、当然この文法体系から逸脱した例が出てくる。和文、漢文といった文体の違いによっても、使用される語彙は異なることがある。自分が今扱っている資料の性質に合わせて、使う知識を選べること、または使うべき知識の予測がつけられることが誤読を防ぐことにつながる[28]。学生にはこの点に意識を向けるよう促した。

4.3 コミュニカティブな授業にする工夫

本実践では、文法学習が文法規則の解明に関わる受身の学習に終始するこ

とがないよう、試みとしてコミュニカティブな手法を取り入れた[29]。

学習者による産出練習

　文法学習において、口頭の産出練習を取り入れた。例えば、現代語の用言を古典語の用言に変換する練習や、係り結び「〜ぞ〜（連体形）」を使って、強意の意味を込めて身近な状況を説明する短文を作成する活動[30]などである。他にも、「〜せば〜まし／〜ましかば〜まし（反実仮想）」のような文型や助動詞等を学習する際にも、具体的な状況を与え、古典語で表現してもらった[31]。

ビジュアル資料の活用

　第8章の分析から、学習者が古典語そのものからイメージする内容に限界があることが明らかになった。この点を踏まえ、ビジュアル資料の活用を心がけた。副教材である『原色シグマ新国語便覧【増補三訂版】』（文英堂2007）の他に、インターネット上で公開されている一次史料[32]を積極的に提示し、これについて気づいた点を話し合う活動を取り入れた。なお、装束や植物といった事物の写真のほか、版本や写本の画像を通して文字そのものを見ることによって、字体や文体の違いを視覚的に把握できるよう支援した。

学生との協同による授業運営

　第13回〜第15回の授業では、彼らが研究者であるという特性を生かして、専門に関する知識を積極的に提供してもらうよう促した。授業では、読解に関わる技術的な学習は、教師が中心となって進めたが、背景知識や最新の研究に関する説明などは学生が行った。これ以外にも、文体やトピック、作品や歴史に関することなど、学生が持っている知識は積極的に授業で共有してもらい、話し合った。皆で知識を出し合いながら文章についての理解を深めていった。

4.4　暗記文

　この授業では、毎回の学習（文法、読解）とは別に学生に「暗記文」を提示し、毎回の授業で暗記を課した。以下に示す暗記文の一覧は、過去の実践に

おいて毎年改訂を加えてきたもので、暗記文を一通り学べば、基本とされる29語の助動詞に触れることができる（表9-3）。例文は、日本人が教養として学ぶものを中心に、ことわざや短歌、文章の一部を取り出したもので、助動詞に親しむことに加えて、古典語のリズムや古典語特有の表現（助詞、係り結び、反実仮想など）、文体（漢文訓読体、和文体、和歌など）に慣れることも意識して選んだ。なお、古典語の助動詞は、1つの語につき複数の意味が存在している。助動詞を学習する際には、そこで提示された意味以外の意味や用法も合わせて文法の教科書で確認するようにした。

　暗記文は、第2回の授業で一覧を学生に配布し、各授業の冒頭15〜20分程度を用い、暗記した文の確認と新たな暗記文（2〜3文程度）の解説を行った。文法・語法、文意の解説のほかに作者や作品の紹介[33]、現代語、現代文化につながる事項[34]の解説も行った。必要に応じて、品詞分解、現代語訳作成も行い、現代語訳を作成していくプロセスを確認した[35]。なお、暗記文は、基本的に短いものから長いものへと提示するようにしたが、その時々の学習内容と関連が深いものを選ぶなど、提示順は適宜調整した[36]。

表9-3　暗記文でカバーされる助動詞

助動詞（暗記文で扱われる意味）		
る（尊敬）	き（過去）	なり（伝聞）
らる（受身、自発）	けり（過去、詠嘆）	まじ（打消し意志）
す（使役）	つ（完了）	なり（断定）
さす（使役）	ぬ（完了）	たり（断定）
しむ（使役）	たり（存続）	り（完了）
ず（打消し）	たし（希望、願望）	ごとし（比況）
む（意志、婉曲）	けむ（過去推量）	
むず（意志）	らむ（現在推量、現在の原因推量）	
まし（反実仮想）	べし（当然、義務）	
まほし（希望、願望）	らし（推定）	
じ（打消し意志）	めり（推定）	

暗記文一覧　暗記文に続いて出典を示す。下線部は助動詞。※は助動詞以外の解説事項。

1. 昔をとこあり__けり__　『伊勢物語』冒頭　※歴史的仮名遣い、助詞の省略、動詞、『伊勢物語』概要
2. 天は人の上に人を造ら__ず__、人の下に人を造ら__ず__と云へり。『学問のすゝめ』福沢諭吉　※歴史的仮名遣い、旧漢字、踊り字、動詞、『学問のすゝめ』概要
3. 後生畏る__べし__　『論語』　※旧漢字、動詞、漢文訓読の方法（返り点の紹介）
4. 初心忘る__べからず__　『花鏡』世阿彌　※動詞、能の概要
5. ありがたきもの。舅にほめら__るる__婿。『枕草子』「ありがたきもの」清少納言※形容詞、『枕草子』概要
6. あした浜辺をさまよへ__ば__　昔のことぞ偲ば__るる__　「浜辺の歌」林古渓　※接続助詞「ば」、係り結び、動詞
7. 己達せ__んと__欲して人を達せ__しむ__　『論語』　※漢文訓読体、漢文訓読の方法（白文、訓読文の紹介）
8. 妻の女にあづけて養は__す__。『竹取物語』　※『竹取物語』概要
9. 先達はあらま__ほしき__ことなり。『徒然草』　※『徒然草』概要
10. 足の向き__たらむ__方へ往な__むず__　『竹取物語』
11. うさぎ追ひ__し__かの山　小鮒釣り__し__かの川　「ふるさと」小学唱歌　高野辰之作詞・岡野貞一作曲　※指示表現、小学唱歌概要
12. 月の都の人まうで来ば、捕らへ__させむ__。『竹取物語』
13. 光陰矢の__ごとし__　ことわざ
14. 下手の考え休むに似__たり__　ことわざ　※準体法
15. 平家の家人__たりし__者もあり。『平家物語』　※『平家物語』概要
16. 時は金__なり__　ことわざ　※助動詞「なり」の識別
17. ふぐは食い__たし__命は惜しし　ことわざ　※副助詞「し」
18. 世の中に絶えて桜のなかり__せば__春の心はのどけ__からまし__　在原業平『古今和歌集』／『伊勢物語』　※反実仮想、格助詞「の」、呼応の副詞「絶えて〜打ち消し」、『伊勢物語』概要
19. 山里は冬ぞ寂しさまさり__ける__人目も草もかれ__ぬ__と思えば　源宗于『古

今和歌集』 ※係り結び、和歌技法（掛詞、字余り、倒置）、接続助詞「ば」、動詞、勅撰和歌集の概要
20. 思ひつつ寝ればや人の見えつらむ夢と知りせばさめざらましを　小野小町『古今和歌集』　※和歌の形式、格助詞「の」、接続助詞「ば」、間投助詞／接続助詞「を」、係り結び、反実仮想、六歌仙の紹介
21. 男もすなる日記といふものを女もしてみんとてするなり　紀貫之『土佐日記』冒頭　※「なり」の識別、『土佐日記』概要
22. かの大納言、いずれの舟にか乗らるべき。『大鏡』　※『大鏡』概要
23. わが身は女なりとも、敵の手にはかかるまじ。『平家物語』
24. 見渡せば 山もとかすむ 水無瀬川 夕べは秋と なに思ひけむ　後鳥羽院『新古今和歌集』　※『新古今和歌集』概要
25. 契りおきし させもが露を いのちにて あはれ今年の 秋もいぬめり『千載和歌集』藤原基俊
26. 夜をこめて鳥の空音ははかるともよにあふ坂の関は許さじ　清少納言『小倉百人一首』　※『小倉百人一首』概要、あふ坂の関
27. 憶良らは 今は罷らむ 子泣くらむ それその母も 我を待つらむぞ　山上憶良『万葉集』　※押韻、万葉仮名の紹介
28. 君が行く 道の長手を 繰り畳ね 焼き滅ぼさむ 天の火もがも　狭野弟上娘子『万葉集』　※上代の終助詞「もがも」
29. うたたねに恋しき人を見てしより夢てふ物は頼みそめてき　小野小町『古今和歌集』　※歴史的仮名遣い、助動詞の連続表現
30. 春過ぎて 夏来たるらし 白妙の 衣干したり 天香具山　持統天皇『万葉集』

5. 学生の評価

　授業終了後に受講者に対し、授業計画、授業方法、教材について尋ねるアンケート調査（無記名）を実施し、この実践の評価を行った。アンケートはGoogle form で作成し、Google Classroom を通じて配布した。最終授業日から5日以内に回答してもらった。回答は、無記名とした。

5.1 アンケート結果

8名の学生から回答があった。アンケートは、1）文法の学習について、2）読解の学習について、3）暗記文について、の3つのセクションに別れている。有効回答について設問毎に集計を行った。記述式の設問に関しては、KJ法にならってカテゴリ化を行った。（ ）は有効回答件数を示す。

1）文法の学習について

Q1. 教科書『詳説古典文法』を使ってみて、どうでしたか。(8)
回答：とても使いやすい25%、使いやすい62.5%、ふつう0%、使いにくい12.5%、とても使いにくい0%

Q2. その理由を教えてください。(7)

表9-4　文法の教科書が使いやすい／使いにくいと感じた理由

大カテゴリ	中カテゴリ	小カテゴリ	指摘数
文法に関する情報がまとまっていて便利だ	用例が確認できる	例文（実例）が多い	2
	活用や意味、用法を一覧で確認できる	助動詞の表活用が便利である	3
		用言の活用表が便利である	2
		助詞の表が便利である	2
	情報を検索しやすくする配慮がある	活用表が本の表紙と一体化していて参照しやすい	2
		活用表の中に、対応する本文の説明のページ数が書かれていて、探しやすい。	1
		情報が項目別に整理されていて使いやすい。	2
	情報が一つに集約されていると便利だ	教科書というものが一冊あると便利だ	1
第二言語学習者が一人では自習しづらい	教科書の構成・体裁に慣れていないため使いにくい	全て縦書きで、教科書の構成に慣れるまで使いにくい	1
		探している情報が一人で見つけにくい	1
	教科書の説明を一人では理解できない	一人で勉強する（予習、復習）には説明が足りない	1
		知らない文法用語等説明の日本語そのものが難しく、書かれている説明を読んだだけでは、理解できない。	2

Q3. 学校文法と日本語教育文法の対応を示したプリント（文法プリント）の説明はわかりやすかったですか。(8)

回答：とてもわかりやすい 62.5%、わかりやすい 37.5%、ふつう 0%、わかりにくい 0%、とてもわかりにくい 0%

Q4. その理由を教えてください。(7)

表9-5　文法プリントの説明がわかりやすい／わかりにくいと感じた理由

大カテゴリ	中カテゴリ	小カテゴリ	指摘数
説明の仕方に第二言語学習者への配慮がある	第二言語学習者にとってわかりやすい説明	説明がはっきりしている	2
		十分な説明があった	2
		読めばはっきりわかるようになった	1
	簡潔な説明	簡潔でわかりやすい	1
		教科書は情報が多すぎると感じたが、このプリントは圧倒される感じがなかった	1
	現代語とのつながりについての説明	文法の注意点（日本語教育文法）が書かれていてよかった	1
		用言の種類を現代語から説明していて、わかりやすかった	1
独習がしやすい構成	わかりやすい構成	表の構成がはっきりしていてよかった	2
		本文の構成がわかりやすかったから一人でも学べた	2

Q5. このクラスでは3学期に文法（古典文法の概要、用言）を主に学習し、4学期は読解を行いました。この進め方についてどう思いますか。(8)

回答：読解の時間を短くして、文法の時間をもっと長くしたほうがいい 12.5%、文法の時間を短くして、読解の時間をもっと長くしたほうがいい 37.5%、今のままでいい 50%

Q6. その理由を教えてください。(6)

表9-6 授業の進め方について

大カテゴリ	中カテゴリ	小カテゴリ	指摘数
文法学習は必要不可欠	文法をまず学ぶべきだ	読解を始める前にまず文法を学ぶ必要がある	1
		文法学習は重要だ	1
読解こそ学びたい	文法を理解するには読解が必要	読解を通して文法に慣れることができた	2
		読解がないと文法のパターンを把握できない	1
	読解を通して文法を学びたい	文法と読解を平行して扱うのがいい	2
	文章の読解をしたい	読解が最も勉強になった	1
		文法学習だけではつまらない	1

2) 読解の学習について

Q1. 色々な文章を読みましたが、「おもしろかった」、「役に立った」、「来学期の学生も読んだら楽しいと思う」など、読んで良かったと思うものを全て選んでください。(8)

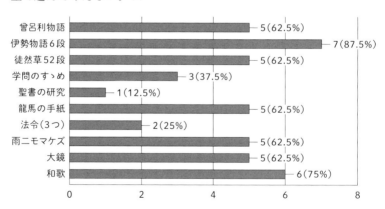

3) 暗記文について

Q1. 暗記文は役に立ちましたか。(8)

回答：役に立った87.5％、ふつう12.5％、役に立たなかった0％

Q2. 暗記文について、自由にコメントしてください。改善のポイントがあれば、教えてください。(5)

表9-7 暗記文について

大カテゴリ	中カテゴリ	小カテゴリ	指摘数
文法学習への貢献	文法、語彙の理解を促進	文型が覚えられる	2
		言葉の意味が覚えられる	1
		助動詞がよくわかった	1
	バリエーションを増やしてほしい	敬語の暗記文がもっとあったほうがいい	1
関連知識を得る	文法以外の知識も得られる	作品の背景説明が印象に残った	1
		文法以外の説明を大体覚えている	1
楽しい学び	学ぶことを楽しめた	楽しかった	2
		よかった	1
		大好きだった	1

5.2 学生が求める授業内容と教材

1）文法の学習についての調査から、今回教科書として採用した『詳説古典文法』については、用例が豊富で情報がまとまっていてよいとする一方で、第二言語学習者にとっては、一人で自習しにくいと認識されていることがわかった（Q1、Q2）。縦書きが採用されていることや、説明に使用される日本語そのものが難しいこと等が指摘されていた。また、筆者が作成した文法説明プリントについて（Q3、Q4）は、説明の仕方に第二言語学習者への配慮がある点、独習がしやすい構成について、プラスの印象が持たれていた。横書きを採用し、平易な日本語での説明を心がけた点がプラスの印象につながった可能性がある。以上のことから、用例豊富な、第二言語学習者向けに説明を工夫した自習ができる教材があれば、学習の助けになると考えられる。また、文法学習と読解学習の比率について尋ねた設問（Q5）からは、文法は必要であるという認識が示されたが、同時に読解こそ学びたいと考えていることがわかった。限られた時間の中で、文法の学習と読解の学習をどのように両立させていくかは悩ましい問題である。「読解の時間を短くして、文法の時間をもっと長くしたほうがいい」は12.5%であったのに対し、「文法の時間を短

くして、読解の時間をもっと長くしたほうがいい」は 37.5%、「今のままでいい」が 50% であったことから、今回の実践に関しては、おおむねこの時間配分で受け入れられたようであった。今回の実践で文法学習として個別に取り上げた事項は、用言と助動詞の「き」、「けり」、「つ」、「ぬ」で、他の助動詞や助詞、体言、副詞、接続詞、連体詞などは全て読解と暗記文を通して学習した。これらの文法を個別に取り上げなかったこと、また、読解の時間を設けた結果、文法学習の時間が短くなったことについて、文法を十分に学べなかったという感想が持たれることを懸念していたが、調査の結果から、15回という限られた時間であっても読解の時間を作り、読解を通して文法を学ぶことはおおむね今回の受講者のニーズに合っていることがわかった。

2）読解の学習についての調査では、読んでよかったと思うものとして、伊勢物語（87.5%）や和歌（75%）が高い支持を得た。また、近代文語文（12.5%）や法令（25%）はあまり支持を得られなかったが、これは、今学期は、文学に興味がある学生が多かったことと関係している可能性がある。候文の学習として取り上げた「龍馬の手紙」は、候文そのものが限られた時代の特殊な文体であるため、支持が低いことが予想されたが、62.5%の支持があった。

3）暗記文についての調査では、「暗記文は役に立ちましたか」という設問（Q1）において、87.5%が「役に立った」とし、12.5%が「ふつう」と回答した。このことから、おおむね学習の役に立っていたと判断できる。暗記文について自由にコメントする設問（Q2）においては、文法学習、関連知識の習得に役立ったほか、暗記文そのものを楽しんだ様子もうかがわれた。しかし、実際の授業では、和歌の暗記が負担になっているように見受けられた学習者もいた。また、敬語の暗記文を増やすべきだという指摘もあった。この点は今後、改善・補強したい点である。

6. 実践についての総合的考察と今後の課題

　実践を振り返って、改善すべき点は多くあるが、筆者が特に今後の課題として認識しているのは以下の 2 点である。

コミュニカティブな手法の拡大

　今回の実践では、学習者による産出、ビジュアル資料の活用、学生との共同による授業運営の3つを行った。どの活動も、学生からの反応は良く、より充実させて行く必要性を感じた。特にビジュアル資料の活用については、国語便覧とインターネット上の資料以外にも、国語教育のために開発されたデジタル教材の活用が考えられる。高校向けの教材は使用制限が設けられていることが多いため、留学生教育の現場で使用できるかどうかも含め、今後調査、開拓を行っていく必要がある。これができれば、学習者が古典語の世界をイメージするのに大いに役立つと考えられる。学生との協同による授業運営は、学生が生き生きと授業に参加する姿が印象的であった。この活動は、主に読解において行ったが、学生の専門によっては文法学習の段階でも可能かもしれない。この点も課題としたい。

文法と読解の時間配分の見直しと教材開発

　筆者は、過去にも古典日本語の入門授業を担当し、実践を行ってきたが、文法学習と読解学習の時間配分については現在も試行錯誤が続いている。今回の実践では、授業の中で「もっと色々な文章を読みたい」、「文法を読解の中で学びたい」という声と「文法だけをもっと丁寧にやってほしい」という声がそれぞれに聞こえてきた。文法の基礎が担保された状態で如何に多くの文章を読めるようにするか、という点は引き続き課題である。時間的な制約がある研究者の場合は特に、短時間で研究に必要な古典日本語に関する知識を学べるハンドブックのような自習教材の存在が彼らの学習を助けると考えられる。開発を急ぎたい。

　以上、2022年度に行った授業の概要を報告した。授業の内容については、まだ完成形とは言えない段階である。今後も検討を重ね、よりよい授業の形を学生と共に探していきたい。

[注]

1——第2章2.を参照。

2　筆者の経験では、現時点で時代が限定されている学生であっても、研究が進むにつれて、後々隣接した他の時代の文献読解が必要になるケースは多々ある。学生もその点を認識しているため、自分が現在フォーカスしている時代に留まらない、幅広い知識を身につけたいと望む者は多い。

3　個人情報に配慮し、詳しい研究テーマは記載しなかった。D、H、Mについても同様である。

4　第3章参照。この実践の受講者からは、母国の所属大学で学ぶチャンスがなかった、所属大学の古典日本語の授業は上級者向けだったため、参加はしたものの全く理解できなかった、等の声を聞いた。

5　第4章を参照。

6　第4章4.1「一人で行う孤独な問題対処」を参照。

7　第4章4.2参照。

8　第4章で「日本人とのバックグラウンドの違い」が学習上の困難を引き起こす要因であることがわかった。

9　この教育機関では、全ての授業で日本語が媒介語として使用されており、日本語で書かれた論文や日本語による議論が日常的に行われている。筆者の経験に照らしても、上級レベルであると判断できる。なお、クラス開講の時点で、受講者のうち6名がJLPT2級を取得しており、そのほかは未受験であった。

10　過去に学習した経験がある者が3名いたが、ほとんど身についていないとのことで、このクラスに参加した。

11　平易な日本語で、日本語教育文法との関連を重視した説明を行った。横書きを採用した。

12　助動詞は古典語で重要な概念であるが、日本語教育文法には存在しないため、授業では助動詞を重点的に取り上げた。

13　「ご飯を食べずに来た」、「知らん顔」、「二度と会うまい」、「過ぎ去りし日々」など。

14　国内の国語教育では「竹取物語」に代表される平安時代の物語文学が導入によく使用されている。また、アメリカで広いシェアを持つShirane(2007)では「方丈記」が最初の読解教材として採用されている。

15　第5章5.4を参照。

16　具体的には、冊子体、インターネット上の辞書の特徴と利用方法の紹介、くずし字認識ソフト（みを miwo：AIくずし字認識アプリ http://codh.rois.ac.jp/miwo/）の紹介、日本語歴史コーパス（https://clrd.ninjal.ac.jp/chj/）の利用方法の紹介等を行った。

17　第2章を参照。

18　第6章2.4を参照。

19　第6章及び、第8章を参照。

20　例えば係り結びは現代語訳において一般的に訳出されないが、原文に含まれる強意のニュアンスを読み手は理解する必要がある。

21　研究を遂行する上で学生が現代語訳を参照する機会は多い。例えば、平安朝の文学作

品であれば、文学全集から個人のWebサイトまで様々な趣向、質の現代語訳に触れることができる。

22 ─ 例えば、日本の大学でゼミに出席する場合や日本語で論文執筆をする際に原文の対訳を載せる場合などが考えられる。

23 ─ 第8章1.を参照。

24 ─ 第6章4.1 図6-1を参考に図示した。

25 ─ 接続助詞「ば」、係助詞「ぞ」など一部の助詞は第3回の活用形の授業でも触れている。

26 ─ 第6章5.3を参照。

27 ─ この教育機関ではこのクラスと平行して漢文の基礎を学ぶ授業が別途開講されている。しかし、古典日本語の授業の一環として漢文を学びたいという声はしばしば聞かれるため、今後この点について考えていきたい。

28 ─ このような取り組みが行われることによって、第4章4.1で示された教師不在型学習者の困難点に関わるカテゴリ「一人で行う孤独な問題対処」に関わる事項を軽減することにつながると考えられる。

29 ─ 文法訳読法を見直す立場から古典言語教育を行った世界の実践については、第3章2.3で見た。

30 ─ 「先生ぞ来る」、「雨ぞ降る」等があげられた。

31 ─ 過去の実践では、文語を用いて短歌を作成する活動を行ったこともある。古典語は現代では発話されないため、産出に関わる活動は不要だとする立場もある。しかし、学生は現代短歌や俳句、ゲーム、アニメ、マンガの世界で現代において産出された古典語に多く触れている。このため、このような活動に抵抗感はなく、むしろ前向きに取り組んだ。

32 ─ 例えば、『学問のすゝめ』は、慶應義塾大学メディアセンターデジタルコレクションを閲覧した。https://dcollections.lib.keio.ac.jp/ja/fukuzawa/a15/42

33 ─ 説明には、副教材の国語便覧を活用した。

34 ─ 暗記文に示された内容や語句が、現代にも使用されている例を示した。例えば、暗記文20が、映画「君の名は」の着想に関係していることや、暗記文11にある助動詞「し」がJポップに使用されている例などを示した。

35 ─ 第6章で明らかになった現代語参照法を踏まえて行った。

36 ─ 例えば、暗記文5は、形容詞の学習をする第6回で扱った。

第10章 まとめ

1. 外国人日本研究者の古典日本語の習得

　本研究は、国内の外国人日本研究者の、古典日本語の学習と理解を明らかにすることを目的とし、学習者の学習経験や教育法などについて調べ、それらの分析を教育にどのように利用していくことができるかについて考えてきた。以下に各章で行った個別の研究の総括を行い、研究のまとめを行う。

1.1　第9章までの総括

　この研究の目的は、国内の外国人日本研究者の、古典日本語の学習と理解の実態を明らかにすることであった。そもそものきっかけは、教師として学習者にどのように教えたらいいのか迷ったことである。この分野は、先行研究がわずかで、特に学習者がどのように学んでいるかについての情報が不足していた。第2章では、まず国内外の先行研究をまとめ、特に学習者研究がなされていないことを明らかにした。第3章では、情報が少ない実際の古典日本語学習支援について、学習者、海外教育機関の教員、国内教育機関の教員への調査を行い、現場の支援の実態を明らかにした。海外では、母語翻訳法が伝統的にとられていること、国内では十分な支援が提供されていないことがわかった。そして、第4章～第6章では、未だ研究されていない学習者の古典日本語学習の実態について調査を行い、問題対処プロセス、学習者ビリ

ーフ、古典日本語文認知過程を明らかにした。ここで得られた結果は、どれも第3章で示された母語翻訳による方法とは異なる、学習者にとっての第二言語である現代語を介した読み方を支持するものであった。第7章では、学習者がなぜ現代語を介した読み方を取るのかについて、第二言語習得研究の視点から古典日本語の習得について考察し、「高校を卒業したレベルの日本語母語話者の理解を基準とした場合、現代日本語の知識は学習者の学習過程において古典日本語の理解にプラスの影響を与えている」という仮説を提示した。第8章では、仮説検証のために、語彙調査、翻訳文調査を実施し、古典日本語の理解に現代日本語の親近性と日本語教育上の難易度が影響しており、語彙の理解と学習には現代語知識の利用がプラスに働くこと、また、現代日本語訳と英訳とでは、それを通した原文の理解に違いがあることを明らかにし、現代語知識の利用によって理解が深化するプロセスを論じた。これらの研究で明らかになったことを踏まえて、第9章では教育実践を行い、それについて報告した。以上を踏まえて、本研究の結論と教育への示唆、意義を述べる。

1.2　学習者の古典日本語の学習・習得

　古典日本語の学習・習得は、学習者要因、学習環境要因の影響を複雑に受けていることが明らかになった。現代日本語を介するという方法の選択は学習環境要因、学習者要因の影響を受けてなされ、この方法選択を支える学習者の確信の根拠は、現代語を介した理解が母語を介した理解と異なることにあった。原文と読み手のコミュニケーションにおいて、現代日本語によるコード化の方がより原典の日本的要素を学習者に伝達していることが、第8章の分析によって示されたが、学習者のビリーフ（第5章）からも明らかなように、彼らの古典日本語学習・習得の過程では、日本的な要素を伝えるコミュニケーションの実現が目指されていたと言える。

1.3　学習者が求める理解

　第5章の分析では古典日本語の「本当の意味がわからない」ことが語られていた（第5章4.）。この、「本当の意味」とは、古典日本語の母語への単純な

置き換えではとらえられない、日本語という言語とともに存在する「日本的要素」であるといえる。これには段階が存在し、母語によって限りなく近いものに意味の置き換えが可能なものもあれば、テキスト外情報として何らかの説明が補われれば理解できるものもある。さらに、言語と結びついた日本的要素のように、日本語という言語そのものと分離が不可能なものもある。

これを踏まえて彼らの学習法を改めて見ると、それは「如何にして、古典日本語の文章にある日本的要素を、言葉そのものを解釈することによって取り出すか」を彼ら自身が置かれた環境の中で考え、彼らなりの方法で模索・追及した結果であると言える。これは、原文と学習者間における日本的要素を伝達するコミュニケーションの実現を、深いレベルまで追い求めることだと言い換えることができる。

学習者がこの点を目指していることは、各章の研究におけるインタビューの発話でも、繰り返し言葉を変えて述べられてきた。「日本における一般的な社会常識の欠如（第4章4.1）」、「そんなことも知らない（第4章4.1）」等に見られた学習者の羞恥心、「本物に触れたい（第5章4.）」、「もっと高いレベルに行きたい（第5章4.）」等に見られた学習に対する希望、「頭の中を日本人に近づける努力（第6章4.1）」等に見られた日本に接近する行動、これらは全てその根底に、日本的要素を伝達するコミュニケーションの実現に対する欲求がある。そして、このコミュニケーションの実現は、言語と文化を一体化させて理解する、「『日本語』の世界観の獲得（第5章4.）」につながるものでもある。

コミュニケーションの実現をどのようにどこまで深く求めるか（求めたいと思うか、あるいは、求める必要があると認識するか）は、学習環境要因の影響を強く受ける。日本という環境で日本語を母語とする研究者に囲まれた場合と、海外のJFL環境で母語や英語を共通語として講義や論文執筆がなされる環境とでは、学習環境要因の影響は当然異なる。国内環境において、学習者の選択が結果的に現代日本語によっていくのはある意味当然とも見られ、また、どちらの環境における習得がより優れている、というものではない。

しかし、古典日本語の習得は、対象が古典言語である以上、完全な自然習得は想定しにくい。このため、教育介入の在り方は、学習環境要因として現代語習得以上に習得過程に大きな影響を与えると考えられる。その点で、第

5章で、母語翻訳法によって教育を受けた学習者が、学習の初期の段階でこの方法に違和感を持ち、結果的に現代語参照法へと学習法を変えていったことは注目に値する。学習者の個別性を考えれば、その時教室にいたすべての学習者が母語翻訳法に違和感を持ったとは考えにくく、何の疑問も抱かずに学んだ学習者も多くいたはずである。この点で、母語翻訳法もその存在を否定されるべきものではない。しかし、ここで重要なことは、このような、方法に対し違和感を持つ学習者が日本に留学してきて、実際に学習法を変化させて学んでいるという点である。少なくとも、このような学習者には、彼らが求めるコミュニケーションの実現をサポートする教育が必要である。そして、その方法は、母語の翻訳による方法とは異なる、現代日本語の知識を最大限に活用する方法である必要がある。

1.4 社会的アイデンティティー形成と外国語学習

　学習者が現代語参照法をとることを可能にしているのは、日本語・日本文化に深く入り込むことによって学習者の中に形成された高いレベルの「日本語アイデンティティー」の存在（第7章1.）である。第5章で見た通り、現代語による学習にたどりついた経験は、理想の研究者像の形成に影響を与えていた（第5章4.）。これは、高いレベルの「日本語アイデンティティー」の形成が、外国人研究者として必須のものとしてとらえられていることを意味する。理想的な研究者について語る協力者の言葉を第5章からもう一度引用する。

>「その地域の言語も文化も生活もそういうことも一緒に理解して研究者になる、僕はそれが理想的な研究者。言語と日常の暮らしと文化、これを全部。実感的には現代ですけどね。」

　現代語を介して現代の日本に究極的に接近することで、言語と文化をともに理解しようとする姿勢がうかがわれる。
　このような姿勢は、研究者特有のものととらえられがちだが、実は「何のために外国語を学ぶのか」という外国語学習に対するごく基本的な問いに対する答えと共通するものがある。外国語学習は、多くの場合、自国的なコミ

ュニケーションの枠を飛び越えて、異文化の人とコミュニケーションするために行われるのであるが、そこでは、読み・書き・話し・聞き取るという言語能力だけでなく、社会的なコンテクストに適した言語行動ができる社会言語能力も必要であるとされている（古田1996）。この社会言語能力を獲得するためには、単に、言語の4技能を教科書的に習得するだけでは足りず、異文化に深く入り込んで、言語と結びついたその国独自の文化的要素を理解し、その国独自方式のコミュニケーションを実現する必要がある。この、その国独自方式のコミュニケーションの実現を目指す姿勢は、本研究において、外国人研究者たちが、高いレベルで「日本語アイデンティティー」を形成させ、それによって現代語を介して、理解を深化させていたことと一致する。異文化である日本の古典文化への理解が、複アイデンティティー形成を伴って、ここまで深く、目指されていたことは、一見研究者であるが故の特別なことのように見えるかもしれない。しかし、実は、異文化コミュニケーションの現場に置かれる人であれば、目指されてよい点であると言える。近年は、例えばリンガ・フランカ[1]としての英語（道本・中村2013）のように、言語と文化を切り離して、純粋なコミュニケーションツールとして言語を使用しようとする動きがある。これは、世界のグローバル化に対応する点で、もちろん意味があることである。しかし、もし、外国語学習の目的が、コミュニケーションの相手の文化（異文化）を理解することであるのならば、言語と結びついた文化的要素の理解を含むその国独自方式のコミュニケーションの実現を目指す姿勢が外国語の学習において、重要になってくると考えられる。

2. 教育への示唆

2.1 古典日本語の教育法

　第2章、第3章にも記したように、外国人学習者への古典日本語の教育は、母語による翻訳法が主流で、古典日本語の習得のために、いわば別の言語である現代日本語を習得し、古典日本語の理解に第二言語である現代日本語を介在させるというのは、いかにも遠回りの方法と見られる。しかし、学習者は実際に、現代語を参照して古典日本語を理解し、そうすることによって、理

解は、言語と結びついた日本的要素の理解にまで深化していた。この方法には、現代日本語に対する深い理解が必要である点で、母語翻訳法に比べ、時間も労力も要するもののように見える。しかし、古典日本語を習得する必要がある学習者、研究者の多くは、日本の教育機関に所属するなどして、現実には現代日本語について、一定の知識と能力を有している。一般的には、日本語能力試験 N1 レベルを持つ者も多い。これまで見てきたように、彼らは、

- 実際に現代語との対照を行いつつ、学習、テキストの解釈を行っている
- 現代日本語と対照する方法が有効であるというビリーフを有している
- 現代日本語を介して古典日本語を理解することで、語の意味、語りの水準、言語と結びついた日本的要素まで理解が深化している

このことから、古典日本語の習得過程においては、もし現代日本語を身につけているのであれば、様々な点でメリットがあることがわかった。

教育の方法は、社会的な要因によって影響される部分もあるため、母語翻訳法が有効な学習現場も確かにあるだろう。しかし、今後、国内における教育提供を考えるにあたっては、今まで明確にはその有効性が認識されず、ともすると国語教育の方法と区別がつかないような形でぼんやりと存在していた現代語知識を利用した教育という方向も、有力な選択肢の一つであることがわかった。日本の研究環境において、周囲の日本語を母語とする研究者たちと肩を並べて資料読解ができる技術の養成を目指した教育法の開発には、現代語の知識が鍵となる。

2.2 国内における古典日本語授業の可能性

本研究で明らかになった、学習者が古典日本語の習得に至る道筋は、図10-1のようになる。学習者の場合、現代日本語学習から古典日本語学習に移行する段階で問題が生じていた（第4章4.）。日本語教育の体系に基づいて現代語を学んだ学習者たちが、学校文法と親近性を持つ古典文法の体系を理解するためには、現代語の二つの文法体系の連携を行う必要がある。この教育的介入は、資料読解を開始する前の段階（古典日本語学習の初期段階）でなされるのがよ

図10-1 外国人学習者と日本語母語話者の古典日本語の習得過程

いだろう。

　また、実際に教室で授業をどのように行うか、その教育法の詳細は本研究で明らかになった学習者の学習・習得を踏まえて、今後考えられていくことになる。学習者の実際の習得過程から得られた教育への提案は、第4章4.1、4.2、第5章5.4、第6章5.において、個別に記してきた通りだが、これに加え、現代語知識利用の点では、媒介言語としての現代日本語の採用、古典言語の教育法[2]を参考にした文法訳読によらないコミュニカティブな方法などが考えられる。第9章に記した授業実践では、口頭による産出練習を試みに行ったが、今後、さらにこの点を深めていく方向性が考えられる。また、研究活動で古典語学習に十分な時間が取れない学習者のためにどのようにして必要な知識を提供していくかも課題である。第9章の実践ではツールを使う練習や暗記文による助動詞学習など、従来の国語の古典教育とは異なる新しい切り口でいくつかの試みを行ったが、外国人研究者の実情に即した授業を提供するにはまだ多くの実践を重ねる必要性を感じている。学習に役立つ情報の提示や教材の開発は、日本語母語話者とは違った視点で進められるべきだろう。以上のような点を総合的に検討し、古典日本語教育の体系整備を進めていく必要がある。

2.3　他の古典言語学習・教育への応用

　本研究では、古典日本語について、言語の類型学的類似性、学習環境・学習者要因、学習者の理解の実態に関する調査・分析から、現代語を参照する

という方法が学習者の習得過程に沿ったものであることを明らかにし、今後「現代語知識を利用した教育」を国内で検討していくべきであるとの示唆を得た。この「現代語知識を利用した教育」が他の古典言語教育に応用可能かどうかは、言語の類型学的類似性、学習環境・学習者要因、学習者の理解の実態に関する調査・分析を行った上で、改めて検討される必要がある。

　第2章3.では、主に古典ギリシア語、ラテン語教育において、言語の類型学的類似性及び、学習者要因を考慮した教育法が文法訳読法に変わる教育法として提案されていることを見た。言語の類型学的類似性という点では、日本語という言語は通時的に見て、一つの言語としてコンパクトなまとまりを持っている。もちろん、日本語の歴史を見れば、その中でさまざまに変化はあったのだが、「古典日本語を理解する」という立場から見れば、語の意味論的意味や、敬語、モダリティ、漢字かなまじり表記等現代日本語に引き継がれ、保存されている概念は多く、高い一貫性を保持している。しかし、例えば、韓国語の場合は、いわゆる古典語とされるものは漢字で書かれているが、現代語はハングル表記を採用しているため、表記の点では類似性が低いと言える。一方、古典ギリシア語や古典中国語のような現代語と古典語の類似性がより高いとされる言語もあり、言語の類型学的類似性の実態は個々に異なっている。また、学習者要因という点では、本研究では、高い学習動機や研究という目的、高い現代語能力といった国内で研究を行う学習者に特徴的な要因が習得に影響を与えていることを明らかにしたが、他の古典言語の教育においては、ラテン語についてのWood (2011)のような学習者の母語特性を考慮した研究もあるものの、個々の言語を学ぶ個別の現場での学習者要因については、いまだ明らかにされていない点が多い。本研究では以上の点に加え、学習環境要因、及び理解の違いが学習者の学習法選択に影響を与えていることを明らかにしたが、このような点は、他の古典言語についても明らかにする価値があるかもしれない。古典言語の教育のあり方は、以上述べたような要因の実態と要因相互の関連性の解明によって学習者の学習と理解の実態を明らかにし、それをベースに検討されて行く必要がある。

3. 本研究の意義

　本研究は、これまで国内でその研究の必要性が認識されつつも、研究が進められてこなかった外国人日本研究者の古典日本語学習と理解の実態を明らかにした。林（2006）は、第二言語習得過程にかかわる要因として学習者要因、学習環境要因をあげている。本研究で行った調査のうち、第2章、第3章の調査は学習環境要因、第4章、第5章は学習環境要因と学習者要因、第6章は学習者要因に関係する議論である。個々の調査は小規模な調査であるため、本研究から、古典日本語習得の全体像をくまなく把握することはできないが、これらの結果から、外国人日本研究者の古典日本語習得にかかわる要因の一部を把握することはできる。本研究を国内の外国人日本研究者の古典日本語習得にかかわる基礎的な資料として、今後の研究の発展につなげていくことが可能であると考える。また、本研究は、学習者の学習・習得の実態を踏まえて、現代語知識を利用した教育法について積極的に考えていく可能性を提示した。世界の古典言語教育は、従来の文法訳読をベースにした教育を見直す動きにあるが、本研究は、学習者特性を考慮した教育法開発を目指す習得研究（Wood 2011）と同じ方向性を持つものとして位置づけることができるだろう。

　従来の言語の教育は、どのような場面でどのようにその言語を使うかという実用的な面に重点が置かれ、その言語の社会的文化的背景を正面から考えるものは少なかった。タスクベースの教授法[3]、プロジェクトベース学習法[4]、内容中心教授法[5]等、活動として目標言語の話者と接するものはあるが、目標文化に溶け込んでいく、目標言語話者の言動を深く観察して理解する、といったことはなされていなかった。国と国との交流が広がり、お互いの文化に正面から向き合うことが必要になった時に、単なる情報伝達の手段ではない言語の役割を見直す必要が出てくるはずである。本研究を通して、文化の深い理解を目指した言語の学習法があることが示された。この点は、言語の教育法研究に一つの新しい視点を提供できるのではなかと考える。

　言葉と文化の関係を考える場合、言語形式と意味の関係を考える必要性が生じる。意味と言語の関係については翻訳理論に多くの研究成果がある。言

語教育の分野では、文法訳読法への批判の影響で教育における「訳」の役割が議論されることは少なかった（クック 2010）。本研究は、古典日本語の学習について研究したものだが、その過程で明らかになった「文化の深い理解を目指す学習」のあり方は、一般の日本語教育を終えた超上級レベルの学習者（例えば JLPTN1 を取得した学習者）の、その後の現代語学習の実態と習得過程を示している。「言語の形式・構造と場面・状況を結びつけるスキルを身につけさせること（細川 2012）」が教育の中心である一般の日本語教育では、このレベルの学習者はこれをマスターした修了者とみなされ、教師の手を離れた存在とされる。しかし、実際はその後も手さぐりで学習は続けられており、学習者の習得過程には、「その先」の、言葉と文化のつながりを究極的に把握しようとする姿勢が強く見られた。おそらくここには、教育提供の余地がある。彼らの習得過程は、「言語の形式・構造と場面・状況を結びつけるスキルを身につけさせること（細川 2012）」が中心となっている言語の教育が、最終的には言葉と文化のつながりを教えることを避けては通れないことを示していると言える。この言語と文化の結びつきから超上級レベルの教育について考える際に、翻訳理論は、新しい視点を提供すると考えられる。

4. 課題と展望

　現代語参照法を支える、現代語知識を利用した教育については、これから、十分な研究と実践が必要となる。本書では、学習者の習得を踏まえたささやかな実践について報告を行ったが、学習者が専門分野で扱う資料の実態や、学習者の日本語能力レベルと古典語理解の関係など、基礎的な研究として、取り組むべき課題は多い。

　本書では、主に研究者対象の教育に限定して考えてきたが、広く教養として行われている古典日本語に関係した授業についてもその実態を深く見ていく必要がある。彼らが日本研究に進むきっかけはどこにあったのか、そのスタート地点を含めて検討していくことによって、より包括的な支援が可能になるだろう。これについては、今後、国内外の教育機関における実地調査を検討していきたい。また、本研究では古典日本語学習に取り組む、若手研究

者の学習プロセスを研究の対象としたが、既に古典日本語を習得し、研究者としてひとり立ちした外国人研究者を対象とした研究にも取り組みたい。以上のような調査研究を通して、具体的な教育法、シラバスの開発につなげていきたい。

　実際の支援現場に貢献するためには、学習項目の選定と教材開発は現実的な課題である。日本語母語話者向けの国語教育とは異なる、外国人学習者への教育という視点から、学習内容を検討し、学習項目を選び出す必要がある。その際、現場の支援者に求められるのは、「彼らが日本語母語話者中心のコミュニティーの中で外国人研究者としての立場を築き、独立して発信していくために必要なサポートは何か」を考える姿勢であろう。国内教育機関における古典日本語教育が担う役割は、単純な古典日本語読解技術の養成ではなく、彼らを取り巻く日本語を母語とする学生、教員とのコミュニケーションの活性化も含まれる。この点で、国内の学習者の学習環境の改善は、古典日本語教育が取り組むべき重要な課題である。日本語教育と日本研究の専門分野の連携についても考えていきたい。

[注]

1 ── English as a Lingua Franca (ELF)
2 ── 第2章3. 参照。
3 ── Task Based Language Teaching (TBLT)
4 ── Project Based Learning (PBL)
5 ── Content Based Language Teaching (CBLT)

参照文献

【日本語】

足立幸子（2003）『古文入門』大阪外国語大学留学生日本語教育センター

庵功雄（2020）「近代文語文を素材とする教育実践に関する一報告」『日本語教育』177, 77–91.

庵功雄（2021）『留学生のための近代文語文入門―現代の日本と日本語を知るために』スリーエーネットワーク

池上嘉彦・山中桂一・唐須教光（1994）『文化記号論―ことばのコードと文化のコード』講談社

池野範男（2017）「日本における多文化教育の論争点と課題―複アイデンティティ形成に焦点を当てて」『学習システム研究』5, 45–58.

伊藤嘉一（1984）『英語教授法のすべて』大修館書店

牛窪隆太・高村めぐみ（2017）「読解教育における「正しい理解」についての試論―物語文を用いた作絵活動の実践報告から」『関西学院大学日本語教育センター紀要』6, 5–20.

大島弘子（2010）「日本学研究は誰のものか―フランスにおける日本語教育と日本学」（日本語学・日本語教育学部会報告『第4回 国際日本学コンソーシアム 大学院教育改革支援プログラム「日本文化研究の国際的情報伝達スキルの育成」活動報告書』21, 154–156.

ガイ・クック，斎藤兆史・北和丈訳（2012）『英語教育と「訳」の効用』研究社（Cook, G., *Translation in language teaching: an argument for reassessment*, Oxford University Press (2010)）

海保博之・原田悦子（1993）『プロトコル分析入門』新曜社

柏崎秀子（2010）「文章の理解・認知過程を踏まえた教育へ―伝達目的での読解と作文の実験をもとに」『日本語教育』146, 34–48.

加藤直志（2013）「小学校国語教科書における古典教材：学習指導要領改訂を受けて」『名古屋大学教育学部附属中高等学校紀要』57, 117–124.

勝俣隆（2003）「留学生の受け入れに関する諸問題と提言―日本語教育と日本文化の教授の重要性を中心に」『教育実践総合センター紀要』2, 21–33.

加藤昌孝（1995）「文学教育としての古典教育を展望して」（〈特集〉批評する文学教育―学校の現在と教材の力―）『日本文学』44 (8), 34–42.

門田修平（2003）『英語のメンタルレキシコン―語彙の獲得・処理・学習』松柏社

金山泰子（2004）「上級学習者のための文語文法入門 実践報告と今後の課題」『アメリカ・カナダ大学連合日本研究センター紀要』27, 41–62.

金山泰子（2010）「中・上級学習者のための文語教育―2002年度–2009年度受講者のアンケートから探る今後の課題」『アメリカ・カナダ大学連合日本研究センター紀要』33, 112–126.

河上志貴子（2011）「日本人学生と外国人留学生の共学による実績と課題点の考察」『京都大学国際交流センター論考』1, 73–94.

川喜田二郎（2017）『発想法 改版』中央公論社

神田秀夫・永積安明・安良岡康作（2006）『新編日本古典文学全集（44）方丈記／徒然草／正法眼蔵随聞記／歎異抄』小学館

木下康仁（2003）『グラウンデッド・セオリーアプローチの実践―質的研究への誘い』弘文社

窪田光男（2005）『第二言語習得とアイデンティティ―社会言語学的適切性習得のエスノグラフィー的ディスコース分析』ひつじ書房

甲田直美（2009）『文章を理解するとは―認知の仕組みから読解教育への応用まで』スリーエーネットワーク

国際交流基金（1980）『文型式古典文法入門』国際交流基金

国際交流基金（1994）『日本語能力試験出題基準』凡人社

国際交流基金（2013）『海外の日本語教育機関の現状 2012年度日本語教育機関調査より』くろしお出版

小杉商一（1983）『古文基礎』東京外国語大学特設日本語学科

小島憲之・木下正俊・東野治之（1994）『新編日本古典文学全集万葉集四』小学館

古田島洋介（2013）『日本近代史を学ぶための文語文入門―漢文訓読の地平』吉川弘文堂

小柳かおる（2004）『日本語教師のための新しい言語習得概論』スリーエーネットワーク

佐々木信綱（1958）『日本歌学大系第壱巻』風間書房

佐藤勢紀子（2014）「留学生を対象とする古典入門の授業―日本語学習者のための文語文読解教材の開発を目指して」『東北大学高等教育開発推進センター紀要』9, 99–113.

佐藤勢紀子・串田紀代美・高橋章則・小野桂子・楊錦昌（2016）「日本学専攻学習者を対象とする文語文教育」『専門日本語教育研究』18, 55–60.

佐藤勢紀子・虫明美喜・角南北斗・金山泰子（2021）「e-learning教材"BUNGO-bun GO!"の評価―留学生を対象とする文語文関連授業での試用を通じて」『東北大学高度教養教育・学生支援機構紀要』7, 401–413.

坂内泰子（2004）「留学生と文語文読解の必要性」『神奈川県立短期大学紀要総合篇』27, 59–74.

ジェラール・ジュネット（1985）『物語のディスクール―方法論の試み』書肆風の薔薇

嶋津百代（2006）「第二言語話者として生きる―第二言語習得と学習者のアイデンティティ研究」『多文化社会と留学生交流―大阪大学留学生センター研究論集』10, 51–60.

小学館（1994）『日本大百科全書』Japan Knowledge https://japanknowledge.com（2024/6/12閲覧）

徐一平（2010）「日本語教育と日本学研究の関係―中国の日本語教育と日本研究を例に」（日本語学・日本語教育学部会報告『第4回 国際日本学コンソーシアム 大学院教育改革支援プログラム「日本文化研究の国際的情報伝達スキルの育成」活動報告書』21, 146–149.

白石恭子（1997）「外国人への古典文法の指導（特集 古典文法教育の創造：高校古典教育の周辺』『国文学解釈と鑑賞』62（7）, 181–185.

鈴木栄（2015）「学習者のビリーフ研究の探索―ユングの絵画分析を使ったビリーフ検索の

試み」『言語文化教育研究』13, 63–82.

鈴木泰（1995）「古典語と日本語教育」『国文学解釈と鑑賞』60, 139–144. 至文堂

鈴木日出夫（2006）『高校生のための古文キーワード100』ちくま新書筑摩書房, 3–4.

副島昭夫（2003）「留学生のための文語文入門試案」『東京大学留学生センター紀要』13, 51–115.

ソシュール, フェルディナン・ド. 小林英夫訳（1972）『一般言語学講義』岩波書店（Saussure, F.d., *Cours de linguistique générale*, Payot (1857–1913)）

武井直紀（2005）「第二言語話者の発話運用の研究―日本語教育の視点から」（博士論文, 東京工業大学）

橘健二・加藤静子（1996）『新編日本古典文学全集（34）大鏡』小学館

立松喜久子（2000）「文語文法を教える外国人上級学習者のための古典入門授業」『アメリカ・カナダ大学連合日本研究センター紀要』23, 1–24.

谷口龍子・坂本恵（2013）「国内外の高等教育機関における日本語教育事情調査―データベース中間報告（1）欧米型（日本研究の中の日本語教育）とアジア型（日本語教育から日本研究へ）」『日本語・日本学研究』3, 109–120.

土田知則・青柳悦子・伊藤直哉（1996）『現代文学理論―テクスト・読み・世界』新曜社

東京大学教養学部国文・漢文学部会（2007）『古典日本語の世界―漢字がつくる日本』東京大学出版会

仲尾光康（2014）「「文法偏重の古典」から「興味・関心を高める古典」の授業へ（特集 古典文法をどう教えるか）」『日本語学』33 (13), 44–52.

中島義明・安藤清志・子安増生・坂野雄二・繁桝算男・立花政夫・箱田裕司（1994）『心理学辞典』有斐閣

鳴島甫（2007）「古典教育再考―七割もの生徒に嫌われている古典教育からの脱却（特集 古典教育を考え直す）」『日本語学』26 (2), 6–12.

西口光一（2017）「コミュニカティブ・アプローチの超克―基礎日本語教育のカリキュラムと教材開発の指針を求めて」『リテラシーズ』20, 12–23. くろしお出版

仁科喜久子（2010）「巻頭言 専門日本語教育の領域」『専門日本語教育研究』12, 1–2.

日本語学習辞書支援グループ（2015）「日本語教育語彙表 Ver. 1.0」 http://jhlee.sakura.ne.jp/JEV/ 2024/6/12 閲覧

橋本不美男・有吉保・藤平春男（2001）『新編日本古典文学全集（87）歌論集：俊頼髄脳, 古来風躰抄, 近代秀歌, 詠歌大概, 毎月抄, 国歌八論, 歌意考, 新学異見』小学館

橋本洋二（1993）「言語学習についての BELIEFS 把握のための試み―BALLI を用いて」『筑波大学留学生教育センター日本語教育論集』8, 215–241.

林さと子（2006）「第二言語習得から見た第二言語学習／習得の可能性」津田塾大学言語文化研究所言語学習の個別性研究グループ（編）『言葉を学ぶ一人ひとりを理解する 第二言語学習と個別性』春風社, 48–58.

春口淳一（2007）「非母語話者が古典日本語文法を学習する際の問題点―現代日本語訳にお

けるミステイク分析から」『長崎外大論叢』11, 109–122.

春口淳一（2008）「日本語学習者を対象とする古典日本語文法テキストの課題―武漢大学出版社『日本語古典文法』を例として」『長崎外大論叢』12, 71–84.

春口淳一（2009）「日本語学習者を対象とする古典日本語文法テキストの課題（3）」北京大学出版社『日語古典語法』を例として『長崎外大論叢』13, 131–144.

春口淳一（2010）「華東理工大学出版社『簡明日本語古文教程』にみる―日本語学習者のための古典日本語文法テキストの課題」『長崎外大論叢』14, 153–165.

平子義雄（1999）『翻訳の原理―異文化をどう訳すか』大修館書店

深沢愛（2013）「外国人留学生の文語文法・古語学習について考える（1）―文語助動詞の場合」『近畿大学文芸学部論叢』25, 128–114.

古田暁監修（1996）『異文化コミュニケーション［改訂版］』有斐閣

星（佐々木）摩美（2016）「韓国中等教育日本語教師の実践とビリーフ―変化とその要因を中心に」『日本語教育』165, 89–103.

細川英雄（2012）「日本語教育学の専門性とは何か―日本語教育と日本研究の分断化の意味するもの」『新時代的世界日语教育研究』7–12.

細田和雅・伊藤克浩（1994）「BALLI の日本語学習者への適用可能性」『広島大学教育学部紀要第二部』43, 311–318.

松井嘉和（2003）『東欧の日本語教育、日本研究』錦正社

松浦照子・片岡信二・安倍清哉（1991）「平安文学における形容詞対象語彙表」『フェリス女子大学文学部紀要』26, 51–125.

松岡弘（2001）『一橋大学学術日本語シリーズ 7 学術日本語の基礎（二）近代文語文を読む』一橋大学留学生センター

松永伸司（2015）「言語としての画像」『東京藝術大学美術学部論叢』11, 27–34.

松下達彦（2011）「日本語を学ぶ人のための語彙データベース」The Vocabulary Database for Learners of Japanese Ver. 1.0 (for General Learners) http://tatsuma2010.web.fc2.com/ ※現在は Ver. 1.1 が公開されている。2024/06/12 閲覧

松村明（2012）「デジタル大辞泉」小学館　Japan Knowledge　https://japanknowledge.com（2024/6/12 閲覧）

馬淵和夫・国東文麿・稲垣泰一（1999）『新編日本古典文学全集今昔物語集四』小学館

道本ゆう子・中村真規子（2013）「国際コミュニケーション・ツールとしての「英語」」『太成学院大学紀要』15, 93–99.

宮腰賢（1983）『古文の基礎』旺文社, 69–71.

宮腰賢・石井正己・小田勝（2013）『全訳古語辞典』第四版　旺文社

文部科学省（2018）『【国語編】高等学校学習指導要領（平成 30 年告知）解説』文部科学省

山方純子（2007）「第 2 言語読解における未知語の意味推測研究の概観―下位レベルの推測ストラテジー使用に着目して」『言語科学研究』13, 37–51.

山口真紀・武井直紀（2015）「外国人学習者の古語・文語学習における困難点―研究の過程

で古語・文語文献を扱う留学生・研究者へのインタビュー調査から」『第17回専門日本語教育学会研究討論会誌』20–21.

山口真紀・野原佳代子（2016）「研究において古典日本語文献読解を行う外国人学習者が抱える困難点と問題対処プロセスの研究」『Studies in Language sciences』15, 121–141.

山田忠雄・柴井武・酒井憲二・倉持保男・山田明雄・上野善道・井島正博・笹原宏之（2011）『新明解国語辞典』三省堂

山田優（2015）「外国語教育における「翻訳」の再考―メタ語能力としての翻訳規範」『関西大学外国語学部紀要』13, 107–128.

楊金萍（2003）「中国における日本語古典教育の現状と将来」『国文学解釈と鑑賞』68（7），86–93.

リチャーズ, J. C.・ロジャーズ, T. S.（2007）アントニー・アルジェイミー，高見澤孟（訳）『アプローチ＆メソッド　世界の言語　教授・指導法』東京書籍（Richards, J. C., & Rodgers, T. S.（2001）*Approaches and Methods in Language Teaching (2nd ed.)*　New York: Cambridge University Press.）

ローマン・ヤーコブソン（1973）『一般言語学』川本茂雄監訳，みすず書房

Sonnenberg, K.・菅生早千江（2011）「日本学研究と日本語教育との連携―ポーランドの場合」『お茶の水女子大学比較日本学教育研究センター研究年報』7, 269–272.

【その他の言語】

Bowles, M. (2010). *The think-aloud controversy in language acquisition research*. New York: Routledge.

De Bot, K. (2003). A bilingual production model: Levelt's 'speaking' model adapted. *The bilingualism reader* (pp. 399–420). London: Routledge.

Fernández-Guerra, A. (2012). Translating culture: problems, strategies and practical realities. *Art and Subversion*. No. 1. Year 3.

Gass, S., & Mackey, A. (2000). *Stimulated recall methodology in second language research*. Mahwah, NJ: Lawrence Erlbaum.

Hammarberg, B. (2001). Roles of L1 and L2 in L3 production and acquisition. *Cross-linguistic influence in third language acquisition. Clevedon: Multilingual Matters*.

H. H. Honda (1967). *The Manyoshu: a new and complete translation*. Hokuseido Press.

Horwitz, E. (1987). Surveying student beliefs about language learning. In Anita Wenden & Joan Rubin (eds.), *Learner Strategies in Language Learning*. Englewood Cliffs, NJ: Prentice Hall. 119–129.

Howatt, A. P. R., & Widdowson, H. G. (2004). *A history of ELT*. Oxford: Oxford University Press.

Keene, D. (1981). *Essays in idleness : the Tsurezuregusa of Kenkō*. Tuttle Pub.

Kershner, S. (2019). What can Taylor Swift do for your Latin Prose Composition students? Using popular music to teach Latin poetry analysis skills. *An Online Journal of the Classical Association of the Middle West and South*.

Kintsch, W. (1998). *Comprehension: A paradigm for cognition.* New York: Cambridge University Press.

Kordzinska-Nawrocka, I. (2013). *KLASYCZNY JEZYK JAPONSKI.* Warszawa: Wydawnictwa Uniwersytetu Warszawasiego.

Koutropoulos, A. (2011). Modernizing Classical Language Education: Communicative Language Teaching & Educational Technology Integration in Classical Greek. *Human Architecture: Journal of the Sociology of Self-Knowledge*, 9(3), 6.

Kroll, J. F. (1993). Accessing conceptual representations for words in a second language. *The bilingual lexicon*, 53, 481.

Larsen-Freeman, D. (2001). Individual cognitive/affective learner contributions and differential success in second language acquisition. *Learner contributions to language learning*, 12–24.

Levelt, W. J. (1993). The architecture of normal spoken language use. *Linguistic disorders and pathologies: An international handbook* (pp. 1–15). Berlin; New York: Walter de Gruyter.

Manousakis, N. (2013). Blended learning in an advanced course on Greek tragedy. *Teaching Classical Languages*, 5(1), 30–49.

McCullough, H. (1980). *Okagami-The Great Mirror Fujiwara Michinaga (966–1027) and His Times A Study and Translation.* Prinston, N.J.: Princeton University Press, University of Tokyo Press.

Overland, P., Fields, L., & Noonan, J. (2011). Can Communicative Principles Enhance Classical Language Acquisition? *Foreign Language Annals*, 44(3), 583–598.

Peirce, B. N. (1995). Social identity, investment, and language learning. *TESOL quarterly*, 29(1), 9–31.

Potter, M. C., So, K. F., Von Eckardt, B., & Feldman, L. B. (1984). Lexical and conceptual representation in beginning and proficient bilinguals. *Journal of verbal learning and verbal behavior*, 23(1), 23–38.

Shirane, H., (2005) *Classical Japanese: A Grammar.* New York: Columbia University Press.

Shirane, H., (2007). *Classical Japanese Reader and Essential Dictionary.* New York: Columbia University Press.

Siegal, M. (1996). The role of learner subjectivity in second language sociolinguistic competency: Western women learning Japanese. *Applied Linguistics*, 17(3), 356–382.

Stern, H. H. (1992). *Issues and options in language teaching.* Oxford: Oxford University Press.

Teruo Suga (1991). *The Man'yo-shu: A Complete English translation in 5-7 rhythm.* Tokyo: Kanda University of International Studies.

Ury, M. (1979). *TALES OF TIMES NOW PAST: Sixty-Two Medieval Japanese Collection.* Berkeley, Calif: University of California Press.

Vinay, J.-P. & Darbelnet, J. (1958/1995). *Stylistique comparée du français et de l'anglais.* Paris; Didier. Translated and edited into English by Sager, J.C. & Hamel, M.J. (1995). *Comparative stylistics of French and English: A methodology for translation.* Amsterdam & Philadelphia: John Benjamins Publishing Company.

Wenden, A. (1987) How to Be a Successful Language Learner: Insights and Prescriptions from L2 Learners. In Anita Wenden & Joan Rubin (eds.), *Learner Strategies in Language Learning.* Englewood Cliffs, NJ: Prentice Hall. 103–117.

Wood, T. J. (2011). Third language Acquisition: Spanish-speaking students in the Latin classroom. *Aliquid Novi*, 17(8), 14–28.

駒井明・Rohlich, T. H. (1991). *An introduction to classical Japanese.* Tokyo: Bonjinsha.

崔香蘭・孫佩霞（2010）．新編日本古典文法．大連理工大学出版社

張龍妹（2006）．日本古典文学入門．外語教学与研究

劉徳潤・張文宏・王磊（2003）．日本古典文学赏析：和歌 物語 日記 随笔 散文 戏剧 俳句 小说 汉诗．外研社

【資料】

平成26年度版　高等学校国語科用教科書

『高等学校新訂国語総合 古典編』第一学習社

『国語総合 古典編』数研出版

『精選国語総合 古典編』筑摩書房

『精選国語総合 古典編』明治書院

『国語総合 古典編』大修館書店

『高等学校国語総合 古典編』三省堂

『国語総合 古典編』東京書籍

『新編古典』筑摩書房

阿部秋生・秋山虔・今井源衛・鈴木日出男（2006）『新編日本古典文学全集（14）源氏物語1』小学館

井島正博・伊藤比呂美・仲島ひとみ（2018）『詳説古典文法』筑摩書房

市古貞次（2006）『新編日本古典文学全集（45）平家物語1』小学館

家永三郎（1993）『日本平和論大系4』日本図書センター

岡節三（1990）『英訳万葉集 ＝ An English translation of MANYOSHU 巻14』『英訳万葉集巻14（東歌）』刊行委員会

小沢正夫・松田成穂（1994）『新編日本古典文学全集（11）古今和歌集』小学館

片桐洋一・高橋正治・福井貞介・清水好子（1994）『新編日本古典文学全集（12）竹取物語 伊勢物語 大和物語 平中物語』小学館

北原保夫（2005）『精選古典』大修館書店

久保田正文（1993）『新編 啄木歌集』岩波書店

慶應義塾大学メディアセンターデジタルコレクション『学問のすゝめ』　2024/6/12 閲覧 https://dcollections.lib.keio.ac.jp/ja/fukuzawa/a15/42

国語教育プロジェクト（2007）『原色 シグマ新国語便覧【増補三訂版】』文英堂
国立国会図書館 憲法条文・重要文書「大日本帝国憲法」 2024/6/12 閲覧
　　https://www.ndl.go.jp/constitution/etc/j02.html
五味文彦・吉田伸之・鳥海靖・笹山晴生（2007）『詳説日本史史料集（再訂版）』山川出版社
高田衛（2017）『江戸怪談集 中』岩波書店
福沢諭吉（1942）『学問のすゝめ』岩波書店
三角洋一（2014）『国語総合古典編』東京書籍
宮沢清六・天澤退二郎（1997）『【新】校本宮澤賢治全集 第十三巻（上）覚書・手帳　本文篇』筑摩書房
宮地佐一郎（2003）『龍馬の手紙：坂本龍馬全書簡集・関係文書・詠草』講談社
与謝野晶子（1985）『与謝野晶子歌集』岩波書店

【第9章で紹介したツール、アプリ】
国立国語研究所 日本語歴史コーパス　2024/6/12 閲覧　https://clrd.ninjal.ac.jp/chj/
ROIS-DS 人文学オープンデータ共同利用センター　みを（miwo）：AIくずし字認識アプリ　2024/6/12 閲覧　http://codh.rois.ac.jp/miwo/

初出一覧

【第 4 章 4.1】
1. 山口真紀・野原佳代子 (2016)「研究において古典日本語文献読解を行う外国人学習者が抱える困難点と問題解決プロセスの研究」『Studies in Language Sciences』15, 121–141.

【第 8 章 1.】
2. 山口真紀 (2017)「外国人学習者対象の古典日本語教育入門教材における形容詞の分析―学習語彙リストの作成のための語彙調査」『語彙研究』14,12–21.

【第 6 章】
3. 山口真紀・野原佳代子 (2019)「日本研究を行う日本語学習者の古典日本語読解における語句の意味推測―国内教育機関における古典日本語学習支援の方法を探るために」『言語文化教育研究』17, 146–168. http://alce.jp/journal/vol17.html

【第 8 章 1.】
4. 山口真紀 (2016)「外国人学習者による古語形容詞の現代語訳」『日本大学経済学部研究紀要――一般教育・外国語・保健体育』80.25–36.

本書は、2020 年 3 月に東京工業大学に提出した博士論文「外国人日本研究者の古典日本語学習と理解と研究」に基づき、改稿を行ったものである。ここに示した既発表論文については、いずれも初出時のものに加筆・修正を行った。

おわりに

　本書は、東京工業大学社会理工学研究科人間行動システム専攻博士後期課程学位請求論文として提出したものを、提出後に行った授業実践の報告を加え、加筆・修正をしたものです。

　私は、下の子供が3歳になった時、博士課程に入学し、外国人日本研究者の方々が古典日本語をどのように学び、理解しているのか、その実態を探るための本格的な研究を始めました。教師として、第二言語学習者である彼らに古典日本語がどのように見えているのかを知りたかったからです。日本語母語話者である私は、母語話者の頭でしか古典日本語を見ることができません。第二言語学習者の方々の支援をするならば、そのみなさんの「見方」を知る必要があると考えました。

　私が最初に古典日本語を必要とする外国人日本研究者の方に出会ったのは、私が修士課程で『万葉集』を学んでいた1999年の時でした。大学の掲示板に「日本語の古典語を教えてください。お礼に韓国の料理をご馳走します。」と書かれた張り紙を見つけました。当時の私は、古典文学研究の傍ら、留学生との交流に夢中になっていたので、この張り紙の連絡先にすぐに連絡をして、翌週から大学内の食堂で週1回の小さな勉強会が始まりました。勉強会に現れたのは、大学に交換留学生として来日していた韓国の学生で、あまりに日本語が上手でびっくりしたことを覚えています。そのうち、「実はもう一人学びたいと言っている人がいます」ということで、「どうぞどうぞ」といったところ、驚いたことに現れたのは他大学の博士課程の学生でした。誰も教えてくれる人がいなくて困っているとのことでした。当時の私は、何の躊躇もなくいわゆる高校の古典文法を隅から隅まで日本人向けの受験参考書を使って教えたのですが、日本語教育についてほとんど知識がなかった私にとって、

この勉強会はもどかしさと困難の連続でした。私はその時、「同じ古典日本語を見ているのに、私は二人とは違う眼鏡をかけて見ている」と感じたことを今でもはっきりと覚えています。「思考の回路が違う」と感じたのです。ですが、当時の私には、「私が習ってきたように古典日本語を教える」以外に、方法を思いつきませんでした。今思えば、なんともいい加減な教師だったと反省するばかりなのですが、その二人の学生は、いつもお礼を言ってくれ、おいしい韓国の手作り料理をお弁当箱に詰めて持ってきてくれました。この勉強会は、2年ほど続きました。思い出に残る交流の時間でした。しかし、一方で、「私は彼らの役に立てたのだろうか。本当に欲しかった知識を提供できたのだろうか。」というすっきりしない気持ちが残りました。これをきっかけに、文学研究科のまわりの留学生を見回してみたら、実は彼らと同じように困っている人がたくさんいることに気がつきました。今まで「気づく目」を持っていなかった自分に愕然としました。私は文学研究と平行し、日本語教育の勉強を本格的にはじめました。

　その後、日本語の教師として独り立ちしてからは、さまざまな大学でお世話になりました。日本語教育の主流は現代語なので、古典語からは離れることになるだろうと思っていたのですが、予想に反し、古典語について留学生から質問を受けることがしばしばありました。「私ではなく友達が困っているのですが…」という形で、担当クラスの学生から友達を紹介されることもよくありました。思い返せば、日本語教育の仕事のメインではないところで、古典語の読解のお手伝いをぽつぽつと途切れることなくやってきたように思います。そして、そのたびに、彼らの研究に対する情熱を感じて、胸が熱くなりました。同時に、古典日本語学習にまつわる彼らの大変な苦労も知りました。私は、いつか、日本研究をする外国人研究者の方々の学習支援につながる活動がしたいと強く思うようになりました。しかし、問題がありました。直接の支援は、もちろん「教えること」です。ですが、母語話者としてしか古典日本語を学んだことがない私には、日本語母語話者ではない彼らに教えることについて、何の策もありませんでした。あの時感じた「違う眼鏡をかけて見ている」という感覚、「本当に欲しかった知識を提供できたのだろうか」という疑問がどこからくるのかをはっきりさせなければ、「教えること」

はできないと感じました。私は日本語母語話者なので、彼らの頭の中はわかりません。ならば、彼らに教えてもらおうと思って始めたのがこの研究です。

　博士課程は、東京工業大学にお世話になりました。古典日本語、第二言語習得、日本語教育と分野をまたぐ研究の指導をお引き受けくださいました、指導教官である野原佳代子先生、前指導教官である武井直紀先生には、深く感謝しています。両先生のご指導、お励ましがなければ、博士論文を完成させることはできませんでした。そして、亀井宏行先生、中山実先生、林直亨先生、室田真男先生、脇田建先生には、博士論文の審査において理系の視点から数々の大変有益なご指摘をいただきました。大変勉強になる貴重な経験でした。

　また、本研究と平行し、本格的に古典語を教える場を経験できたことは、大変幸運なことでした。東京大学文学部・人文社会系研究科日本語教室の向井留実子先生、アメリカ・カナダ大学連合日本研究センターの佐藤つかさ先生をはじめとするセンターの先生方には、留学生教育の立場から数々のご助言と、多大なご協力をいただきました。心よりお礼申し上げます。そして、慶應義塾大学名誉教授関場武先生、日本大学名誉教授小坂国継先生、語彙研究会会長田島毓堂先生をはじめとする語彙研究会の先生方からは、日本研究の専門分野の立場から大変貴重なご助言をいただきました。また、シドニー大学の Matthew Shores 先生、成永淑先生、元ライデン大学の関直美先生、共立女子短期大学の菅生早千江先生、西安交通大学の孫莉先生、リュブリャナ大学の守時なぎさ先生、豊橋技術科学大学の和泉司先生、ヤギェロン大学の Aleksandra Szczechla 先生、東洋大学の平畑奈美先生、青山学院大学の土田久美子先生には、調査の実施にあたり、多大なご協力をいただきました。この他にも多くの分野の多くの先生方に助けられ、本書は完成いたしました。

　3歳と5歳の子供を抱えた状態で、教師の仕事と研究を進めていくことは、簡単なことではありませんでした。元東京大学工学系研究科講師の山﨑佳子先生、同研究科教授の古市由美子先生、同研究科日本語教室スタッフの早坂美和子さんは、研究と仕事、子育てとの両立に悩む私に、たくさんの笑顔とお励ましをくださいました。心よりお礼申し上げます。そして、野原研究室

スタッフの開めぐみさん、二宮真理子さん、鹿取弥生さん、川野江里子さん、野原研究室、武井研究室の学生のみなさんには、長きにわたる学生生活を支えていただきました。ありがとうございました。

　この研究は、古典日本語の教育法開発を視野に入れて行ったものですが、この研究の大部分は、超上級の日本語学習者に対する調査によって構成されています。この研究を通して、私は、今まであまり研究対象とされてこなかった「教師の手を離れた学習者」のその後の学びの姿を垣間見ることができました。「教師の手を離れた」後も、当然ながら日本語の学習は続きます。彼らが、どのような点を目指し、どのような方法で学習を続けていくのか、これを知ることができたことは、今まであたかも「上級」を最終ゴールのようにとらえて教えてきた教師としての私の意識を変える大きな副産物でした。

　一人一人の学習者の皆さんが、それぞれの形で古典語を学び研究に向き合っていく姿は、私にとって本当にまぶしく、興味が尽きないものでした。私のクラスに出席し、たくさんの示唆を与えてくださった東京大学人文社会系研究科の留学生の皆さん、アメリカ・カナダ大学連合日本研究センターの学生の皆さん、かけがえのない時間をありがとうございました。みなさんと過ごす時間が、私の研究の原動力でした。その他にも、調査、情報提供でさまざまな大学の多くの学習者の皆さんにご協力いただきました。ここにすべての方のお名前を挙げることはできませんが、ご協力くださったみなさま一人一人に、厚くお礼申し上げます。研究対象として日本を選び、古典日本語までをも学ぼうという若い研究者の方の存在は、日本という国にとっての宝物なのではないかと感じることがしばしばありました。これからも、ささやかながら、みなさまの支援に携わっていけたらと願います。

　本書の出版にご尽力くださったひつじ書房の皆さまには心よりお礼申し上げます。古典日本語の、それも外国人研究者を対象としたささやかな研究を出版することについて、お励ましをいただけたことは私にとってとても大きなことでした。特に担当をお引き受けくださった海老澤絵莉さんには大変お世話になりました。いただいた数々のあたたかいサポートに感謝するばかりです。

　なお、第 4 章、第 8 章 1. の研究は、平成 26 年度公益信託田島毓堂語彙研

究会基金（研究題目：古語文献の読解を必要とする日本語学習者のための古語語彙の選定と意味記述）の研究助成を受けて行われました。深くお礼申し上げます。また、本書の刊行にあたっては、独立行政法人日本学術振興会令和6（2024）年度科学研究費助成事業（科学研究費補助金　研究成果公開促進費　JP24HP5047）の助成を受けました。ここに付して謝意を表します。

　最後に、院生生活を温かく見守ってくれた私の両親と夫の両親、進学の背中を押してくれた甲府の祖母、そして、私の最も近くでこの研究を理解し、私を励まし、支え続けてくれた夫と二人の娘たちに心からのお礼を伝えたいと思います。

索引

あ
アジア型 26, 27
暗記文 236
暗示化 200, 201, 202

い
異体字 230

お
欧米型 26

か
学習環境要因 17, 51, 158, 159, 250, 251, 256, 257
学習形態 23
学習言語のアイデンティティー 161
学習語彙 169, 178
学習行動 117, 125
学習者特性 15, 257
学習者の属性に応じた支援 152
学習者ビリーフ 108
学習者要因 16, 51, 158, 159, 250, 256, 257
【学習に対するネガティブな気持ち】 77, 78, 81, 86
【学習に対するポジティブな気持ち】 92, 95, 97, 99, 102
画像的な結合関係 190
画像的な要素 190
画像の文法 190
語りの水準 204, 215
学校文法 10, 86, 100, 229

漢字知識 135
漢文 234
漢文訓読 234, 235

き
記号内容（シニフィエ） 186
記号表現（シニフィアン） 186
旧漢字 230
教育機関教育型学習 24, 26
教育機関教育型学習者 88, 101
教材 9, 52, 150, 151, 243, 245
教師ビリーフ 52, 53
教師不在型学習 24, 26
教師不在型学習者 70, 101
教養としての古典日本語教育 54
近代文語文 224, 234

け
敬語 202, 235
敬称 200, 202
研究者の理想像 120
言語世界観説 164
言語と結びついた日本的要素 211, 215
現―古の対応把握を促す支援 151
現代語参照法 139, 160, 162, 165, 226, 233, 252
現代語知識 42, 51, 135
現代語翻訳 47, 48
現代語訳 48, 231, 232

現代日本語 5

こ
語彙の学習支援 151
国語教育 10, 11, 12, 223
古典教育 11, 12
古典ギリシア語 13, 15
古典語知識 135
古典日本語 5
古典日本語教育 9
古典日本語文 5
古典日本語文法 86
古典日本語理解に対する認識 118
古典文法 27, 124, 226
古典文法教育 12
コミュニカティブ・アプローチ 10
コミュニカティブな手法 236
コミュニティー特性 15

さ
最近の使用 158

し
JSL環境 160
JFL環境 53, 160
自己投資 (investment) 161
詩的機能 210
社会的アイデンティティー 160
社会文化的要因 16
習熟度 158
修正版グラウンデッド・セオリーアプローチ (M-GTA) 71, 109

授業型 23, 24
主体的な学習法模索段階 113, 116
状況モデル 122, 123, 187, 214
調（しらべ） 208
心的辞書 178, 184

せ
生活知識 135
正の転移 177, 185
【ゼロからの学習】 91, 92, 97, 99, 103
専門知識 135
専門日本語教育 16
専門分野における資料読解のための古典日本語教育 54

そ
候文 224, 234, 235

た
第三言語習得 158
第二言語習得 16, 51
【他者とのつながりによる問題対処】 78, 84, 92, 96, 97

ち
直接教授法 13

と
独学型 23, 24
トップダウン処理 128

に

日本学 26, 27
日本研究 10, 11, 26
日本語アイデンティティー 161, 252, 253
日本語教育文法 86, 226, 229
【日本人とのバックグラウンドの違い】 77, 78, 80, 86
日本的要素の伝達 188
入門期翻訳法段階 113, 116

は

バイリンガルの言語処理 163
発話思考法 129

ひ

ビジュアル資料 236
【一人で行う孤独な問題対処】 77, 78, 82
表層テクスト形式 122, 187
ビリーフ 108, 123
品詞分解 2, 232, 233

ふ

負の転移 177
文化的差異 164
文化の深い理解を目指す学習 258
文語 5
文語文 5
文語文法 226
文法訳読法 2, 13, 51, 231

へ

勉強会・チューター型 23, 24
変体仮名 230

ほ

母語知識 135
母語翻訳 47, 48
母語翻訳法 2, 51, 53, 121, 162, 165, 252
ボトムアップ処理 128
翻訳 39, 47, 166
翻訳ストラテジー 198
翻訳理論 186, 257

ま

万葉仮名 235

め

命題的テクストベース 122, 187

よ

読み飛ばし 136

ら

ラテン語 13, 15, 158

り

理想的なコミュニケーション 186

る

類型学的類似性 158, 256

れ

歴史的仮名遣い 230

わ

和歌技法……235
和漢混淆文……210
和文……210

....
著者
....

山口真紀 やまぐち・まき

略歴

慶應義塾大学文学部卒業。慶應義塾大学文学研究科国文学専攻（修士課程）修了。2020年、東京工業大学社会理工学研究科人間行動システム専攻において博士学位（学術）取得。東京大学、東京工業大学、一橋大学などの非常勤講師を経て、現在、日本大学経済学部専任講師。

主な著書・論文

「研究において古典日本語文献読解を行う外国人学習者が抱える困難点と問題対処プロセスの研究」『Studies in language sciences』Volume 15（2016 年、共著）、「外国人学習者対象の古典日本語教育入門教材における形容詞の分析―学習語彙リストの作成のための語彙調査」『語彙研究』14 号（2017 年）、「日本研究を行う日本語学習者の古典日本語読解における語句の意味推測―国内教育機関における古典日本語学習支援の方法を探るために」『言語文化教育研究』17 号（2019 年、共著）など。

....

シリーズ言語学と言語教育　第 47 巻

外国人日本研究者の古典日本語の学習支援

Linguistics and Language Education Series 47
Educational Support for Foreign Students of Classical Japanese
Yamaguchi Maki

発行	2025 年 2 月 20 日　初版 1 刷
定価	7,800 円+税
著者	Ⓒ 山口真紀
発行者	松本功
ブックデザイン	三好誠（ジャンボスペシャル）
組版所	有限会社 グランビット
印刷・製本所	モリモト印刷株式会社
発行所	株式会社 ひつじ書房
	〒 112-0011 東京都文京区千石 2-1-2 大和ビル 2F
	Tel 03-5319-4916　Fax 03-5319-4917
	郵便振替 00120-8-142852
	toiawase@hituzi.co.jp　https://www.hituzi.co.jp/

造本には充分注意しておりますが、落丁・乱丁などがございましたら、
小社かお買上げ書店にておとりかえいたします。
ご意見、ご感想など、小社までお寄せ下されば幸いです。

ISBN978-4-8234-1270-7　C3080
Printed in Japan

刊行のご案内

日本語学習アドバイジング
自律性を育むための学習支援

木下直子・黒田史彦・トンプソン美恵子 著 ｜ 定価 **2,800円**+税

どのような問いかけや対話が日本語学習者の主体性を引き出すのか。理論と12の対話例で、学習者の自律性を育む対応を学ぶ。日本語学習支援に携わるすべての方に役立つ書。

動画でわかる日本語教育実習ガイドブック
実習生から新任日本語教員まで使える実践研修のてびき

中西久実子 編　中西久実子・井元麻美 著 ｜ 定価 **2,200円**+税

登録日本語教員の資格認定に必要な「実習」の6つのプロセスを、動画と別冊ワークシートで効率よく学んでいく。実習生とその指導者が共有しながら使える便利な1冊。

日本語学習から見た〈機能語〉の類の研究
日本語能力試験1級'〈機能語〉の類'の分類に基づいて

松原幸子 著 ｜ 定価 **12,000円**+税

かつての日本語能力試験の「出題基準」における、1級の'〈機能語〉の類'を品詞に基づいて分類し、文法的働きを確かめることで、その特色と学習上の位置付け、意義が明らかに。